本书由国家级、重庆市首批一流本科专业建设点
——重庆工商大学会计学、财务管理专业建设项目资助出版

新时代会计教育转型与教学改革探索

黄　辉　程文莉　顾　飞　编著

西南交通大学出版社
·成　都·

图书在版编目（CIP）数据

新时代会计教育转型与教学改革探索 / 黄辉，程文莉，顾飞编著. —成都：西南交通大学出版社，2020.12

ISBN 978-7-5643-7272-9

Ⅰ. ①新… Ⅱ. ①黄… ②程… ③顾… Ⅲ. ①会计教育－教育改革－研究－高等学校 Ⅳ. ①F230

中国版本图书馆 CIP 数据核字（2019）第 262139 号

Xinshidai Kuaiji Jiaoyu Zhuanxing yu Jiaoxue Gaige Tansuo

新时代会计教育转型与教学改革探索

黄　辉　程文莉　顾　飞　编著

责任编辑	万　方
封面设计	何东琳设计工作室
出版发行	西南交通大学出版社 （四川省成都市二环路北一段 111 号 西南交通大学创新大厦 21 楼）
发行部电话	028-87600564　028-87600533
邮政编码	610031
网　　址	http://www.xnjdcbs.com
印　　刷	成都蜀通印务有限责任公司
成品尺寸	170 mm × 230 mm
印　　张	16.25
字　　数	287 千
版　　次	2020 年 12 月第 1 版
印　　次	2020 年 12 月第 1 次
书　　号	ISBN 978-7-5643-7272-9
定　　价	78.00 元

前　言

为了深入贯彻习近平新时代中国特色社会主义思想和党的十九大精神，全面贯彻落实全国教育大会精神，以立德树人为中心，紧紧围绕全面提高人才培养能力这个核心点，加快形成高水平人才培养体系，培养德、智、体、美、劳全面发展的社会主义建设者和接班人，2018 年 6 月 21 日，教育部在四川成都召开了改革开放以来首次全国高等学校本科教育工作会议，并于同年 9 月 17 日发布了《教育部关于加快建设高水平本科教育　全面提高人才培养能力的意见》（教高〔2018〕2 号），吹响了建设一流本科教育的集结号，也对新时代教育转型与教学改革探索提出了新的要求。

高等教育是一个国家发展水平和发展潜力的重要标志，建设教育强国是中华民族伟大复兴的基础性工程。在中国特色社会主义新时代，统筹推进“五位一体”总体布局和协调推进“四个全面”战略布局，建成社会主义现代化强国，实现中华民族伟大复兴，对高等教育的需要、对科学知识和优秀人才的需要，比以往任何时候都更为迫切。办好我国高等教育，办出世界一流大学，人才培养是本，本科教育是根，而教育转型与教学改革则是强根固本之源。唯有坚持以习近平总书记关于教育的重要论述为指导，加快教育转型发展步伐、推动教学改革创新，方才能够建设高水平的本科教育体系，培养大批有理想、有本领、有担当的高素质专门人才，为全面建成小康社会、基本实现社会主义现代化、建成社会主义现代化强国提供强大的人才支撑和智力支持。

重庆工商大学会计学院办学历史悠久，学术底蕴深厚。学院以立德树人为根本，坚持“制度治院、质量立院、学科兴院、人才强院”，推动各项事业高质量发展。学院现有会计学、财务管理、资产评估和审计学四个本科专业，ACCA、CIMA、智能会计三个特色本科专业方向，会计学、资产评估、MPAcc、MAud 四个硕士点。现有学生 2200 余人，其中本科生 1800 余人、研究生近 400 人。建院以来，学院高度重视学科专业建设，主动适应会计转型发展的时代节拍，推动会计教育转型与教学改革探索，不断提升专业办学水平和人才培养质量，取得了丰硕的教育教学成果。近年来，学院争取到中央财政支持地方高校发展专项资金项目 5 项，重庆市市级人才创新实验区 1 项、市级专业综合改革试点项目 1 项；现有国家级特色专业 1 个、国家级一流本科专业建设点 2 个，市级一流本科专业 2 个、特色专业 2 个、“三特计划”专业 3 个；国家级一流本科课程 1 门、市级一流本科课程 5 门、市级精品课程 4 门、精品资源共享课程 1 门、精品视频公开课 1 门、优质课 4 门；市级案例库 4 个，联合培养基地 4 个；市级重点建设教材 3 本；获国家级教学成果二等奖 2 项，市级教学成果奖一等奖 4 项、二等奖 5 项；获全国优秀教学案例 1 篇、全国优秀学位论文 1 篇。

为了系统地梳理和总结近年来重庆工商大学会计学院在会计教育转型与教学改革探索领域所取得的理论成果和实践经验，重庆工商大学会计学院专门组织了一批长期从事高校会计教育教学改革创新研究的教师，从人才培养与专业建设、教学改革与教学管理、课程建设与课堂教学三个方面撰写了 38 篇论文，并将其汇编成《新时代会计教育转型与教学改革探索》一书。本书以会计教育转型与教学改革为主线，坚持理论联系实际，推进科教融合发展，既具有较强的学术性和理论性，又具有鲜明的时代性和实践性，其中不乏深思熟虑的真知灼见以及亲身探索的经验总结，很多观点令人耳目一新、给人以启迪。党的十九大提出“中国特色社会主义进入了新时代”，这是我国发展新的历史方位。“坚持质量第一、效益优先”“推动经济发展质量变革、效率变革、动力变革，提高全要素生产率”“促进多层次资本市场健康发展”“显著增强我国经济质量优势”等新任务的提出，对会计行业发展和会计专业人才培养提出了新要求，为会计教育转型和教学改革探索提供了新的机遇与挑战。在“新时代”背景下，本书的某些观点和做法对于地方性财经院校贯彻落实立德树人根本任务，加速会计教育转型发展步伐，深化会计教学改革创新，培养会计教育教学特色和优势，提高会计人才培养能力和质量水平，推动会计教育和会计行业的高质量发展具有较强的指导意义和参考价值。

本书由黄辉、程文莉和顾飞三位老师编著，其公开出版得到了国家级、重庆市首批一流本科专业建设点——重庆工商大学会计学、财务管理专业建设项目的资助，是重庆市高等教育教学改革研究项目（重点项目）“基于习近平‘三有’人才观的卓越会计人才培养模式创新与实践研究”（项目编号：182029）、重庆市高等教育教学改革研究项目（重点项目）“‘1353’产教融合人才培养模式研究与实践”（项目编号：192024）、重庆市高等教育教学改革研究项目（重点项目）“会计类专业智能财务实践能力培养的探索与实践”（项目编号：182030）以及重庆市教育科学“十三五”规划 2018 年度一般课题“创新生态视阈下科教融合特色专业课程教学范式研究：基于《财务管理案例》的微观实践”（项目编号：2018-GX-345）、2017 年重庆工商大学教育教学改革研究一般项目“基于科教融合理念的《财务管理案例》教学模式改革创新与实践”（项目编号：2017214）的阶段性成果。论文集的出版得益于重庆工商大学会计学院党政领导对会计教育转型与教学改革探索的高度重视和亲切关怀，得益于会计学院广大教师长期不懈地教学实践与研究探索。

由于本书收录的论文篇目较多、涉及面广，加之汇编出版的时间较为仓促，书中难免存在个别不当之处，恳请读者朋友批评指正。

编著者

2020 年 12 月 18 日于重庆

目 录

人才培养与专业建设

教学改革与教学管理

课程建设与课堂教学

人才培养与专业建设

基于产教融合的会计人才培养模式探析*

黄 辉

国务院办公厅于2017年12月发布了《关于深化产教融合的若干意见》(国办发〔2017〕95号),在文件的原则和目标中提到,将产教融合作为促进经济社会协调发展的重要举措,全面推行校企协同育人,构建校企合作长效机制,解决人才教育供给与产业需求的结构性矛盾。重庆工商大学作为一所市属高校,正在积极探索产教融合改革,让人才培养更加贴近重庆市经济社会发展需求。本文以该校会计学专业为例,探讨其产教融合的人才培养模式,分析其定位目标、存在的问题和实施路径,以期对同类高校相关专业的产教融合改革有所裨益。

一、产教融合理念与会计人才培养定位的契合

教育部于2018年12月发布了《普通高等学校本科专业类教学质量国家标准》,在会计学专业的人才培养目标中提到,在需求上要“适应社会主义市场经济建设需要”,在能力上要“具有实践能力和沟通技巧”,在规格上是“应用型、复合型、外向型和创新型”专门人才;在课程体系中要求有实验实训、专业实习及毕业论文等实践教学课程,且学分比例不低于15%。重庆工商大学会计学专业的目标定位与“国家标准”是完全一致并有所提高的,比如重视应用能力培养,实践教学课程学分超过了25%。比较“产教融合意见”和“会计教学国家标准”的内涵可以看出,无论从人才培养的社会需求还是人才培养的规格要求,产教融合理念与会计人才培养定位是高度契合的。

1. 产教融合适应了经济社会转型发展对会计教育的要求

中国特色社会主义进入了新时代,我国经济正处在转变发展方式、优化经济结构、转换增长动力的攻关期,建设现代化经济体系是跨越关口的迫切要求和我国发展的战略目标。国家创新体系是现代化经济体系的战略支撑,

* 本文是重庆市高等教育教学改革研究项目(编号:182030)与重庆市研究生教育教学改革研究项目(编号:yjg183098)的研究成果。

只有建立以企业为主体、市场为导向、产学研深度融合的技术创新体系，才得以促进科技成果高效转化。会计是一个应用性较强的学科专业，在会计人才培养中加强校企合作，深化产教融合，促进教育链、人才链与产业链、创新链的有机衔接，才能符合供给侧培养出满足经济社会转型发展的高素质、复合型、应用型、技能型人才。

2. 产教融合适应了重庆“两点”“两地”战略对会计人才的需求

重庆是西部大开发重要战略支点、“一带一路”和长江经济带联结点，正在做实做靓“内陆开放高地”和“山清水秀美丽之地”，做优做强综合实力、辐射带动力和生态竞争力，正需要大量的高端会计人才。重庆工商大学是有着突出的商科优势和鲜明的财经特色，会计学院是学校历史最悠久的学院之一，会计人才培养的服务定位就是立足重庆、辐射全国，有必要也有能力为重庆市的经济社会发展提供优质的会计人才，在建设长江上游地区经济中心和国内重要功能性金融中心、培育具有国际影响力和竞争力的产业集群等诸多方面发挥重要作用。

3. 产教融合适应了我校“三型一化”定位对会计人才培养的需求

所谓“三型一化”是指复合型、应用型、创新性和国际化，产教融合在应用型和创新型的会计人才培养方面有极其重要的作用。会计人才有着应用型与职业性的典型特征，深化产教融合、加强校企合作，可以充分整合和利用企业、高校和其他组织的优势资源，通过成立导师组或实行双导师制、共建实习实践基地、合作开发案例与承接课题等形式，推进师资队伍、课程内容、教学方式、实训场景的改革，实现专业与产业、课程内容与职业标准、教学过程与生产过程、学历证书与职业资格证书对接，职业教育与终身学习的对接，从中锻炼了会计人才的应用能力和创新能力。

二、产教融合在会计人才培养中存在的问题

1. 会计人才培养的产教融合“深度”尚有挖掘空间

产教融合的“深度”可以分为三个方面：① 思想认识的深度。这是产教融合的原动力，要求教育活动的各层面参与方（行业、企业、学校、学生）思想认识要深刻和深入，而目前出现的大多是“高校热”“企业冷”的局面，尽管学校和会计学院大力倡导“校企合作”，但一些教师热衷于发表学术性论文，而不是应用性科研，科研成果转化率比较低，尤其是会计学科的科研更难以转化成看得见的生产力，企业在合作中没有实现“共赢”。② 合作内容的深

度。这是产教融合的重要途径，要求深入合作必须找准合作“共赢”“多赢”的切入点，不能仅仅停留在安排实习、企业被动接收的层面，要由简单的实习实践深入到合作人才培养、服务区域经济社会发展上来，要将产教融合并融入经济转型升级各环节，贯穿人才培养全过程，而目前尚未形成政府、行业、企业、学校和社会协同推进的工作格局，人才培养也没有形成“供给—需求—供给”的闭环。③政策保障的深度。这是产教融合可持续发展的内在动力，要求建立产教融合长效机制，从制度保障、政策引导、体制完善、制度制定等多层面进行保障。目前学校已经有加强产教融合的引导性措施，瓶颈主要在于企业等合作单位缺乏相应的政策支持，难以真正成为产教融合人才培养的重要主体。

2. 会计人才培养的产教融合“广度”尚有拓展空间

产教融合的“广度”可以分为两个方面：① 合作主体的广度。要求产教融合参与方的范围要广，不仅涉及教育与产业、学校与企业，政府相关部门、各种行业协会、社会团体、家长与学生均是这一教育活动参与者，各方要各司其职、各尽其能，而目前会计人才培养的产教融合大多是学校与企业之间的合作，且企业大多是流通企业，合作范围非常有限。② 合作内容的广度。要求产教融合的合作内容要广，要结合区域经济发展需求、专业的发展定位，共同制定人才培养方案、共同建设课程体系、共同开发核心课程、共同组建教学团队、共同设计教学内容等等，是多层面、多角度、多形式、全方位的合作共荣，而目前会计的校企合作往往是建立实习实践基地，且实习实践基地又往往是参观考察类的认知层次，远远没有实现企业生产过程与高校培养内容的无缝对接。

3. 会计人才培养的产教融合“力度”尚需加强投入

产教融合的“力度”可以分为三个方面：① 高校深化产教融合力度不够。在课程设置上赶不上市场的需要，尤其是缺乏时代发展的大数据、人工智能类课程；在课程体系上还是以理论学习为主，实践课程较少，没有真正地把产教融合、校企合作在人才培养和各环节充分体现；在教学范式上注重课堂教学，实践操作不足，教师的实践能力不强，无法有效地培养学生的实践与应用能力。② 行业开展产教融合的动力不足。企业更多以盈利为目的，对待产教融合的态度不积极，认为教育的任务应该归于学校，企业则是以用人为主，校企合作缺少明确的权责要求与说明，而存在合作形式化的现象。③相关政策制定与政府职能发挥不到位。尽管近两年国务院、教育部等部门制定了加强产教融合的意见和办法，但具体落实需要行政性的制度，目前能够发挥实效的支持行业企业开展产教融合的经费支持政策、税收激励政策、质量保障与评估监督制度等还相对缺乏，没有从宏观上建立起良好的运行机制。

三、产教融合在会计人才培养中的实施路径

根据国务院发布的《关于深化产教融合的若干意见》，在会计人才培养中实施产教融合需要遵循几个原则：① 共同推进。将产教融合作为促进重庆市经济社会协调发展和学校会计教育内涵式发展的重要举措，联合“政企校社”各部门共同推进。② 服务需求。面向产业和区域经济社会发展需求，提高会计教育对经济发展和产业升级的贡献度。③协同育人。充分调动企业参与产教融合的积极性和主动性，构建校企合作长效机制，确保人才培养质量。具体落实到“人物财”上，在会计人才培养中实施产教融合模式，需要建立一支产教融合团队，建立一系列产教融合课程和实践基地，并形成协同共赢的运行与保障机制。

1. 产教融合的组织机构与师资团队建设

① 建立产学研合作指导委员会。与政府、企业、协会等多方共同制订《产学研合作指导委员会章程》，统筹规划，设计多元的会计人才培养顶层方案。在校企合作办学模式的基础上，继续增加合作办学单位的数量；有针对性地制订相关制度，确保校企开展产学研深度合作；加强科技信息、市场信息、人才信息的交流，赢得地方政府和行业企业的支持。② 建立校企合作专业建设委员会。在产学研合作指导委员会的指导下，联合重庆市财政局、重庆市注册会计师协会、新道科技股份有限公司、金蝶软件有限公司等政府相关部门、知名企业和相关行业协会，组建“校企合作专业建设委员会”。强化需求导向，进行会计人才供给侧改革，联合需求方的行业企业共同确定会计人才需求与培养目标；结合会计培养的内在规律，共同制定会计人才培养方案，实现人才需求与人才培养的无缝对接。③ 打造“双师双能”师资队伍。探索新机制、新方式，聘任实务界的优秀人才到高校担任兼职教师、事业导师、专业负责人等，发挥行业企业人员实务性优势；支持教师到企业兼职担任管理人员、技术攻关人员、挂职锻炼等，提升教师实务能力和一线认知水平，实现校企一体，共建多元化双师型师资队伍。对团队带头人、骨干教师和兼职行业导师实施分类管理，制定相应的责权利配套政策。

2. 产教融合的课程与实习培训基地建设

① 校企合作课程的建设。积极开展校企合作式课程立体式资源开发，形成校企合作开发的教材、网络课程资源、企业实践案例等教学资源，既可作为学生教学资源，也成为企业员工培训手册；校企合作，针对现代服务业发展需求，开展商科人才培养标准制定。组织骨干教师，与行业企业专家合作，

新开发《VBSE 会计虚拟仿真实训》《财务共享运营管理》等在线优质资源课程；推行“项目导向、任务驱动”模式，以企业实际任务作为载体，重新规化课程改革教学内容，出版数字化立体教材。整个课程建设中企业全程参与，建立课程资源库，并形成持续改进课程内容和教学方法的机制。②校企合作实习实训基地的建设。围绕会计人才的实践能力培养，依托经济管理国家级实验中心、经济管理虚拟仿真实验中心等平台，吸引社会资源，共建校内实践基地；根据职业岗位要求选择合作企业，建立校外实习实践基地，共同制定顶岗实习管理制度，将学校的教学管理模式与企业生产组织模式结合起来；建立现代金融、会计、税务与评估等服务业协同创新中心，共同开展技术攻关和关键技术示范，推进产业转型和升级。③会计智库与培训基地的建设。产教融合的关键是多方共赢，作为校方需要为政府、企业和协会等提供理论指导与学习培训，共建员工会计培训基地。同时，加强科研成果孵化与转化，建立会计咨询智库，为参与方甚至社会各方提供服务。

3. 产教融合的创新创业教育建设

①创新创业教育融入专业建设和人才培养。把创新创业教育理念渗透到专业课程教学，紧跟时代步伐，融入行业企业发展急需的新知识、新技能，体现前瞻性、创新性与市场性。建立创新创业导师库，专门指导学生创业实践，以论坛、讲座、沙龙和工作坊等多样的形式，围绕创业不同时期、不同行业以及代表性的群体来组织开设创新创业大讲堂。②创新创业实践平台的搭建。结合会计人培养的特点，搭建三个层次的创业平台：一是设立创新工作室，为学生学习、创业和服务企业提供场所；二是进驻淘宝、猪八戒网等平台或者网站，为学生走向市场、服务企业开辟一个实战的窗口；三是在教师指导下，学生积极参与到社会服务中去，为学生创新创业积累经验、提供机会，展现学生创新创业能力。③创新创业成果与项目的孵化。举办和组织学生参加不同类型的创新创业竞赛，特别是学校组织开展的科创基金、挑战杯竞赛、商业精英挑战赛、“互联网+”创新创业大赛、“百校百题”案例竞赛、“大学生创新创业训练计划”等，从学院、学校、重庆市到全国层层选拔，培养学生创业能力，充分调动和激发学生创新创业意识。

4. 产教融合“政企校社”协同育人培养机制的构建

①构建并完善校企合作对接机制。适应社会经济发展需求，探索会计教育发展定位与地方经济发展、产业转型升级对接，实现专业定位与重庆地方经济发展目标一致；探索建立会计人才培养目标与行业企业需求对接，实现行业企业人才需求与学科人才培养目标一致；探索会计课堂设置、教学环节

与企业工作岗位对接，实现用人与育人目标一致；探索建立产教融合、校企合作的相关人员多层级对接，保障专业定位、培养目标、培养效果与行业企业需求一致，形成人才培养的“供给-需求-供给”闭环。②构建与完善相关方利益保障机制。探索建立校企合作的企业税收减免、专项资金支持等政策，引导、鼓励企业积极参与校企合作，支持教育和人才培养；建立校企合作利益共同体，找准共同发展的“利益链”，比如企业可以在员工培训、技能提升、技术成果转让孵化、关键技术开发等方面，依托和利用学校资源为企业降本增效、转型升级，最终实现学生成长、学校人才培养、企业发展多主体、多目标共赢。③建立与完善质量标准与评估监督机制：首先，校企合作共同制定教学质量标准，其中包括课程教学大纲、教学团队、教学条件和教材选用等各项标准，同时制定相应的教学管理标准，逐步形成全面完善的教学质量标准；其次，实施教学质量监控，充分发挥校企合作专业建设委员会的指导作用，依托学校、学院的教学管理办法和教学督导制度，实施两级督导，对教学过程进行质量监控；最后，开展教学质量评价，通过实施“毕业生回访制度”，进行毕业生跟踪调查，定期与毕业生和用人单位保持联系，征求他们对学校教学工作和毕业生质量的意见和建议，并可以实施人才培养质量第三方专业机构评价。通过对毕业生就业质量的调查，对教学质量进行全面、客观、公正的评价，多层次、全方位地保障教学质量。

参考文献

[1] 孙冬营，李洪波. 产教融合背景下地方高校创新创业人才培养模式研究[J]. 兰州教育学院学报, 2018(12): 83-85.

[2] 徐家庆. 应用型本科院校深化产教融合的策略及实现途径[J]. 中国大学教学, 2018(12): 79-81.

[3] 阳杰，应里孟,谢健. 论互联网+企业导师制——产教融合背景下会计实践教学改革[J]. 财会月刊, 2018(10): 153-161.

[4] 于竞，鞠伟. 产教融合推进高水平应用型高校建设[J]. 中国高校科技，2018(12): 48-50.

[5] 袁靖宇. 产教融合的历史观照与战略抉择[J]. 中国高教研究, 2018(4): 55-57.

[6] 赵慧勤，陈晓慧. 产教融合理念下应用型本科院校多元协同育人模式研究[J]. 教育理论与实践, 2018(36): 6-8.

以实践创新能力为导向的专业学位人才培养模式探析

程文莉　唐仲琦

一、引　言

我国经济社会快速发展，创新驱动战略将中国制造转变为中国智造，面对多元化的社会需求以及社会经济快速发展要求，社会对于具有创新实践能力的高层次人才需求日益增加。在《国家中长期人才发展规划纲要（2010—2020 年）》中，确定了我国研究生教育要加快实施“优化结构、提高质量”的改革主题，重点强调要培养研究生的创新能力、创新意识和实践能力。

总体上看，我国专业学位研究生实践创新能力的培养模式还不成熟，在培养目标、培养内容、评价体系、保障措施等方面还存在很多不足，难以满足国家发展对高层次人才的需求。具体表现在：研究生实践能力薄弱，创新能力及意识不强。原因主要在于国内高校专业学位研究生的培养主体、培养方式和评价手段较为单一，师资条件、经费投入、实验设备等教育资源相对不足，研究生培养模式“重理论、轻实践、缺创新”，所培养的研究生有些与社会需求脱节。近年来，国内各个高校以及各研究生培养单位都在积极探索如何提高研究生的实践能力和创新能力，从研究生培养的课程设置、教学理念、培养模式、质量标准和师资队伍建设等方面分析，以求构建能提高专业学位研究生的实践能力和培养质量的培养模式。

二、专业学位人才培养模式的构建

专业学位教育作为高层次综合应用型人才培养的重要形式，满足国家社会经济发展对人才的需求，适应现代企业的需要。我国专业学位硕士研究生教育始于 1991 年，从 2009 年开始面向应届本科毕业生招生，现已取得了很大进步。2015 年我国专业学位硕士研究生的计划招生人数为 252272 人，而硕士研究生的实际招生人数达到574300人，占比达43.92%。开展专业学位硕士研究生教育，需要改变传统的教学方法和培养模式，注重对学生的专业能力、创新能力及实践能力的培养。构建专业学位人才培养目标模式，是提高专业学位人才培养质量的前提和基础。

构建专业学位人才培养目标模式，要使研究生能够适应未来工作岗位的需要，在新的岗位上逐渐成为专业领域的领军人才或专业精英。专业学位人才的特征主要包括专业性、学术性和实践性，对应专业学位的硕士研究生需要具备的三大类能力：专业能力、创新能力、实践能力。开展专业学位人才培养，首先要明确培养目标，专业能力的培养是基础，创新能力培养是核心，实践能力培养是目的。

在构建的专业学位人才培养的目标模式中，培养专业化高层次人才是最终目标。为了保证此目标的实现，需要设计和实施人才培养目标的能力体系，主要由专业能力、创新能力及实践能力构成。专业能力是专业化高层次人才需要具备的最基本的能力。学习专业理论知识是提升专业素养和专业能力的过程，在这一阶段，学生需要有强烈的学习欲望，端正的学习态度，扎实学好专业理论课程，打好基础。创新能力是专业化高层次人才需要具备的核心能力，也是专业学位人才培养中需要着重培养的能力。对于专业学位人才来说，培养创新能力的主要途径是科研训练。在这一阶段，学生需要结合自身所学的专业理论知识，根据实际情况，自主学习、独立思考、解决问题。实践能力的培养是专业型研究生培养的显著特征，培养专业学位研究生所达到的专业能力和创新能力的标准，主要体现在专业学位研究生的实践能力上。实践能力并不是专业能力和创新能力的简单加和，而是需要学生亲身去实践体会，不断思考，总结经验，提升解决实际问题的能力和素养。

三、创新实践能力导向的人才培养模式实现途径

（一）优化理论课程建设

理论课程的学习是专业学位人才掌握专门知识和提高科研创新能力的根本渠道，是提高培养质量的关键。在课程设置过程中应当突出应用性，以职业需求为导向，以培养学生职业能力及素质为核心，不断提高课堂教学的实践化水平，区别于学术型学位研究生课程设置方式，努力构建适应相关行业需求的个性化课程体系，同时建立课程内容的动态调整机制。课堂教学与实践教学相结合，积极开展产学研活动，在教学中提高学生的动手能力。在进

行培养方案设置和课程规划时，应该把研究生培养目标和学位要求作为课程体系设计的主要依据，重点培养研究生的创新能力。

专业学位研究生主要培养贴近社会实际、满足行业发展需求的应用型人才，为了整合碎片时间给学生创造尽量多的集中学习和实践时间，培养单位可根据专业特点灵活设置授课时间和授课方式，如授课时间可设为集中授课、常规授课等，授课方式可采取课堂教学、实地考察等。专业学位课程教学应以市场为导向，满足社会供需关系，课程设置应能够更加贴合社会需求，顺应时代发展，及时取消一些实用性较差的课程，设立更多与时代接轨的新兴科技课程，例如可以将目前社会需求量较大的人工智能、互联网等领域相关课程纳入相关学科培养方案中。

设置有利于创新研究的课程体系，建设“精品+特色”课程。精品课程建设是高等学校教学质量与教学改革工程中的重要组成部分，是拔尖创新人才培养的重要措施，例如中国传媒大学理工学部以现代教育理念为指导，以传媒科技领域的创新型人才培养为目标，建设了一批与培养创新精神和实践能力相适应、反映学科前沿发展的精品课程。

（二）实行双导师培养制度

2009 年 12 月，教育部颁布了《关于做好全日制专业学位研究生培养工作之若干意见》，指出专业学位研究生的培养应实行校内外协调互补、共同作用的“双导师制”，这对于研究生人才培养具有重要的现实意义。实施全过程“双导师”联合指导，既兼顾学术性又注重了实践性。校内学业导师负责学生学业和学位论文指导，校外实践导师负责学生实践能力和职业发展指导。

同时，从专业学位培养实际出发，还应建立健全导师考核、聘任、激励机制，提高校外实践导师的工作积极性与创造性。导师的选聘工作要有利于研究生创新能力的培养，选聘的指导教师要有科研项目和较强的创新能力。要将工作量考核、过程考核与效果考核结合起来，创新激励机制，规范导师相关待遇标准，建立对指导成绩突出的校外导师的激励，予以适当的奖励。并且，建立健全导师之间的信息反馈与交流制度，努力实现高校复合型人才培养。

（三）营造良好科研环境

培养单位的科研环境和科研氛围对研究生的学习研究具有重要的影响。科研创新氛围不够浓厚，缺乏科研创新的导向和平台支撑，也不利于研究生创新能力的培养。良好的学术环境是研究生创新能力培养的重要保证，因此应采取有效的措施，创建良好的科研环境，充分发挥研究生的创新能力，增强创新意识和创新思维。

1. 搭建科研平台，加强产学研合作

良好的科研平台、健全的硬件设施是研究生创新能力培养的条件保障。积极创建科研创新实验平台，搭建学校和企业的实践平台，共建高水平的研究中心，为学生科研能力的提高提供实践环境，也为学生尽快适应社会岗位打好基础。

2. 鼓励研究生参加学术活动

鼓励研究生参加国内外学术会议、国际交流项目，组织学术沙龙活动，加强学术交流，进行主题探讨，开阔视野启发创新思维，促进创新人才不断进步。

3. 定期组织相关学术讲座

培养单位可以定期邀请相关领域教授专家开展专题讲座，相互借鉴、拓宽知识领域、开阔研究生眼界，激发研究生的创新意识。在邀请教授为学生授课的过程中，进行学术交流，可以指导研究生撰写创新性科研成果。

（四）积极组织参加学科专业竞赛

学科竞赛活动是检验研究生理论学习与实践动手能力的重要手段，有利于强化学员的实践动手能力，深化研究生教育教学改革。其对有效推动和整合专业实践教学改革，培养研究生创新思维、创新意识、创新创业能力和团队合作精神起到了积极作用。以重庆工商大学 MBA 教育为例，其打造了“三赛两会一刊”的工作平台，服务学生综合实践能力培养。其中的“三赛”，即“企业竞争模拟大赛”“全国管理案例精英赛”“‘创青春’全国大学生创业大赛 MBA 专项赛”，培养单位积极组织研究生参加学科专业竞赛，能有效启发研究生的创新思维和实践创新能力。

（五）完善专业学位人才培养质量考核体系

在专业学位人才培养质量考核评价方面，重要的是将专业学位研究生实践能力的培养体现在培养过程中的各个环节。在专业学位研究生入学考试复试中，学校和合作企业组成复试小组，严把关口，主要考核考生是否具有实践、团结协作、职业素养等方面的基本素质。对研究生在公司实习成绩评定，

主要考查学生应具备的专业技能和职业技能掌握的情况，并作为中期考核的重要观测指标，其成绩直接影响能否进入下一阶段的培养环节，成绩不合格者不能进入下一环节的培养阶段。在专业学位研究生的毕业论文中，要求研究生的论文选题源于实践，着重考察研究生解决问题的能力，使其具有应用价值，注重锻炼和提高专业学位研究生的实践能力。

培养单位要利用期初教学检查、期中教学检查、期终教学总结、毕业生信息追踪、用人单位满意度调查等环节，通过教学文件督查、座谈会、评价表、问卷调查等多种形式全方位搜集教育教学质量信息，并将信息用于教育教学质量改进工作。根据人才培养各环节质量标准，分别开展了课程建设效果评估、课堂质量与教学效果评估、学位论文质量评估、导师履职评估、研究生培养质量评估等工作，全面评价专业学位人才培养各环节质量。

（六）建设专业实践模块

实践能力在提升专业学位硕士研究生人才的综合能力中至关重要，培养单位可以设计包括创业实践、企业实习、综合实训在内的培养体系，强化实践训练，培养实战能力。以重庆工商大学 MBA 教育为例，其设计了一套全过程实践训练体系，按照“实践方法——实践行动——成果展示——总结升华”的思路，建立了科学的实践训练体系，研究生需按先后顺序完成各个环节：首先，学习方法类课程；其次，参加企业调研与诊断等实践项目；再次，接受企业调研与诊断成果评价；最后进行案例开发。全过程的实践训练体系保证了研究生参与到实际的实践工作中，注重了对其实践创新能力的培养。

四、结束语

本文针对新形势下国家对高层次人才的需求，分析了专业学位研究生的创新实践能力培养定位，提出了注重培养专业学位研究生专业能力、创新能力和实践能力的人才培养目标模式，和实现以创新实践能力为导向的人才培养模式的途径，以求能有效提升研究生的创新思维和综合实践能力，为专业学位研究生的创新实践能力培养提供新思路，也为不同院校和学科专业针对自身情况开展相适合的专业学位人才培养模式提供可行借鉴。专业学位人才的实践创新能力应坚持“在实践中创新，在创新中实践”的原则，有机结合创新精神和实践能力，为国家培养高层次人才添砖加瓦。

参考文献

[1] 谢平，陈萌，林洪彬，何群，杜义浩．专业研究生创新实践能力培养模式研究[J]．大学教育, 2018(08): 179-182.

[2] 李博，金立标．研究生创新能力培养探索研究[J]．工业和信息化教育，2018(06): 53-57.

[3] 陈伟，易英欣，毛锐，贾真真，孔令凯．专业学位硕士研究生人才培养目标模式及保障体系研究[J]．黑龙江工程学院学报, 2016, 30(05): 54-57+69.

[4] 董天策．新闻与传播专业型硕士的培养目标与模式[J]．新闻与写作，2014，358(4): 65-68.

[5] 陈珉，杜蓓．专业学位硕士研究生培养模式创新探索[J]．学校党建与思想教育, 2014, 474(3): 54-55.

[6] 英爽，甄良，康君．专业学位研究生培养质量评价及保障体系的构建[J]．研究生教育研究, 2012, 12(6): 52-55.

[7] 朱金明，李军，王耀荣．专业学位研究生教育外部质量保障体系探究[J]．中国高教研究, 2014, 249(5): 3-6.

[8] 朱春晓，李秀海，王明爽．基于创新人才培养的实践教学管理模式研究[J]．黑龙江工程学院学报, 2016(1): 74-76.

[9] 张立昌，曹二磊．全日制专业学位研究生教育“双导师制”问题研究[J]．教育探索，2015, 290(8): 75-78.

重庆工商大学卓越创新型会计人才培养模式研究

唐　俐　黄蔚航　曹璐杰

习近平总书记在党的十九大报告中涉及“提高保障和改善民生水平，加强和创新社会治理”部分，首先谈到的就是“优先发展教育事业”。在当前经济社会背景下，无论是企业还是国家对于创新型会计人才的需求日益增长。如何培养卓越创新型会计人才，已成为新时期赋予高校的时代责任。面对当前本科会计专业毕业生整体质量有待提高的情况，本文通过对重庆工商大学卓越创新型会计人才培养模式的不足进行分析，针对这些不足，对原有的人才培养模式进行改革、创新，以提供一种新型卓越会计人才的培养模式。

一、卓越会计人才及财务工作的特点

（一）卓越会计人才的特点

1. 专业性

会计人才通过接受专门的学科教育，掌握高级财务会计、审计、资产评估、高级财务管理知识，搭建起完备的财务知识框架，并通过在实际工作中学以致用，形成对财务工作的独到理解，具有其他专业不具有的优势。在会计工作的过程中，会计人才需要掌握国际会计准则以及我国有关的会计法律法规和规章制度等。此外，一些外企和国企也对会计、审计岗位工作人员提出需要持有 CPA 或 ACCA 证书的要求。

2. 复合性

会计人才不仅需要掌握扎实的财务专业知识，还需要广泛涉猎管理、金融、营销等相关学科知识，甚至以技术知识作为补充，以适应业务与财务相结合的需要。通过广泛涉猎金融学、政治经济学和生产运作管理等各个学科的知识，会计人才能够打破学科或专业之间壁垒森严的界限，能够掌握多方面的学科知识，并运用这些知识处理出现的问题，成为创新型和应用型人才。

3. 专长性

在具体擅长的领域、知识结构和实践经验上，会计人才之间体现出差异性：或善于税务筹划，或长于收购兼并，一些精通审计，部分专于评估。由于会计理论和专业知识是会计人才需要掌握的基础，因而所有的会计人才基本都具备会计基础知识。这种情况下，会计人才需要聚焦一个或几个财务领域发展极其突出的专业能力，才能体现出其差异化的竞争力。

4. 高适应性

会计行业具有快速发展、迅速变化的特点。信息高速发展，电子商务的繁荣，德勤机器人的出现，无一不对从业人员提出了高适应性的要求。会计人才具备勤于钻研、善于学习的特征，能够不断吸纳新知，扩充自身知识储备，展现出博学而专精的特点，能够即时提供准确可靠的会计核算信息，还能在筹资、投资、经营活动中充分发挥制定计划、预测预算、协助决策等功能。

5. 前瞻性

随着技术的发展，财务行业迎来变革：大数据时代到来，人们对数据研究的步伐加快，要求财务人员做好趋势分析并对数据库进行建设以便更好地应对市场变化。人工智能技术的发展、阿尔法狗的精密计算能力以及德勤财务机器人的出现减少了对手工凭证和账簿的需求，技术的巨变直接或间接地冲击着传统财务职业。会计人才对行业发展趋势需要具备敏锐的嗅觉，能够顺势而为甚至能预测变化进行决策，积极接触、主动学习新技术，使其最终成为企业发展中不可替代的助力。

（二）财务工作的特点

1. 综合性

首先，财务行业政策变动频繁，部分法律规定不明确，企业治理层和管理层存在利益冲突，内部各部门诉求不同，外部监管部门要求各异，使得财务人员一直都处于一个复杂的工作环境。其次，财务工作对象贯穿企业的筹资、投资、生产全过程，凡是产生价值的业务环节都有财务参与，凡属于企业的资源都为财务所记录、管理和调配，财务工作内容具有综合性。第三，会计和财务管理工作本身就是一项有关价值管理的工作，财务工作职能包括预测、决策、计划、控制和考核，各项职能都非常复杂，这是财会业务本身带来的复杂性和综合性。综上所述，财务工作具有综合性的特点。

2. 与企业各方面广泛联系

企业中一切涉及资金运动的过程都与财务工作有关，投资、筹资和生产等一系列经营活动都可纳入财务管理工作范畴。企业进行经营决策，需要财务预算先行指引、参与决策、制定计划、分配任务。开展生产活动，离不开财务的监督和控制。评价业绩成果，财务指标是考核标准的重要组成部分。财务部门是企业的价值管理中心，其他部门通过资金收支、资源调配与其发生直接联系，通过控制、考核和评价与其发生间接联系。因而财务与企业运营的各方面具有广泛联系。

3. 迅速反映企业生产经营状况

在企业管理中，决策是否得当，经营是否合理，技术是否先进，产销是否顺畅，都可迅速地在企业财务指标中得到反映：周转率可反映资产管理和使用效率，营业利润率可体现产品市场竞争力，收入、资产增长率能说明企业的发展能力……企业运营中各方面的情况都可以通过财务指标迅速地反映出来。财务部门应当充分发挥企业信息中心的作用，及时提供准确的销售、成本、利润信息，帮助企业做出合理决策。

二、重庆工商大学卓越会计人才培养模式及存在的缺陷

（一）重庆工商大学卓越会计人才培养模式

卓越人才实验班采用校企联合培养模式，分为校内学习和企业学习两个培养阶段。

1. 校内培养阶段

校内培养阶段要采用研究性、探究式教学方式，实行个性化培养，着力培养学生的学习能力和创新意识。

2. 企业学习阶段

制定“企业培养方案”，并细化到每一周的学习安排。本科培养累计有 1 年时间在企业学习和做毕业设计（论文）。

（二）重庆工商大学卓越会计人才培养模式存在的缺陷

1. 教学内容松散

卓越会计人才培养计划在内容设计上不够清晰和具体，实际执行中也表现出极大的随意性。首先，理论教学计划中安排的“资本运营与公司金融”等课程，属于教学体系的重要组成部分，但在实际教学中并未出现，由此造成了教学内容完整性和连贯性的缺失；其次，由于课程聘请非专职教师讲课，

一旦教学安排与讲师行程发生冲突，就需要临时更改讲课主题、讲课教师，教学节奏就此被打乱；再次，部分讲师教学经验欠缺，讲课以分享个人经历为主，内容过于主观和片面，含金量和合理性有待商榷。

2. 教学创新流于形式

卓越会计人才实验班实行双导师制，由校内的专职学业导师与校外的聘任事业导师协同指导，采取“正常+额外”教学方式，即学员需在保障完成学校规定的正常教学任务之外，另行增加相关教学内容，包括理论教学和实践环节两大部分。但在实际运行中，双导师制的实行效果不及预期：部分学生在与导师的交流上表现并不积极，开班后 6 个月才首次与导师取得联系；一些导师自身教学、工作任务过重，无暇顾及实验班学生，不能及时回应学生的沟通请求。由此导致一些同学对导师制能发挥的作用抱有疑问，或导师在对学生进行指导时敷衍应对。

3. 课时安排欠合理

课时安排的不合理体现在总量和结构上。目前课时安排为每周 2 小时，课堂所能传达信息量受到极大限制；教学过程中，因为课时紧张而过分强调时间控制，容易打乱教学节奏、影响课堂气氛。“私募股权”“纳税筹划案例分析”等主题涉及内容广泛、内涵深刻，过短的课时使得内容得不到充分呈现。与此同时，“从职场新人到财务总监”等内容本身含金量或重要性有限，却占用了过多的课时，甚至相同内容重复出现，由此造成了课时的结构性短缺，影响到预期教学效果的达成，师生的教学需求得不到满足。

4. 考核方式存在缺陷

目前的考核方式以出勤考查和作业检查为主，这在一定程度上能够反映学生的学习态度，但态度端正不代表教学效果最终达成，以此作为评价标准不尽合理。当前未形成公认的考核制度，评价标准界限不清晰，评价方式和评价结果仅由教师端掌握，学生无法得到及时反馈，不利于师生准确把握教学要求。因此，现有的考核方式未能做到以培养效果为标准对学生进行考核和筛选，不能真实、全面地反映学生的学习参与程度。

5. 教学模式单一

目前，在卓越会计人才培养过程中，以教师单方面灌输专业知识而学生被动学习为主的教学模式仍然占有主导地位。这样对于学生来说，对知识的进一步思考与探索却往往会被忽视，由于会计教学内容以理论知识为主，教师的教学方式又较单一，很容易使课堂变得枯燥，除了极少数自觉性强的学生，大部分学生都缺少思考以至于临近期末考试时会有相当部分学生突击复习，而考试结束后也无任何收获。单纯的会计理论知识显然已经不能满足社会的需求，因此许多老师会引入案例进行教学，但是本科教学所采用的案例往往就是简化了的会计业务题，很少对相关业务的合理性以及可能存在的多种处理方法进行深入的探讨与分析。这显然不利于学生的自主思考，也很难提起学生的学习兴趣。

三、重庆工商大学卓越创新构建重庆工商大学卓越创新型会计人才培养模式的总体原则

1. 目标有效性

关于卓越会计人才的培养目标应该具体，即达到什么样的教学目标和人才培养的目标，只有目标具体才能给教师和学生指明方向教学的方向。制定的目标应该具体到卓越创新型会计人才培养模式对教学老师的具体规定，以及学生应该达到怎样的考核标准。要重视通识教育，强调人才的通用性而非专业性，使学生能够在大学期间形成对社会、道德、环境独自思考、判断和沟通的能力，重点培养学生对标准答案的批判性思维，不断鼓励学生去探索对事物和问题的自我认知。“培养一个具有批判性和创造性的思维习惯，使学生在之后可以追求一个有意义和完整的人生。”其次，更要重视对学生的“厚基础、宽口径”教育，厚基础指的是重视对学生基础知识的培养，使学生更有效掌握计算机基础技术、英语基础等方面的基础知识，宽口径指的是要拓宽学生的知识面，增强学生的思想文化素质、文化素质和业务素质。

2. 计划可行性

制定的教学计划应当具有可行性，并且由教师和学生一同制定，由学生反馈自己的学习需求，将学生的学习兴趣与老师的教育相结合，以达到更好的培养效果。这其中最重要的是要听取学生的意见、学生自身对于课程的感悟，并作出及时的反馈，比如在授课方法上重视对学生的启发和创新，进而提高学生的思维活力。高校课程的设置，是为了让学生在毕业之后能够把自身在学校的知识灵活运用到实践中去，不仅仅使学生局限于现有的会计技术。

3. 成本效益性

充分利用学校现有的教育资源，同时可以考虑增加学生需要的但是学校现在没有提供的教育资源。不管是配备的教师还是招收的学生都应该考虑到

成本效益，尽量争取将有限的资源发挥更大的效用。从自身的师资、教学设施、实验设备和教学经费等实际情况出发，深入细致的展开调查研究，在盘点自身的基础上采取切实步骤，条件具备的可开展会计人才培养工作，如果对于条件的要求还有一定的差距，可以首先开展师资培训，增设适合会计教学工作的各项设施，等条件具备之后再开展人才培养的工作，不盲目的注入资金。此外，还需要自身做好相应的统筹规划，在人才培养的过程中，应统筹规划，有效安排。充分运用现有的人才资源、教学设施和教育资金的基础上，根据需要招聘师资，建设有利于人才培养班发展的会计实习基地，为他们专设有效的培养模式，争取以最小的模式推动会计的发展。

四、构建重庆工商大学卓越创新型会计人才培养模式的关键

1. 分组学习

按照学生的学习习惯以及个人的特质将学生进行分组，考核标准相应的应当包括小组评价标准和个人考核标准。

分组学习的实施过程中，组内要形成明确有效的分工，成员互相考核、相互评价。通过这样即时有效的反馈，教师能够及时掌握学生情况，并据此调整教学计划、教学内容和教学形式，解决当下出现的问题。利用小组成员的互评，教师能够全方位的了解学生平时学习和生活动态，更好地把握学生的特点，拉近与学生的距离，为学生定制适合的发展路径。但需要特别注意的是，分组不是简单的随机组合，应当充分考虑到学生自身学习的需求和特点。

在进行个人考核时，可以采取统一命题，教考分离的形式。首先要考查学生对理论知识的掌握，在这一方面可采用教室考核的方式，通过卷面考核对学生知识掌握程度形成一定的判断；其次对学生综合能力的发展情况进行考评，可采用无领导小组讨论、现场面试、当众演讲等方式，考查学生的逻辑思维能力、临场反应能力、语言表达能力。

通过小组与个人评价相结合的方式发现学生能力的强弱点，因人施教、因材施教，使学生能够在人格、知识、能力上得到相应的发展，最终达到培养特色人才的目的。

2. 分模块教学

教学应该按内容分模块进行，包括专业知识学习模块、实践操作模块和个人经验交流模块。

在专业知识学习模块，要改革教学内容和课程体系，要重视基础和专业平台的构建，在结构上形成“基础+专业”的平台架构，“专业拓展课程+跨专业任选课程”的纵向化培养体系，保证人才的多样化发展，增强学生对社会的适用性。首先，是大类基础课建设：通过传授一般知识，培养学生的语言文字表达能力、外语交流能力、计算机应用能力和人际交往能力；其次，是专业基础课和专业核心课建设：旨在传授企业组织的经营和管理知识，目的在于拓宽学生的知识面，增强其应变能力，为其后续的学习奠定较为深厚和扎实的学科基础。

在实践操作模块，要增强学生动手进行实践操作的能力，包括实习和模拟实训课各类实习之后都要求学生写下有关自己的实践感悟和实习报告。在实训课程中，通过应用某些企业的案例，找有丰富实践经验的老师来为学生提供见解，以此来不断完善学生在有关会计实训中的操作，从而加强学生适应社会的能力。

在个人经验交流模块，可以去找那些正在企业任职并取得了一定成就的老师，来为学生介绍当今社会对学生的普遍要求，使学生知道自己的不足，并使之在一段时间内调整自己之后的发展方向，这样的方式，不会使学生与社会有很大的脱节，也能使他们在日后的工作中少走弯路、快速进步。

3. 配备强力师资

既然是卓越会计人才的培养，应该充分注意到在日常教学的过程中存在这样一个问题：其实学生之所以不能成为一个卓越的学生并不是学生不愿意学习或者不够聪明而学不好，而是在授课的方式方法上，一个优秀的老师在很大程度上也决定了学生到底能有多大的兴趣去接受所学的内容。教学内容确定后，如何通过有效的教育手段和教学方法来保证教学质量和提高教育效率是培养应用型人才能否成功的关键。高水平的师资是人才培养的保障，学校应从西南地区乃至全国范围内聘请优秀教师，建立学位，职称结构合理、知识能力都达到要求的师资队伍，打造金牌专业课，同时也需要外聘一些客座讲师来为学生提供更好的教育，提高教学质量。

4. 运用先进教学设备

从当前信息化快速发展的情况来看，传统的教学模式已经跟不上时代的要求，工商大学许多课程的课件很长时间都没有进行相应内容和结构上的更新，以致使落后的教学内容还在为学生讲解。这种情况要求学校花费更多的时间和精力放在设备和教学内容的更新上：一方面，可以为学生积极引进一些好用的信息系统，如用友、金蝶等好用的软件来为学生提供模拟实训，而非仅仅停留在手工记账的层面上；另一方面，加大对教师课件和讲义内容的同步更新与改进，一些已经落后或开课后实施效果并不明显的课程，可以进行适当改革，如增减内容、替换为其他课程等。除此之外，还可以为他们购买一些上海财经大学、中央财经大学或西南财经大学等高校的优质网络课以供他们平时学习，为他们提供优质的教学资源。

5. 提供政策支持

（1）师资保障。学院要选派最优秀教师担任卓越人才实验班基础课程教学工作，优先聘任有实战经历的教师担任学业导师。在企业学习阶段，学校应聘请合适的会计师担任兼职教师和事业导师为学生授课和进行专门指导。

（2）经费保障。实验班聘请导师、开展正常教学和日常教学管理活动的经费开支由会计学院和学校共同承担。

（3）条件保障。实验班上课保证有专门教室，要配备多媒体等现代化教学设备。

（4）其他政策。学院在企业等专门奖学金评定时，要向实验班学生倾斜，根据学生在实验班的学习成绩，优先推荐毕业实习单位和用人单位等。

五、卓越创新型会计人才培养路径

（一）卓越创新型会计人才培养目标

卓越创新型会计人才培养目标包括优秀教师教学目标和卓越学生培养目标。

优秀教师教学目标：通过向学生广泛展示财会、金融、管理等专业领域的最新研究与实践成果以及艺术、自然科学、技术等通识课程的知识，体现课程在学术视野上的卓越性，激发学生的学习热情。重视对学生的逻辑思维、领导组织、沟通协作、语言表达、拓展研究等能力的培养，提升人才的综合素质能力。加强对学生的职业技能训练，在基本职业技能训练的基础上对卓越人才提出掌握公司治理、战略管理、风险控制、税务筹划、上市融资等高于普通人才的技能的要求。引导学生树立科学的人生观、价值观和荣辱观，培养学生的人格修养，锻炼意志品质，使其最终成长为卓越会计人才。

学生培养目标：在课程的学习以及实践的操作过程中，增强自己的理论和实践能力，成为具有专业性、专长性、复合型、高适应性、前瞻性的会计专业卓越人才，并完成自身设定的发展目标。首先是满足基础会计核算工作的需要，在会计核算的过程中注重智能运用，能根据所产生的会计信息进行财务分析、财务预测、财务决策，有敏锐的观察能力和分析问题、解决问题的能力。在此基础上，掌握现代企业经营管理知识，具备对企业经济活动进行事前预测、事中控制和事后考核的能力。能依据已搜集到的各种经济资料，设定某些经济参数，采用一定的管理会计方法，对企业某一方面的经济活动趋势作出事前预测或规划。通过理论与实践的锻炼，最终成长为卓越会计人才。

（二）卓越创新型会计人才甄选

选拔时间上，为了培养更加卓越的人才，提高工商大学的教学质量，在新生入学当年 12 月之前即对通识学院一本招生的会计学、财务管理学、审计学专业新生进行统一的测试选拔。由面试与笔试的结果，择优录取 45 名学生作为卓越创新型会计人才班成员，保证该班的生源是来自会计学院的优秀学生。

选拔方式上，建立初始甄选和持续评价机制。初始甄选包含笔试和面试两个部分。测试采用面试加笔试的方式，其中面试成绩占 30%，笔试成绩占 70%，最终按照总成绩排名择优录取。笔试采取入学测试或按高考成绩排名的方式，尤其看重学生的数学能力，以达到对基础知识进行甄别的目的；面试采用无领导小组讨论、即兴演讲、情景模拟等方式，着重考查学生的综合素质和发展潜力。持续评价应本着只出不进的原则，淘汰未达到培养预期的学生，以保证学员的精英性和资源的集中，将最优质的资源投放到最有价值的学生身上。

教师甄选上，设定卓越创新型会计人才实验班的学生要在四年的大学学习中修满老师教授的理论和实践的全部课程具有一定难度，需要相当丰富的实践经验且学校在此项课程开设上还未有深入研究的课程交给来自全国的优秀教师，在优秀教师的选拔上以重庆、四川等地优先，可以采用重庆市优秀教师占比 50%、四川地区占比 30%、其他地区占比 20%的结构，以此满足对教师甄选的需要。

（三）卓越创新型会计人才培养模式和教学方法

1. 培养模式

采用全日制、导师制、校内与校外相结合的培养模式。将目前的周末临时班级升级为全日制行政班级，实行专门化管理，配备专用资源。沿用“学业导师+事业导师”的双导师教学制，由校内的专职学业导师与校外的聘任事业导师协同指导。学业导师负责指导学生开展专业调查、发表论文及成果；事业导师负责指导职业规划、提供实习机会。

2. 教学方法

采用理论与实践相结合的教学方法。

运用多种形式开展理论教学：充分利用互联网工具，将课程按专题和模块分类，制作一套较为完整的视频资料，为师生营造更为信息化、个性化的教学环境，以此提高教与学的效率。在当前形势下，信息采集和筛选已经成为会计人员的必要技能，会计人员需要掌握大数据计算的基础知识，如了解IAAS、PAAS、SAAS的内容并使用大数据计算服务虚拟软件对原始数据进行转换。在拥有对数据的采集能力之后，还需要进行分析。可采用典型案例分析，参考行业中其他企业处理相应情况采取的措施，有助于企业管理层解决当前的问题。另外，在组织自有师资队伍进行专业基础知识教学之外，可聘请有深厚社会工作经验的工作者如曾在四大事务所有长期工作经验的注册会计师、企业财务总监或知名学者，来为学生开办讲座。

校企合作开展实践教学：充分利用事业导师的社会资源，学校可与事务所、企业、机构等建立长期合作关系，共同建设实训基地，以保障实践教学的顺利开展。实践教学安排应当与学生的实际需求相对应，如为以审计或评估为发展方向的学生安排事务所实习、为财务管理或会计方向的学生提供企业实习等。实习的内容应当详细具体，能够让学生对目标岗位有比较全面和深刻的认识，而不仅仅是打杂。实习结束后，要从认知和技能上对学生参与实习的效果进行考核。

（四）卓越创新型会计人才培养质量评价标准

卓越会计人才的考核标准体系由个人素质标准、专业知识标准和职业技能标准构成。

1. 个人素质标准

个人素质标准包括道德品质、人格修养和通用技能素质。道德品质具体包含个人品性和职业道德两个方面：个人品性是指卓越会计人才在日常生活中应当展现出高尚品德和高度社会责任感；职业道德是财务职业对从业人员的要求，即职业理想、爱岗敬业、责任意识、技能过硬、保密意识、客观公正、契约精神、作风严谨、服务意识等。人格修养是指卓越会计人才应当在气质、性格、动机、认知、自我调控等方面有出色表现，如具备创新精神，思想开放、思维活跃，以体现其区别于普通财务人员的卓越性。通用技能素质是指卓越会计人才应当具有良好的沟通能力、表达能力、团队合作能力、思辨能力等综合素质能力，能够胜任社会工作要求。

2. 专业知识标准

卓越会计人才应当掌握高级财务会计、高级财务管理、审计、资产评估等专业核心知识以及管理、金融、营销等专业通识知识，主要通过考取 CPA、ACCA、CMA 等社会公认证书来验证自身对知识的掌握程度，展现教育成果，获取社会认可。

3. 职业技能标准

基于职业规划方向的分流，卓越会计人才职业技能的发展各有侧重：会计、财务管理方向人才需要掌握信息搜集与处理、预测预算、辅助决策、编制报表、财务分析、税务筹划等技能；审计方向人才需要具备制定审计计划、开展对内或对外审计业务、提供内部控制设计与评价服务、提供财务顾问服务、把握准则要求、控制审计风险等技能；评估方向人才需要掌握对机械设备、企业价值、无形资产等分类资产进行评估的技能。同时，发展方向的分流并不意味着卓越会计人才职业技能单调化，在走上岗位之前乃至整个职业生涯之中，卓越会计人才将不断拓展和提高各项职业技能，以适应不断变化的财务行业的需求。

六、结束语

在当前亟须会计人才进行变革的形势下，需要对更加优质的会计人才进行更好的、更有创新性的培养来增加他们适应社会的能力和学习知识的能力。本科教育不仅需要向学生传递的会计、财务和审计知识，也需要建立全新的培养路径、培养体系和培养课程等来推动他们的发展。对于卓越创新型会计人才培养模式的建立和运行，仍有待进一步的探索。

参考文献

[1] 朱洪波，李玉萍．论我国中小企业会计人才培养的紧迫性和对策[J]．经济师，2012（9）．

[2] 梁方正．当前高校会计类专业人才培养模式的探讨[J]．会计之友，2011（10）．

[3] 孟焰，李玲．市场定位下的会计学专业本科课程体系改革——基于我国高校的实践调查证据[J]．会计研究，2010（3）．

[4] 姜涛．会计创新人才培养模式与实现路径探索[J]．经营管理者，2014（2）．

[5] 刘李福，解净宇．会计人才培养模式创新与教学质量评价研究[J]．商业会计，2016（01）．

[6] 冯华，汪娟．基于应用创新型人才培养的会计实践教学模式研究[J]．中国成人教育，2013（08）．

[7] 石磊，于小梅，肖健，倪睿．高职会计专业人才培养模式研究——基于创新型人才培养视角[J]．财会学习，2017（07）．

[8] 朱锦余，陈红，徐融．培养国际型、复合型、创新型、应用型优秀会计学专业人才的思考——会计学专业国际会计方向人才培养模式改革设想[J]．云南财贸学院学报，2004．（01）．

[9] 马正凯，章颖薇，陈旻．独立学院应用型创新型会计人才培养模式研究[J]．湖北经济学院学报，2016（05）．

[10] 鲁海帆．创新型会计人才培养模式研究[J]．教育教学论坛，2016（27）．

[11] 赵忠，陈遇春．高校创新人才培养模式的实践探索[J]．成才之路，2015．（27）．

[12] 贾凌轩．浅析会计与统计核算专业创新型人才培养模式改革[J]．高教学刊，2015（08）．

需求导向下政府会计人才培养路径探析

柏　仲　蒋　弘

一、引　言

2018 年 2 月，财政部发布《〈政府会计制度——行政事业单位会计科目和报表〉与〈行政单位会计制度〉〈事业单位会计制度〉有关衔接问题处理规定的通知》，标志着政府会计改革已“近在眼前”。在新的形势下，立足国情，借鉴国际经验，加快推进政府会计改革向实务、向纵深方向发展势在必行（陈志斌，潘俊；2015）。就我国现状来看，精通企业会计者，政府会计能力不一定强，掌握政府会计者，企业会计知识又很欠缺（魏源；2017）。在传统会计制度下，不可否认的是企业会计人才更为突出。会计人才更注重熟练掌握企业会计技术，进行企业会计核算工作，相对而言，这类人才知识较为片面，对政府会计内容了解甚少，甚至未曾接触。但对于政府会计人才，可能对企业会计知识有所涉猎，但是应用能力相对欠缺。因此，加强政府会计人才培养尤为关键。

二、文献综述

潘俊等（2016）针对政府会计教育现状，提出政府会计人才培养的要求及路径选择；通过分析比较国内主流政府会计教材的框架体系和内容安排，总结出共同点与不足。最后根据政府会计人才的需求特征，提出政府会计教材体系改革的创新思路及实施措施。罗晓婷（2018）认为政府财会人员应把高校的专业教学为中心并辅以社会实践相关内容，创建全面而立体的教学方式，以便培育出适应政府财会制度变革及后期发展等不同阶段的实用型人才。李静等（2016）构建了分层重点培养与理论实务学习并重、实务培训问题导向与执行导向并举、基础性学历教育与实践性职业教育并行，以及传统模式与现代教育技术相结合的会计人才的培养模式。周曙光（2018）剖析当前政府会计人才培养模式存在的问题，在此基础上从课程设计、教学方法、专业实践、教材建设、学科建设、师资建设等方面，系统探讨高校政府会计人才培养的创新路径。李靠队等（2013）认为要从政府会计的改革要求以及环境的变化出发，根据政府会计人才所需能力搭建学科和知识体系并建立起学习、考评和激励的长效机制，构建全方位、多渠道、立体式的教育培养模式，为政府会计改革和发展的不同阶段培养适合的复合应用型人才。

纵观上述文献及我国相关研究成果，可以发现：会计人才培养的成果较多、深度有限，且对国际化复合型人才培养的研究逐渐增多，而对政府会计人才培养的研究相对较少且研究视野偏窄，没有很好地结合新形势下政府会计的改革历程开展研究。因此，通过分析新形势下政府会计人才培养需求来探讨需求导向下的政府会计人才培养路径，具有重要的理论意义及实践价值。

三、政府会计人才培养现状及需求分析

随着智能时代的来临，我国新形势下政府会计人才的供给与需求方面存在严重的失衡现象。一方面政府部门自身要面对愈加复杂的业务需求，内部在会计人员数量相对过剩的情况下，具备复杂业务处理能力的会计人才却捉襟见肘；另一方面在于目前大多数高校对政府会计人才的培养质量不高，毕业生片面追求一个稳定的工作而将政府机构作为首要选择，但却并不是出于对自己的特长和兴趣来抉择，因而不能满足政府对于专业性政府会计人才的需求。

（一）政府会计人才培养体系欠缺

我国接受过高等教育的会计专业毕业生几乎都没有系统地学习过政府会计相关知识。目前，我国高等院校及培养单位的会计相关专业中普遍没有开设政府会计课程，即使有个别培养单位开设政府会计课程也没有将其作为核心课程而是将其作为选修课程。我国高等院校及培养单位在会计相关专业课程的教学计划中，主要的侧重点还是企业会计知识，并没有向政府会计领域延伸。而政府部门自身的会计人才培训方式较为固化，没有根据各职能部门的需求为导向，对各政府部门会计人才进行差异化、精细化培养。会计人员进入庞大的政府部门工作时，由于其特殊的组织架构，各个单位及职能部门的机构设置相对复杂、工作重心不一，对会计人才的要求也存在较大差异，因此他们往往无所适从。从现有的培养方式来看，往往是由上级主管部门发起，培训人数有所限制，由各个单位及职能部门通过个别选拔进行集中培训。从培训的内容来看，所学知识点较为散乱以及知识的滞后，通过短时

间的培训也并不能够满足单位对复合型会计人才的需要。各政府单位及职能部门对会计人才需求差异明显，而各政府单位及职能部门组织的培训又体现不出差异性及针对性；此外，目前政府部门关于政府会计的集中培训也相对较少。

（二）高校政府会计师资力量薄弱

地方高校及各培养单位的会计专业大多是从经管类学科中分离出来的，专业教师基本上是原来经管类专业的老师，一个专业教师往往要同时教授几门专业课。专业教师成天疲于备课，没有时间深挖教材进行自我提升，更没时间搜集其他相关资料丰富教学内容。此外，部分会计教师多为半路出身，而会计专业出身的专业教师较少，专业知识不系统。很多高校因师资力量短缺、资金紧张等因素，一般不对这些教师进行进修培训就直接让他们上讲台讲授专业课。这些老师虽然可能具有较强的自学能力，但是他们能否系统掌握会计专业知识，在讲课中做到融会贯通，这确实令人怀疑。由于大部分高校并未设置与政府会计相关的课程，而相关的知识变化日新月异，加上专业教师接受再教育机会少，导致知识陈旧。而且绝大多数专业教师由于没有政府部门工作的经历，对政府会计人才的培养也仅仅停留在理论层面的知识传授，并不能够指导学生在实际工作中如何发现问题、分析问题、解决问题。

（三）高校与地方政府会计资源分散

高校与地方政府各自的优势资源在培养政府会计人才方面得不到有效的整合，造成政府会计人才的培养上出现理论与实践脱节、普遍缺乏政府会计工作相关的实习实践经验以及没有平台进行及时有效的学习、分享、交流等问题。即使有些高校和培养单位开设了针对政府部门的预算会计课程，也没有真正落实应用型人才的培养目标。而政府部门则苦恼于精于实务而弱于理论研究，难以适应国家对政府会计的改革节奏。主要表现在各大高校及培养单位的预算会计教材重理论轻实际，大多数的预算会计教学仅仅停留在理论教学阶段，而且其课程授课时数较少，无法满足授课的需要。授课方式主要是教师进行理论讲授，再安排课后作业巩固所学知识，在期末对学生的学习情况进行书面检验，对学生是否熟练掌握相关知识并能够学以致用并没有形成一套严谨的学习、训练、考核以及评价方案。而会计是一门实践性很强的学科，由于实际操作、实践教学环节的缺失，也未有针对性地建立预算会计模拟实验课程进行适应性操作训练，而造成理论学习与实际操作相脱离，难以满足政府部门对政府会计人才的需求。而政府部门则主要在日常工作中，表现在对会计工作的一脉相承模式，对于理论的研究相对薄弱，一旦发生政府会计政策发生重大变化，则很难适应新的要求。

四、政府会计人才培养路径探析

（一）健全高校政府会计人才培养体系

传统的政府会计人才培养模式已经不能够满足新形势下政府部门和社会对政府高端会计人才培养的需求，特别是拔尖的政府会计人才的培养出现了很大的空白。建立健全良好的人才培养体系是人才培养的关键所在，健全政府会计人才培养体系将有助于提高我国政府会计人才的培养质量。

优化高校及政府部门课程培训体系。从目前全国大多数高校对会计专业的侧重来看，课程的设置大多是以企业会计人才的培养方向为重心，涉及政府会计领域的内容尤为欠缺。绝大部分高校对于政府会计教学的缺失，导致政府会计培养质量长久处于低水平状态。从政府机构内部来看，许多政府从业人员虽参加了相应的知识培训，但机会少，知识点散乱，往往不能达到预期的效果，更无法在实际工作中得到高效地应用。无论高校还是政府机构，在政府会计人才培养模式改革中，都应根据预算会计内容形成一整套科学、完整的课程体系，运用到教学当中，有利于加强会计人才在政府会计领域的实践。

（二）加强高校政府会计师资队伍建设

师资队伍不仅是大学“安身立命”之本，更是大学在教育全球化和学术资本主义的浪潮中培育学术竞争力和提升美誉度的重要凭借（谈哲敏，2017）。师资队伍作为培养政府会计人才的智力中心，是培养“杰出人才”的第一责任人，其理念、知识、经历和视野对人才培养具有直接的影响。由于高校主要设置的课程是面向企业会计，因为授课教师无论在资历还是备课方面对于政府会计的研究相对较少，缺乏专业性，加上政府会计知识具有不断变化的特征，由于疏于研究，会造成任课教师本身专业水平不高的现状。因此，亟待通过内部培训及外部引进等方式加强师资队伍建设以保障教学质量。

师资队伍是培养广大优秀政府会计人才不可或缺的中坚力量，也是培养优秀政府会计人才不可或缺的关键因素。师资队伍建设主要从内部培养以及外部引进，通过对现有师资进行整合，抽调部分优秀骨干师资进行培训或者通过外部引进研究政府会计方面的专家学者以及具有政府工作经验的会计人才，以达到快速填补高校及培养单位师资严重匮乏的目的。培养的师资由于通过对政府会计知识的集中培训，加之本身有一定的基础，对政府会计本就有一定的研究，通过相互沟通、学习之后能够快速形成一支培养政府会计人才的专业性较强的师资队伍。而引进的师资由于无论是在理论界还是实务界都有着一定的成果和地位，学术起点高、影响大，容易形成高峰人才的集聚效应，对孕育教学团队和提升政府会计教育教学水平有极其重大的意义。

（三）推进高校与地方政府会计资源整合

加强校地合作，打造政府会计信息化资源共享服务交流平台。高校是培养政府会计人才的主要基地，但由于高校知识往往流于理论，学生缺乏实践机会，难以将理论与实践结合，直接导致具有政府会计知识背景的政府部门人员无法将所学有效地应用于工作中。因此，一方面要加强学校与地方政府的合作，提供合理范围内的相关实习实践，协助优化政府会计人才的培养质量。通过添加政府会计实践教学环节，有助于培养学生的动手能力和分析、解决实际问题的能力，对于培养政府会计人才的实践能力有着理论教学所不可替代的作用。另一方面在“互联网+”背景下，打造高校与地方政府会计信息化资源共享服务交流平台，通过平台将更加便捷高效地对政府会计人才进行培训、开展交流。同时，通过平台上理论界与实务界的老师相互之间的交流探讨，有助于学生吸收新的知识、提高能力、开阔眼界，更好、更全面地培养出能够跟得上政府会计改革所需的专业人才。

五、结束语

会计人才培养是一项不断推进、不断完善的过程。时代的进步，经济的发展，离不开会计领域的更新以及会计人才的培养。在政府会计改革背景下，对新形势下政府会计人才也提出了更高的要求。政府会计改革与政府会计人才培养是紧密相连的，政府会计人才培养需顺应政府会计改革，政府会计改革也要体现政府会计人才培养。健全政府会计人才培养体系、加强高校政府会计师资队伍建设、推进高校与地方政府会计资源整合是我们在新形势下培养新时期复合型政府会计人才的关键。

参考文献

[1] 陈志斌，潘俊. 基于国家治理的政府会计概念框架演进及其引导效应[J]. 会计与经济研究, 2015（1）: 3~13.

[2] 魏源. 基于政府会计改革的会计人才建设研究[J]. 邯郸职业技术学院学报, 2017(2): 51~54.

[3] 潘俊，赵天贻，李靠队. 政府会计人才培养与教材体系创新研究[J]. 行政事业资产与财务, 2016.（27）: 89~90.

[4] 罗晓婷. 复合应用型政府会计人才培养研究[J]. 才智, 2018（3）: 16.

[5] 李静，李靠队，姚瑞芳. 论政府会计人才培养[J]. 行政事业资产与财务，2016（9）: 90~91.

[6] 周曙光. 高校政府会计人才培养的创新路径研究[J]. 行政事业资产与财务, 2018(2): 86~87.

[7] 李靠队，薛天杨，陆莉斌，许苗苗. 复合应用型政府会计人才培养研究[J]. 湖南财政经济学院学报, 2013（4）: 145~152.

[8] 谈哲敏. 师资队伍是“双一流”建设的核心[J]. 中国高等教育, 2017（1）: 26~28.

大数据时代会计人才能力框架研究

辛素园

毋庸置疑，大数据已然是当下的热点话题，随着信息化技术及人工智能在会计核算及管理决策支持中应用的逐步深入，互联网及财务共享越来越多地渗透到会计人员的日常工作之中，公司在制定决策时，除了传统的财务数据，运用到了越来越多的非财务信息，在这种环境下，财会人员的职能逐渐发生了改变。同时，2016 年 10 月，会计行业的“十三五”规划纲要指出，现阶段会计行业的主要任务是完善公司的会计规章制度；让会计产业与信息化更好地结合起来；开拓更大的服务市场；推行发展会计人才计划。因此，在这样的背景之下，高等学校的会计人才培养模式也应当转型，符合市场需求、顺应大数据时代对会计人员提出的挑战，更好地培养新时代具有良好创新精神的会计专业人才。

一、信息技术的使用对会计人才的变革要求

网络技术发展使商业交易模式、商业体系等都发生了巨大的改变。同样，会计行业也受到了信息技术的影响，会计职能得到充分拓展，相较于之前的事后会计核算方法，信息技术促进了业财融合，使业务活动和会计核算能同时进行，业务步骤、会计核算和内部控制三者相结合，更真实有效地反映经济活动，为企事业的内部管理活动提供服务。具体而言，对会计人才的要求体现在以下方面。

1. 从传统的会计核算专门人才转为多专多能

由于越来越多的会计基础核算工作被信息技术所取代，总体而言，传统的会计人员职责将不再局限于单纯的会计核算，从传统的信息加工和汇报，向多专业、全能力的方向发展。

2. 从会计信息的简单分析到集权化管理和决策支持

在大数据时代，由于其本身海量数据的特征，企业财务会计工作在提供

决策支持时就有了更为详尽和准确的数据来源。财务会计工作过程中获取的信息越多，所提供的决策依据就会更全面、更客观，因此，不同于过去传统的做法，在海量数据面前，要求财务会计工作者还是企业决策者，都能从更全面的角度为企业发展考虑，具备更周全的思维和行为模式，为企业未来发展提供了更多的可能性。

3. 从传统的事后总结到事中控制

财务会计工作在执行过程中需要有力的控制，而企业控制工作的依据也是相关的数据、信息和资料。离开数据、信息和资料，控制就没有存在的价值。在大数据时代，企业在各项工作的运作过程中，获取并产生了大量的各类数据，有财务的、销售的、人力的等等。这些数据的出现，将会为企业控制工作提供更为全面的方案。利用海量的数据，财务会计工作人员也更容易发现工作执行过程中出现的问题，数据越多，越容易找到最真实的原因，越容易从数据本身的角度去纠正偏差，使得过程执行更贴近预期目标，改善决策执行结果。

4. 从传统的事后反映到事前预测能力

传统的财务会计工作的预测模式只是找寻数据、信息和资料之间的相关关系，只要数据、信息和资料彼此相关，那么就可以做出预测。而随着大数据的出现，海量的数据、信息和资料为财务会计工作提供了更为全面的来源。这就需要会计工作者能利用更为全面的数据、信息和资料会对传统的财务工作中的预测环节提供更多的可能性和支撑依据，从而保证管理决策和财务计划设定的合理性。

二、大数据时代会计从业人员的分级能力框架分析

根据前述分析，会计从业人员从事工作的需求将发生根本性改变，因此，有必要将会计从业人员划分为不同层级，执行不同功能的会计工作，分别为初级会计人才、中级会计人才和高级会计人才。每个层级的从业人员将从事不同的工作，具备不同的技能。

为了对会计从业人员的综合能力进行检验，专业的会计机构研发了一套会计从业人员能力架构。从分析角度来讲，该体系有三个不同的角度。其一职位资质综合能力框架，也就是级别较高的会计人员的能力体系，具体指的是总会计师综合能力体系、负责财务总监督综合能力体系、会计部责任人综

合能力体系等；其二会计专业素养综合能力框架，具体指的是各个级别的会计师综合能力体系；其三会计从业人员资质综合能力体系，具体指的是公司单位和行政机关的会计从业人员综合能力体系以及注册会计师的综合能力体系。本文将着重讨论会计专业素养能力框架，分析不同层级的会计人员应具备的综合能力、敏锐的洞察力和全面的职业判断能力。

2016 年，美国管理会计师协会（IMA）发布了美国管理会计师协会管理会计综合能力体系。第一类：规划与报告技能。“规划与报告”总的能力要求是：预知以后的情况，量化工作的业绩，进行综合报告。规划与报告领域包括 9 个能力，具体是：①整理财务信息；②记录经济业务；③策略设计；④预估；⑤筹集预算资金、分配预算资金；⑥业务成绩评定；⑦成本核算和分析等；⑧税务筹划、税金核算、纳税申报；⑨管理运筹。上述技能又可以进行更深一步的分级，并针对专业的从业人员设定了相应的规定。第二类：制定决策技能。制定决策需具备的总体能力：引导和决议，风险控制，培养道德素养。第三类：技术技能。技术需具备的总体能力：强化管理和处理信息的能力，有效地推动公司的运作。第四类：运营技能。运营需具备的总体能力：作为多功能的战略合作对象，有效地加快了公司的转型。第五类：指引技能。高层管理人员必备的总体能力：积极地引导团队，管理团队，提升团队和协调合作能力，较好地完成公司的任务。此分类标准可以作为我国大数据时代会计人员分级培养模式的分级参考，总体而言，会计从业人员的技术能力、人际能力和决策能力是各级人员都需要具备的要求。

1. 初级会计人才具备的能力框架分析

从初级会计人才来看，会计从业者应当具备优秀的技术能力，良好的人力能力和初级的决策能力。首先，从技术能力来看，传统的会计人承担的是“核算者”的角色，但是大数据时代，核算的功能被计算机技术和互联网基础上的财务共享模式逐步替代之后，核算不再是初级会计人员的主要工作。因此，从事初级会计工作的人员将由核算人向信息人转变，在业财融合的基础上，监督业务的完成以及与预算目标的核对，寻找与预算目标的差距并整理原因，为高层战略管理者提供有价值的信息。比如，以成本采购业务为例，当合同和发票在业务完成环节就已然完成了信息录入和基础核算工作，初级会计人员则需要比对采购过程中的成本费用控制以及和预算目标的差距，运用其良好的沟通能力协调采购环节中的供应商、运输保管、入库以后回款的快速完成，协助中高层管理人员实现成本控制目标和更多的相关财务决策。而在未来的大数据和互联网日益深入的时代，真正的业务核算操作者需要具备的能力体现在：B2B，和供应商与业务完成各环节商家的沟通，因此需要具备良好的沟通能力和协作精神；共享作业，良好的配合和数据操作能力；IT 维护，基础的数据安全和维护能力以及数据基础分析比对能力。具体从事的工作是：整理财务信息，记录经济业务，交易层面策略设计，成本预估，业务成绩评定，成本核算和分析等，以及税务筹划、税金核算、纳税申报等。

2. 中级会计人才具备的能力框架分析

作为中级会计人才，将是企业运营层面的会计从业者。这部分会计人才作为专业人才，承担企业中层管理者的主要职责，其主要工作将负责基于互联网的人、财、物的管理，进行有效的资源分配，并且完成流程设计、制度设计以及初级会计人传递信息的加工整理和决策架构。因此，作为终极会计人才，必须具备：第一，柔性运营思维。当初级会计人才传递出的数据信息和预算存在偏差，可能影响到决策执行效果和企业绩效的时候，予以及时的纠正和指导。第二，制度设计能力。中层会计人员必须具备大数据下的建模及应用能力，建立起 IT、DT 的架构和风险管控体系，以期更好的管理数据和使用数据。第三，管理运筹能力。根据初级会计反映的信息进行有效的预测和预算编制，监督预算的执行和及时纠错，筹集并且分配预算资金，设计人力资源考核及有效的薪酬激励制度。第四，良好的人际交往能力，包括与企业外部相关部门的协调和谈判，内部跨部门的沟通与协作、内部纵向层级上对下属的领导和激励等等。

3. 高级会计人才具备的能力框架分析

高级会计人才将在初中级会计人才的基础上，成为具备战略眼光的企业家层面的决策人。要求在作业层面和运营层面之上，基于全局观和创新思维，以深刻的洞察力和远见对企业的财务运营和战略结合企业目标和未来发展进行长期规划。因此，高级会计人才必须具备科学的管理思维，跨界符合能力以及基于用户体验的社会化思维，并且熟悉互联网商业模式设计，在企业长期资本决策、跨国公司投资分析评价、经营战略选择等非程序性事项中合理运用自己的决策能力，为企业价值创造，成为真正的价值创造者。

三、大数据时代会计从业人员的培养模式改革

根据前述分析，会计本科专业培养模式也应当采用逐层递进的方式去适

应大数据时代对会计人才的新需求，从课程设置、教学手段、教学内容都做了大幅调整，以适应未来的信息化和人工智能趋势改革。

1. 课程体系的变革

为适应时代发展会计专业人才培养体系也要做相应调整，针对不同层级的会计人员具备的能力要求不同，应该考虑增加几类课程：人文类课程，特别是中国哲学和传统文化课程；科技类课程，如互联网应用技术、大数据分析技术、云计算、人工智能、信息管理与信息安全等；企业运行类课程；而专业拓展类课程应当增加基于会计数据、会计信息综合分析和利用管理的课程。

2. 课程内容及教学方法和手段的革新

首要是更新教材，将新技术变革对会计教学内容的变革和影响写进教材，并通过在线开放课、视频公开课、资源共享课、微课等课程资源体系展现，在教学方法、教学手段和工具、内容组合编排等方面也要积极进行创新。

3. 构建协同培养平台

突破传统会计人才培养模式，依托校内教学改革，重视课堂实验教学，强化校外企业及校外实习基地在高校教学体系、课程安排、课程指导及能力培训。并且通过校企合作，为学生提供更多的实践机会，了解行业发展趋势和动态，督促学生自主学习。

随着大数据和互联网的日益深入，推动了会计行业的变革。会计人员要在这样的变革中寻求新的机遇，寻找到自己的定位，更新自己的知识结构，而从事会计人才培养的高校也应当顺势而为，调整自己的培养模式和教学手段，以期为社会输送符合需求的会计人才。

参考文献

[1] 张琴. 信息化环境下会计人才胜任能力评价研究[D]. 太原：山西财经大学, 2015.

[2] 冯红彦. 会计信息化人才培养现状与思考[J]. 当代经济, 2016(29): 41-43.

[3] 张黄璜，许燕霞. 基于 BAG 模式的我国管理会计人才能力培养体系探讨[J]. 国际商务财会, 2017(03): 64-68.

[4] 财政部. 会计行业中长期人才发展规划(2010-2020)[Z]. 财会〔2010〕19 号，2010-09-21.

[5] 裘益政，许永斌. 基于管理型特色的卓越会计人才培养模式研究[J]. 商业会计，2014(2).

[6] 陆坤，李凤岐，李大奎等. 面向卓越人才培养的实践教学体系建设[J]. 现代教育技术，2013, 23(9): 124-126.

[7] 李琳，陈京京，王杰. 面向卓越工程师人才培养的产学研深度合作模式[J]. 高等工程教育研究, 2013(1): 66-70.

基于行动学习法的 MPAcc 人才培养模式创新研究

陈 欢

一、引 言

随着市场竞争的不断加剧，企业对高层次应用型会计人才的需求越来越迫切。而根据有关数据统计，截止到 2017 年底，我国有 2000 多万名会计人员，但具有高级专业技术资格不足 1%。财政部《会计行业中长期人才发展规划（2010—2020 年）》中指出：“要着力培养造就 60000 名大型企事业单位具有国际业务能力的高级会计人才、2600 名具有国际认可度的注册会计师、100 名具有国际水准的会计学术带头人等高端会计人才”。尽管大数据背景下财务共享中心的建设使得基础会计人才需要大量缩减，但实务界仍表示，高层次会计人才的缺口还是很大。一方面，会计专业本科生只是“广而浅”接受基础知识，掌握知识的深度不够；另一方面，学术型会计研究生偏重学术培养，而对专业知识的职业运用重视不够。两方面原因导致学校培养的会计人才不能满足社会对高层次会计人才的需要。针对这些问题，2004 年，国务院学位委员会批准设立了会计硕士专业学位（MPAcc），并于 2009 年批准试点单位招收全日制会计硕士研究生。目前，我国已有专业学位授权点 256 个，培养规模超过 1 万人。但由于 MPAcc 招生时间较短，扩张速度过快，很多院校培养经验缺乏，师资配备不足，导致很多培养单位直接沿用学术型研究生的培养模式，或只是形式上调整，但实质上并未区分。

MPAcc 人才培养应遵循面向会计职业的原则，强调学以致用，知行合一。行动学习法正是倡导以行动这一动态的方式进行学习，提倡“实践出真知”；以行动方式学习新知识的本质在于促进参与者固有心智模式的质疑反思与转变。1916 年，美国学者杜威就提出了“干中学”的教学理论，行动学习的理念一直被倡导。直到 1965 年，英国瑞文斯（Reg Revans）教授才首次明确提出了行动学习法（Action learning）这一概念。行动学习法强调学生要组织学习团队，采取“学习知识—分享经验—创造性地研究解决问题—展开实际行动”四位一体的循环学习方式完成整个实践教学过程。行动学习强调“学中干”与“干中学”的组织学习理论，正被越来越多的组织所应用。

近几年，我国也开始将行动学习法应用于教学中，但主要集中于具体课程的教学应用。甘宜涛（2017）、李宝荣（2017）研究了行动学习在老师培训中的应用，认为行动学习是教师学习的有效途径。也有一些学者研究了行动学习在具体课程教学中的应用，认为行动学习在课程教学中发挥了重要的作用（周鲜华等，2011；李华，2014；肖丽，2017，王金娥，2017）。但将行动学习法应用于 MPAcc 教育的倡导者应该是中央财经大学刘俊勇教授，中央财经大学也是 MPAcc 行动学习的实践先导，他们的实践为我们理论分析行动学习为导向进行 MPAcc 培养模式改革提供了借鉴经验和思路。

二、MPAcc 人才培养模式存在的问题

1. 办学特色不突出

根据 MPAcc 专项评估的结果及各培养单位的整改意见中，不乏“培养目标不明确”“办学特色不突出”等问题。通观一些单位制定的 MPAcc 培养方案，就会发现，有些高校制定的培养目标与全国 MPAcc 教指委给出的参考性培养方案基本一致，无太大区别。有的院校直接盲目照搬一些重点院校的培养目标或将不同院校的培养目标杂糅。培养目标制定中缺乏对自身办学特色认识和凝练，对学校定位、学生生源及教学资源的考虑不足。随着 MPAcc 招生规模的扩大，办学特色是 MPAcc 人才在就业竞争中一张有效的名牌，如果该校在某一方向具有特色且名声在外，这对于生源及就业都会起到很大的积极作用。特别是非重点院校，办学理念的个性化、办学风格的差异化才能让这些学校具备更强的竞争优势。

2. 课程设置不合理

按照全国 MPAcc 教指委的规定，我国 MPAcc 学习年限一般为 2—3 年，总学分不少于 40 学分，其中除了实践课 7 学分，其余的课程均是以理论教学为主，且 40 学分必须在 1 年之内学习完毕。根据我国目前很多高校 MPAcc 的学习年限为 2 年或 2. 5 年的实际情况，说明学生在第 1 学年基本是在学校完成理论课程学习，第 2 学年又忙于找工作和撰写毕业论文，学生根本没有足够的时间去实习实践。即使有些学校的理论教学注重理论联系实际，通过案例教学等方式展开，但很多案例开发还比较落后或将本科生教学案例照搬过来，并没有有效提升学生解决实际问题的能力。同时，实践课的开展也是

形同虚设，学生自己找实习单位，实习完提交一份实践报告就可得到学分，实践过程的监督与考核并不完善，这样的实践效果可想而知。这些与 MPAcc 应用型人才的培养目标是不相符。

3. 教学方法较落后

对于研究生教育，我国最早设置的是学术学位。到 2004 年才批准设立了会计硕士专业学位，试点开始至今也才 10 多年时间，首批试点的单位较少，MPAcc 人才培养还处于摸索阶段。由于时间和经验有限，许多单位直接沿用学术学位的培养方法，或者将学术硕士人才培养方法稍加调整。而会计学术学位和 MPAcc 的培养目标有较多区别，学术学位侧重学术能力的培养，而 MPAcc 侧重于会计实务能力的培养。如果将两者按相同或类似方法进行培养，可能就会偏离 MPAcc 人才培养目标。会计学学术学位以课堂教学、理论教学为主，教师通过讲授相关理论原理、研究前沿引导学生的学术思维，培养学生的学术能力；而专业学位更多除了理论学习，更侧重于培养学生将理论应用于实践的能力。如果 MPAcc 教学还停留在“课堂教学为主导、课外实践少”的阶段，MPAcc 学生的实务操作能力就会大打折扣。

4. 师资队伍有待完善

目前，随着 MPAcc 招生规模不断扩大，对培养单位的师资力量提出了更高的要求。有的学校一届招生上百人，而教师资源有限，课程教学中只能将学术教学的教师拉来任教，这就导致学术学位教育与专业学位教育无太大区别。而且在学生的指导老师安排上，有的学校的老师带研究生人数多达十几甚至几十个，教师很难对如此多的学生进行有效的指导。特别是双导师制的建设，有些非重点高校，由于声誉、经费及人脉资源等问题的限制，很难找到合作的校外导师。有些学校即使有校外导师，但由于校外导师本身有自己的工作，参与学生培养的时间和环节很少，大多校外导师仅仅是为学生提供实践单位，完全没有发挥校外导师的作用。

三、行动学习为导向的 MPAcc 人才培养模式优化

1. 明确培养方向，突出办学特色

MPAcc 培养单位应根据自身特点，明确办学理念、办学特色。针对规模不断增大的招生，高校应将学生的培养方向进行细分，以提供更能适应社会需求的应用型人才。各大高校 MPAcc 人才培养方向应结合市场需求、学生兴趣来确定，比如根据学生未来就业的岗位或专业方向进行设置，不同培养方

向在课程设置中就会有所体现。在使用行动学习法进行教学时也会选择该方向的实例或模拟案例进行，比如注册会计师方向、金融分析师方向等，不同方向的学生培养课程开设会有所不同，侧重点也会进行区分，这样培养出的人才才能更快地找到适合的工作岗位，适应社会需求。

2. 推广行动学习法在课程教学中的应用

由于 MPAcc 招收的学生存在专业差异，很多是跨专业报考 MPAcc，这为学校课程的设置及任课老师的教学提出了一个难题。很多老师反映，将专业知识讲深点，那些非会计专业的学生听得一头雾水；而讲浅点，会计专业的学生又认为于本科学习无异，没太大兴趣。行动学习法就为这一问题提供了解决思路。行动学习的精髓就在于“边学边干，边干边学”，它强调学生要组织学习团队，采取“学习知识—分享经验—创造性地研究解决问题—展开实际行动”四位一体的循环学习方式完成整个教学过程。在此过程中，可能会面临一些新的概念与知识，这时就需要学生主动去学习，并跟大家分享，在分享过程中加深自身知识的学习，促进其他同学对知识的理解。而且不同专业的学生组合成一个团队，在知识和经验上能够相互弥补，有效发挥各专业知识的特长，扩宽问题分析的思路。教师在课程教学中，可以事先根据企业实务中的问题进行案例设计，将课程重要的知识点融入案例中，或者根据仿真模拟为同学们提供行动学习项目，而教学过程中，教师的主要是发挥“催化师”的作用，引导学生学习、引导学生参考。这样的课堂能大大提高学生的参与度和积极性，学生自己学习和分享的过程能加深其对知识的理解，也能提高学生将理论知识应用于实践的能力。

3. 行动学习贯穿模块化课程设置

由于学习年限及学分的限制，第 1 学年的理论课程学习更应该设计合理的课程体系。根据全国 MPAcc 教指委的参考性培养方案，可根据培养方向设置模块化课程；根据 MPAcc 人才培养目标的基本要求，可将课程划分为专业知识、社会技能、职业素养和实务能力四大板块：专业知识课程模块主要由专业必修课和根据培养方向选定的选修课，各课程之间通过行动学习项目将专业知识进行串联；社会技能课程模块主要是通过公共课、任选课、社会实践等方式培养；职业素养课程模块主要通过选修课、实务论坛、高端访谈、讲座等方式进行；实务能力课程模块主要是通过企业实习、实务研讨、行动学习等方式进行，主要内容是实践能力和创新能力培养。四大课程模块的设计中均可运用行动学习方法进行。

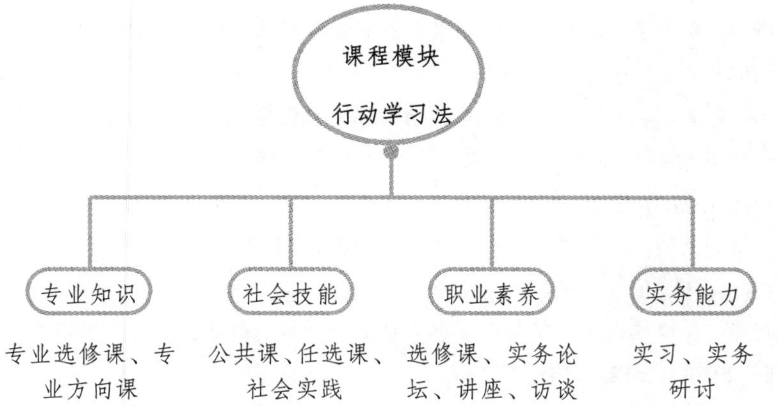

4. 加强校企联合，推动双导师制的建设

双导师制的建设，需要有企业的支持与参与。目前来看，许多高校 MPAcc 校外导师的聘请及管理是一个很大的问题。一方面，校外导师一般是企业的高层管理人员，报酬并不是他们担任校外导师的原因，更多的是出于一种社会责任意识或看重企业发展对人才的需求；另一方面，校外导师本身工作多且重要，时间有限。然而，校企合作是双导师制推行的前提条件，只有校企合作，才能实现学校和企业双赢，达到“企业主动且尽职担任校外导师，学校实现人才培养目标”的最优状态。学校培养更优的人才最终都是为企业服务的，企业的参与不仅能为 MPAcc 人才培养提供校外导师，还为学生提供了实践基地。同时，企业遇到的具体问题以行动学习项目出现在课堂，通过学生的讨论与分析也许会得到一些意想不到的解决方案，也可能会为企业解决某一问题提供创新的视角和思路，促进行动学习实践及成果的转化。让校外导师参与学生培养方案制定、课程建设、讲座教学、论文答辩等环节，突出实务导向，让培养的学生更符合社会的需求。

参考文献

[1] 杜占元. 关于国务院学位委员会第二十八次会议以来开展的主要工作和 2012 年工作的初步考虑[J]. 学位与研究生教育, 2012(5): 1-4.

[2] 林蕙青. 积极探索具有中国特色的专业学位研究生教育培养模式和管理机制[J]. 中国高等教育, 2011(6): 9-12.

[3] 刘永泽, 池国华. 中国会计教育改革 30 年评价: 成就、问题与对策[J]. 会计研究, 2008(8): 11-17.

[4] 陆晓洁. 专业学位研究生教育与职业资格证书制度衔接研究[D]. 北京: 北京理工大学, 2015.

[5] 孟焰, 袁淳, 刘俊勇, 朱继光. 以行动学习为主线培养知行合一的高级会计实务人才——中央财经大学培养会计硕士专业学位研究生的实践[J]. 学位与研究生教育, 2013(12): 12-16.

[6] 宋建波, 荆新, 王化成. 开展会计硕士(MPAcc)教育质量认证的研究[J]. 会计研究, 2012(10): 11-20.

[7] 孙建华. 会计硕士专业学位培养模式创新——基于高端会计人才需求导向[J]. 财会月刊, 2013(16): 122-124.

[8] 谭旭红. 章金霞. 基于“双轨制”模式下 MPAcc 人才培养模式研究[J]. 继续教育研究, 2014(1): 134-137.

[9] 王莹, 朱方长. 我国专业学位与学术学位研究生教育模式的比较分析[J]. 当代教育论坛: 宏观教育研究, 2009(2): 100-102.

[10] 温海燕, 潘杰义. 行动学习法简介[J]. 学位与研究生教育, 2003(5): 40-41.

[11] 谢雅萍, 梁素蓉. 行动学习: 研究现状与未来展望[J]. 技术经济, 2016, 35(01): 61-70.

财务管理创建国家级“一流专业”的基础分析与发展构想*

顾　飞　黄　辉

为了落实全国教育大会与新时代全国高校本科教育工作会议精神，做强一流本科、建设一流专业、培养一流人才，全面振兴本科教育，提高高校人才培养能力，推动高等教育内涵式、高质量发展，教育部于2019年全面启动了一流本科专业建设“双万计划”。重庆工商大学财务管理专业是学校在2000年主动顺应我国资本市场与企业经营管理的发展需要而创立的，经过19年的改革建设发展，整体实力明显增强、特色优势愈发凸显、品牌声誉日益提升，2019年以本轮文科专业排名第一的优异成绩获批重庆市一流本科专业。本文将梳理重庆工商大学财务管理专业的历史沿革，凝练其专业定位与特色优势，并在总结其前期综合改革举措及成效的基础上，对其创建国家级“一流专业”提出一系列发展构想，以期对财务管理专业申报国家级一流本科专业建设点及其开展后续专业认证提供参考借鉴。

一、财务管理专业的历史沿革与特色定位

（一）财务管理专业的发展沿革

重庆工商大学财务管理专业本科招生始于2001年，2005年获得学士学位授予权。2009年获批为重庆工商大学校级特色专业，2011年又获批重庆市特色专业。2012年重庆工商大学会计学院与CIMA、KAPLAN等国际机构联合办学，举办CIMA（管理会计师）国际项目教学班。2013年顺应国家培养卓

* 本文系重庆市教育科学“十三五”规划2018年度项目“创新生态视阈下科教融合特色专业课程教学范式研究：基于《财务管理案例》的微观实践”（项目编号：2018-GX-345）；重庆工商大学教育教学改革研究项目“基于科教融合理念的《财务管理案例》教学模式改革创新与实践”（项目编号：2017214）；重庆市高等教育教学改革研究项目“基于互联网思维的《财务管理案例》课程教学范式改革创新与实践”（项目编号：153084）；重庆工商大学会计学院财务管理系2017年教学改革重点项目的研究成果。

越人才的改革发展趋势，重庆工商大学会计学院启动了卓越人才实验班计划，积极探索开设了“财务总监”实验班。次年，又与天健会计师事务所、金科地产等企业合作，积极探索“订单班”培养模式。2015 年重庆工商大学财务管理专业获批为重庆市“三特行动计划”专业；2017 年又作为重庆工商大学工商管理学科的重要支撑专业成功获批重庆市“一流学科”。2019 年重庆工商大学财务管理专业以文科类排名第一的优异成绩获批重庆市“一流专业”，并被学校推荐申报国家级“一流专业”。

（二）财务管理专业的定位与特色

1. 财务管理专业的定位

重庆工商大学财务管理专业创立 19 年来，在改革实践中结合自身学科专业发展情况，逐渐探索形成了专业发展、服务面向、人才培养三大定位。其中，专业发展定位为建设重庆顶尖、西部领先、全国地方高校一流的财务管理特色优势专业；服务面向定位为扎根重庆，辐射西部，面向全国，理财兴商，服务地方经济社会高质量发展；人才培养定位为培养具有良好政治素质和职业素养，掌握现代管理理论与方法，具备开放视野、战略思维与创新精神，适应财务实践与时代发展需要的复合性、应用型高素质财务管理人才。

2. 财务管理专业的优势特色

作为重庆工商大学的热门王牌专业之一，财务管理专业充分利用集重庆市“一流学科”“特色学科专业群”以及国家级“经管实验中心”“智能制造服务国际科技合作基地”“中西部高校基础能力提升计划重点支持高校”等为一体的科教平台优势，通过 19 年的探索积累，逐渐形成了“贯通工商、五方协力、义利兼修”的三大专业特色。

“贯通工商”特色即是指财务管理专业凸显了业财融合、智能财务、大数据财务等财务转型新结构特质，在财务管理专业的课程体系设计上，依托重庆工商大学经、管、文、工、法、理、艺等学科协调发展的工商融合优势，将大数据等新工科技术性元素与智能商务等新商科管理性元素贯通于一体，充分体现了大数据智能化时代对财务管理专业的新挑战与新要求；“五方协力”特色即是指财务管理专业建设及其人才培养过程中，始终都注重汇聚整合政、企、校、社、研五方力量与资源，基于高素质财务管理人才开发与使用这一共同目标，形成了多方双向耦合的财务管理人才培养共同体，实现了共建共享与全程协同育人；“义利兼修”特色即是指，财务管理专业以诚信教育塑造学生专业之魂，彰显了高等院校立德树人的根本要求，财务管理专业创建伊始就提出了“不做假账从考试不作弊开始”的学风考风建设理念，十九载专业发展与诚信教育共生同行，进入新时代后又将“义利兼修”的新儒商文化嵌入到财务管理人才培养的过程之中，彰显了理财兴商的服务面向定位。

二、财务管理专业前期的综合改革举措及成效

重庆工商大学财务管理专业历来重视专业建设与改革发展，近年来从课程改革、个性培养、教学范式、协同育人、国际办学、诚信教育等六个方面推进人才培养综合改革，并取得了明显的成效。

（一）财务管理专业前期的综合改革举措

1. 以新技术推动课程改革

财务管理专业依托校内工科专业群，将大数据、人工智能等新技术元素融入课程体系及其教学全过程，并进而开发了智能财务模块课程，实施了在线辅助教学全覆盖，以在线开放课程建设推进混合式教学。

2. 以厚基础助力个性培养

财务管理专业人才培养方案遵循了由“厚基础”向“个性化”进阶的人才培养次第，突出了专业胜任力与专业创造力的“双能”培养，构建了“通识+大类”与专业“核心+拓展+模块”有机衔接、五维共振的课程体系。

3. 以新范式深化教学改革

财务管理专业历来注重以市、校、院三级教改立项引领教育教学改革实践，适时吸纳现代化教学技术，推进 AR 全景实践教学、“人机博弈”虚拟仿真教学等现代教学方式，不断推进案例式、探究式、情景式、课赛联动式等教学改革走向深入。

4. 以实验班带动协同育人

财务管理专业以“订单班”“财务总监”卓越人才班为载体，引导政、企、校、社、研五方面，在教学资源共享、培养方案设计、师资队伍共建、考核方式改革、科教融合互动等领域，实现全面、全程、深度协作，形成了共建共享共育的财务管理人才培养共同体及其长效运行机制。

5. 以国际化提升办学实力

财务管理专业还以合作开办 CIMA 方向国际班为纽带，引入国际专业认

证，在国际交换、游学留学、引智访学等人才培养与师资培育领域拓展渠道，稳步促进双语或全英文授课，推动境外合作办学提档升级。

6. 以讲诚信引领立德树人

财务管理专业持续19年实施“免监考”诚信考试，实现了诚信教育对班级与学生的全覆盖；依托案例教学实施课程思政；同时还通过开设科技人文素养及创新创业课程，依托学科赛事、学生科研、科创基金培养学生的企业家精神与创新创造精神，秉持了明德、强能、创新三统一。

（二）财务管理专业前期综合改革的成效分析

1. 教学改革建设成果丰硕

财务管理专业创立以来，先后获批重庆市精品课程、优质课程共6门；开发智能财务等新课程7门；发表教改论文近300篇，获批教育部产学合作协同育人项目4项、省部级教改项目11项，获国家级教学成果奖二等奖1项、重庆市教学成果奖12项。

2. 教学效果评价位居前茅

财务管理专业教师评教平均得分为优良以上，获重庆市微课比赛二等奖、“课堂教学优秀奖”“课堂教学质量等级奖”等教学奖17项；学生评学平均得分位居全校前列。

3. 校企协同育人成效显著

财务管理专业先后与天健等3家事务所和金科地产合作开设7个“订单班”，新建18个实践教学基地，开办4届“财务总监”实验班，孵化教学成果奖省部级二等奖1项、校级一等奖2项。

4. 国际办学合作成绩斐然

学院已开设4届CIMA国际项目班，累计45名学生获初级证书、13名学生获高级证书，2人成为CIMA准会员（全国每年仅有3~5人）；毕业生优质就业与出国深造率达24.7%；教师出境访学进修22人次，学生交换与游学32人次。

5. 德能双育专业特色鲜明

财务管理专业十九年如一日坚持“免监考”诚信考试，相继被光明日报、中国教育报、重庆市教委官网等主流媒体关注报道；近三年学生累计发表论文近200篇，科创基金立项58项，有65人次获市级以上学科竞赛奖。

三、财务管理专业创建国家级“一流专业”的发展构想

（一）财务管理专业创建国家级“一流专业”的基本思路

以建设理念领先、结构优化、厚基强能、理财兴商，面向新时代、适应新需求、服务新发展的地方高校国家一流财务管理专业为依归，以学生全面发展为中心，秉持以德为先、以本为本、产教融合、提质增效、特色创优的原则，坚持“四个回归”，聚焦财务转型，推进“五大举措”，在实施“金课”教改、创新人才培养、配强师资团队、拓展合作办学等领域精准发力，固本出新，全面提升财务管理专业的育人能力。

（二）财务管理专业创建国家级“一流专业”的主要举措

1. 依托“金课工程”优化课程体系，推进教学四化

以打造“金课”、淘汰“水课”、研发新课为抓手，建立财务管理专业课程体系的定期评价、有序调整、持续优化机制；以新需求、新技术推进财务管理课程重构与教改创新；全面推进财务管理专业的教学资源网络化、教学手段现代化、教学管理信息化、学习过程自主化。

2. 推进“六向联动”人才培养改革，服务财务转型

推进财务管理人才培养与行业需求、专业教育与通识教育、理论教学与实践教学、线上教学与课堂教学、教学教改与科学研究、共性教育与创新教育六向联动，聚焦财务转型培养理财兴商、支撑企业高质量发展新型财务管理人才。

3. “外引内培+专兼结合”配强师资，赋能人才培养

打造优秀的财务管理人才培养团队，以师风师德建设为引领，引进名校博士、教学名师；以“名师-博士结对”，实施博士教学、科研“双强”工程；拓宽教师进修访学、挂职读博等渠道；试点全员定期轮学制与挂牌教学竞课制；健全师资考评奖惩机制；设置实务专家教学工作站，建设实务专家远程教学参与在线系统；完善“事业导师”择优遴选及考核退出机制。

4. 构建“智能财务”实验实训平台，创新教学生态

聚焦财务管理专业胜任力与专业创造力，以虚拟仿真财务、大数据财务、云智能财务、智能财务共享实验平台为重点，构建集教学、实训、研究、社会服务为一体的智能财务管理教学创新生态系统，为深化财务管理专业人才

培养改革构建具有组织活力和创新力的教学生态系统。

5. 实施合作办学“提档升级”工程，深化协同育人

健全完善财务管理人才培养共同体的长效运行机制，推进“政、企、校、社、研”协同育人、全面协作；聚焦提升财务管理专业人才国际化培养能力，推进国际办学深度合作、提档升级，多渠道、多方式为理财兴商，服务经济高质量发展提供高质量的财务管理专业人才支持与智库支撑，形成开放协同、互利共生的财务管理专业协同育人生态。

参考文献

[1] 蔡亮. 建设一流本科教育提高人才培养能力——中国高等教育学会高等教育学专业委员会 2018 年学术年会综述[J]. 高等教育研究, 2018, 39(12): 107-109.

[2] 伍海琳, 肖伊宁. “双一流”建设背景下地方本科院校产教融合运行机制研究——以经管类专业为例[J]. 高教学刊, 2018(16): 1-3+6.

[3] 本刊编辑部. 打造一流本科培养一流人才——访教育部高教司司长吴岩教授[J]. 世界教育信息, 2018, 31(07): 3-12+16.

[4] 王鹏, 张作岭. 省域“双一流”建设中的“本科人才培养”: 策略与反思———基于 22 个省(市)建设方案(意见)的文本分析[J]. 国家教育行政学院学报, 2018(02): 30-35.

高校多维会计诚信教育体系的构建*

石道元

一、高校会计诚信教育的必要性

“立信，乃会计之本；没有信用，也就没有会计”，这是我国现代会计之父潘序伦先生对“会计诚信”内涵的高度概括。近些年来，我国经济生活中出现的会计信息失真现象（如郑百文、银广夏、蓝田股份等事件），引起了会计界、经济界以至党和国家领导人的普遍关注，会计造假事件以及一些中小企业偷税漏税、骗保骗贷现象，深刻地反映了当前我们的经济领域存在着一些严重问题及会计从业人员的诚信缺失的事实。事实表明：以会计信息失真为代表的现象的背后，存在着人们价值观的扭曲，集体主义、诚实守信等观念被淡化，而个人主义、享乐主义在人们的意识形态里逐渐占据着越来越重要的位置。诸多事实也表明，会计人员诚信道德素质的高低，不仅关系到国家的财务制度、财政法规是否能够贯彻执行，更是关系到国家资金及财产和物资能否安全完整、能否正确使用。市场经济呼唤诚信，会计行业更需要诚信，凸现了在会计专业加强诚信教育的重要性和必要性。

2005 年，国务院发布的《关于大力发展职业教育的决定》中就指出：“要把德育工作放在首位，全面推进素质教育。坚持育人为本，突出以诚信、敬业为重点的职业道德教育”“要把学生的职业道德、职业能力和就业率作为考核职业院校教育教学工作的重要指标一”。2014 年，教育部下发的《关于在各级各类学校推动培育和践行社会主义核心价值观长效机制建设的意见》中强调，教育部将建立健全大学生诚信档案，签订学生校园诚信承诺书，将诚信档案作为大学生思想政治教育测评的重要依据等等。2018 年，财政部印发的《关于加强会计人员诚信建设的指导意见》明确指出，要强化会计职业道德约束，加强会计诚信教育，建立严重失信会计人员“黑名单”制度，建立会计人员信用信息管理制度，完善会计人员信用信息管理系统，对严重失信会计

* 项目来源：重庆市教委高校人文社会科学研究项目“诚信教育全程融入会计职业教育教学的途径与方法研究”（项目编号：15SKG248）阶段性成果。

人员实施约束和惩戒。同时，党的十八大、十九大报告中对诚信建设均提出了具体要求，将“诚信”纳入社会主义核心价值体系中，“诚信”与否关系到能否全面建成小康社会、实现中华民族伟大复兴的进程，指出要加强政务诚信、商务诚信、社会诚信和司法公信建设，推进诚信建设制度化。当前，重庆市正在践行“诚信重庆”，构建政府、企业、个人三大信用体系，而会计诚信是社会信用体系的重要组成部分，是会计人员最基本的职业道德和行为规范。

“诚信”一词涵盖“诚”和“信”两方面含义：“内诚于心”“外信于人”，“诚”与“信”是内在与外在的统一。诚信作为基本道德规范，诚信伦理的现代意义主要表现在：诚信是构建社会主义和谐社会的伦理基础，是建设社会主义市场经济的道德基石，是开展正常人际交往的道德支点。在我国会计职业道德规范的十项主要内容中，爱岗敬业是前提，诚实守信是核心，其余方面包括廉洁自律、客观公正、坚持准则、提高技能、参与管理、强化服务、依法办事和保守秘密等内容都是诚实守信在不同方面的具体体现。如果没有诚实守信，其余方面都是空话，无法落到实处。一旦会计诚信缺失，将会扰乱经济秩序，损害股东利益，降低政府权威，增加金融风险，恶化社会环境，侵害会计行业……

法纪治标、教育治本。高校作为培养会计人才的摇篮，不仅肩负着传授会计专业知识技能的任务，更应该在专业教学的同时肩负起诚信教育的重任，实现专业教学的育人功能，综合运用课堂教学、实践养成、文化熏陶、制度保障、研究宣传等方式将诚信教育融入会计教育教学，从培养会计人员的源头上建立会计诚信理念，树立防范职业道德风险的意识。

二、高校会计诚信教育面临的问题

高校会计专业大学生要成为真正合格的会计工作者，首先就应承担起和普通在校大学生同样应尽的责任和义务，但由于其所受的是高等会计教育，人们会给予更多的社会期待，他们理应负有更多的特殊责任和更高的诚信品质。学校作为学生诚信教育的主要场所，应将会计诚信教育扎根于会计专业教学主阵地上。这些年来，会计诚信教育固然引发了国家和高校的关注，但在具体实施过程中仍存有许多不尽人意的地方。下面我们就从人才培养、教育内容、教学方法、教育评价等方面剖析会计诚信教育现状及深层次的问题原因。

（一）会计人才培养忽视会计诚信素质培养

随着经济全球化发展，知识和信息以前所未有的速度进行更新，会计行业对从业人员的专业态度、专业技能、职业道德的要求也日趋严格，绝大多数高校都意识到学生不仅需要具备完整的会计知识体系、较强的动手能力，还需具有过硬的职业道德素质。但现实的情况是，很多高校强调能力导向，高校教育的人才观、教育观、专业观、课程观以及教学观也多围绕“能力培养”为核心来开展，“德育低效”现象比较普遍，在教学投入、文化建设以及学生管理等方面很少考虑诚信教育的必要性。

在会计诚信教育方面，因只有一个大致的理论教育目标框架，没给出明确的操作指引，加之操作过程中缺乏正确的方式、方法，从而导致了会计诚信教育针对性和实效性的缺失。很多高校在制定会计专业人才培养方案时，多围绕专业培养目标、职业范围、人才培养规格、职业资格证书要求、课程设置及教学进程、教学保障、教学方法手段、毕业要求等方面展开，但对会计人才培养的特殊性，对会计专业学生如何加强职业道德教育及会计诚信素质培养等方面却思考得很少。

（二）德育类课程诚信教育边缘化

基于应用型人才培养需求，很多高校采用了“理论够用、实践为重、技能优先”的课程设置原则，而对大学生德育的培养多体现在“毛泽东思想和中国特色社会主义理论”“品德修养与法律基础”“形势与政策”等“两课”上（个别高校也开设“财经法规与会计职业道德”类课程）。这些课程虽然蕴含了丰富的职业道德教育资源，但教师在讲述课程知识的过程中习惯性地进行理论灌输，而这些枯燥的理论很难对学生产生很强的吸引力。另外，在会计教育教学实践中，对会计诚信道德培养究竟需要达到何种程度，需要践行何种行为等问题缺乏深入的研究分析，会计诚信教育实践普遍存在理论难、实践少的现象。

另一方面，很多高校十分注重对会计专业学生专业技术能力“硬”素质的培养，在课程设置、课时、师资、场地、经费等方面予以最大程度的配合；而德育“软”素质的培养就没那么幸运了，有些高校为节约教学资源与成本，将“两课”类德育课程合班成百人甚至两百人以上的大班授课，教学效果大打折扣；有些高校认为德育教育是学生管理的事，对德育的教育也多停留在对学生日常学习和行为规范的要求上，既没考虑到会计专业的特殊性，更没考虑到会计诚信教育的复杂性，等等。以上现象往往会向学生传递一种错觉，认为诚信品质、职业道德和未来业务关联很小，甚至会让学生滋生错误认识，认为目前尚未参与会计工作，虚假台账等违背会计诚信原则的事情离自身还远，不需要去重视，可以等参与实际工作真正遇到时再说，从而影响了进行诚信教育的效果。

（三）会计专业课程教学缺乏会计诚信教育

会计工作是一项专业性、原则性很强的职业，强调真实可信，不得弄虚作假，不允许存在假账与错账，因此对会计人员的诚信素质要求非常高。专业教学是高校教育教学的主阵地，如果在专业教学过程中将诚信教育融入课堂教学环节，注重专业课的德育渗透，长此以往其效果将不言而喻。但长期以来，我国应用型高校对德育教育一直存有认识上的误区：德育教育既虚又空，没有一个评估标准，无法检验其教学效果，没有任何实际意义……正是在这种思潮背景下，很多专业教师对德育教育产生了职业“倦怠感”，直接造成了在有些高校会计诚信教育既无专门课时也无专门教学内容安排，最终也就彻底丧失了会计诚信素质教育最佳主阵地。

另外，选择合适的诚信教育内容是教学工作者的首要任务，只有深入钻研教材，正确选择、重新把握诚信教育内容，才能找准诚信教育的渗透点，把握好渗透时机。所以，会计诚信教育的内容必须与会计职业、社会发展紧密联系起来，否则会计专业诚信教育渗透就会缺少针对性和时效性，会使学生失去学习诚信准则、践行诚信的兴趣和耐心。现实的情况是，教师在理论教学时往往侧重讲述概念性的问题，缺少鲜活的诚信案例，尤其缺少对世界范围内会计行业诚信道德教育优秀成果和建设经验进行吸收利用，难以反映新时代的新内容，更难让学生将其迁移到当前社会的实际情况中。

（四）会计诚信教育方法过于简单

会计专业诚信教育和专业理论知识的学习不同，诚信品质的培养需要学生在学习过程中融入自己对实践和情感的思考，把道德规范、自身信念转化为一种内在品质。目前，很多高校会计专业的诚信教育多通过“两课”等德育类课程进行，课程的教与学相互脱节且往往流于形式，对学生的教育多停留在空洞、枯燥的说教上，泛政治化现象严重，这不仅不能吸引学生的注意力，相反会使学生产生抵触情绪。同时，许多学校习惯于用批评、禁止等行政手段来规范学生的行动，而不善于形成集体舆论、文化气氛对学生进行熏陶，习惯于居高临下从社会需要角度对学生提出种种要求，而不善于从学生角度进行分析，以心理学的方法来疏导学生；另外，在会计专业课堂教学中也缺乏寓诚信教育于专业教学中的渠道方法。总之，粗糙简单的教学方法铸就了“教”与“育”的分离，这就使得诚信教育无法有效内化为学生的主体认识、转化为学生的自觉情感、形成学生的自觉行为，从而直接导致了对学生进行会计诚信教育收效甚微。

（五）诚信评价与监督奖惩体系不完善

很多高校将德育考核智育化、数量化，习惯于用书面考试成绩作为德育主要的评价式，而不注重大学生道德实践能力的训练和道德实践行为的养成，甚至对学生现实中不诚信行为充耳不闻。如果学校和教师将考试成绩作为学生是否优秀的唯一评价标准而忽视了学生的诚信状况，忽视了对成绩以外的学生性格、能力等综合素质的评价，盲目重视实践操作、考试分数等硬性的量化指标，这在一定程度上会误导学生，会使诚信观念在学生心中得不到认可或者不易养成，也会诱导学生考试作弊等不诚实行为发生。

有些高校建立了比较全面的学生信用监督和惩罚机制，但却没有将其具体到细节，对学生的各种日常学习、生活行为并没有建立相应详细的评价标准和量化考核标准。在每年学生综合考评、奖学金、三好生评定过程中，没有将诚信作为重要的评价依据。这种“无违纪成本”的惩罚制度起不到有效的作用。违纪成本不高，导致制定的监督、惩罚准则不能形成对学生诚实守信进行刚性约束，失信者没有受到相应的惩罚，守信的学生也没有得到奖励。因此，完善的激励机制和相关监督机制是诚信评价制度建设的关键环节。

三、高校多维会计诚信教育体系

高校会计诚信教育是一个系统工程，它需要教育理念、教学模式、教学方法以及教学内容等各方面的有机配合，特别是德育教育要与会计专业相结合，即会计专业教育与会计诚信教育互为融合，将诚信教育贯穿于整个会计教学实践，形成完整的多维会计诚信教育链，旨在引导会计专业大学生将会计诚信作为从事会计职业的价值取向和行为规范，进而培养掌握财会知识技能和具备相应的职业道德的高层次会计人才。

（一）树立“育人为本、德育为先”教育理念

育人为本是教育的生命和灵魂，是教育的本质要求和价值诉求。“育人为本、德育为先”是实施教育的主导思想。教育科学发展的本质要求，把育人为本作为教育工作的根本要求。要以学生为主体，以教师为主导，充分发挥

学生的主动性，把促进学生健康成长作为学校一切工作的出发点和落脚点。俗话说得好，“德才兼备是能人、有才无德是小人、有德无才是庸人、无德无才是废人”。一个人，不论其能力和水平如何，但如果他的德品不行、思想扭曲，那么他带给社会的只是破坏。育人为本、德育为先，顾名思义，就是要把教育人、培养人作为出发点和落脚点，并把对人的道德的培养始终放在育人首位。

会计诚信教育是基于会计专业技能培养的职业伦理道德教育，会计诚信教育应强调会计知识技能与诚信教育有机融合，即教师在传授知识技能的同时有机地进行会计职业道德教育渗透，让会计诚信教育做到“润物细无声”，更好地为社会培养“德技双馨”的人才。为此，这就要求教师在从教的过程中树立并彻底贯彻“育人为本、德育为先”的教育理念，将会计诚信教育作为会计教育和建设会计职业道德的重要内容，将其逐渐纳入教育教学计划中，让学生充分认识到职业道德和会计诚信的重要性，从而担当会计职业的责任。

（二）专业教学“多方位”“全过程”融入会计诚信教育

会计作为一个技术性与政策性很强的职业，对诚信有着更深层次的职业要求，这就需要我们将会计诚信教育“多方位”“全过程”融于专业教学活动中。

1. 构建综合渗透式会计诚信素质培养整体方案

首先，将会计诚信素质教育目标纳入会计专业培养目标。专业培养目标决定着一个专业乃至一个学校的办学方向，在国务院发布的《中国教育改革和发展纲要》中明确指出，高校教育需要在各个专业与课程教学中加大对素质教育的重视程度，在教授给学生知识技能的同时更需要加大科学素质、人文素养、思想道德素质、创业与实践能力、创新精神的培养。会计专业教育需要建设以诚信道德为基础的职业道德培养体系，把诚信教育融入课堂教学的各方面，体现到教师教书育人的各环节，有计划地对学生进行诚信教育，有目的地培养大学生的诚信观念，有意识地深入挖掘诚信教育的资源，激励诚信意识，培养诚信品质。

其次，会计专业教学目标要将诚信教育渗透其中。在会计专业知识教育体系比较成熟的前提下，需要将以诚信为基础的职业道德教育融入专业教学目标中，充分挖掘每一个专业知识技能点所蕴含的会计诚信教育元素，构建以会计诚信素质教育为核心的会计诚信教育体系，将会计诚信方面的内容要求纳入相关的课程教学目标中，使专业教育与诚信教育有机结合起来。

另外，还可以多种形式推进诚信教育，如在专题讲座中渗透。高校可以通过邀请具有丰富实践经验的资深专业人士以专题讲座的形式，并以工作经验、亲身经历或经典案例及教训等方面为切入点，向学生传达诚信的重要性；在社会实践中渗透诚信教育，定期组织学生到企业实习，为学生提供更多社会实践的机会，有助于他们日后走入社会形成正确的职业判断，正确引导学生树立“诚信为本”的职业人格。

2. 教学融通渗透会计诚信教育

将会计诚信教育贯穿于整个会计专业教学全过程，营造诚信育人氛围，并在专业课程教学中渗透会计诚信内容，增强其感性认识，耳濡目染、潜移默化，确保实现德育和智育的内在统一，以培养学生成为德技双馨的会计从业者。根据各专业课程中包含会计诚信、职业道德方面的教学标准，要求教师找准专业知识与会计诚信教育的最佳结合点，在基础会计学、成本会计学、财务会计学、财务管理学、会计信息化、审计学等专业课程中，充分理解每一个知识点包含的会计诚信教育内容，在专业教学中融入诚信道德教育。会计诚信素质人才培养课程方案如下图所示。

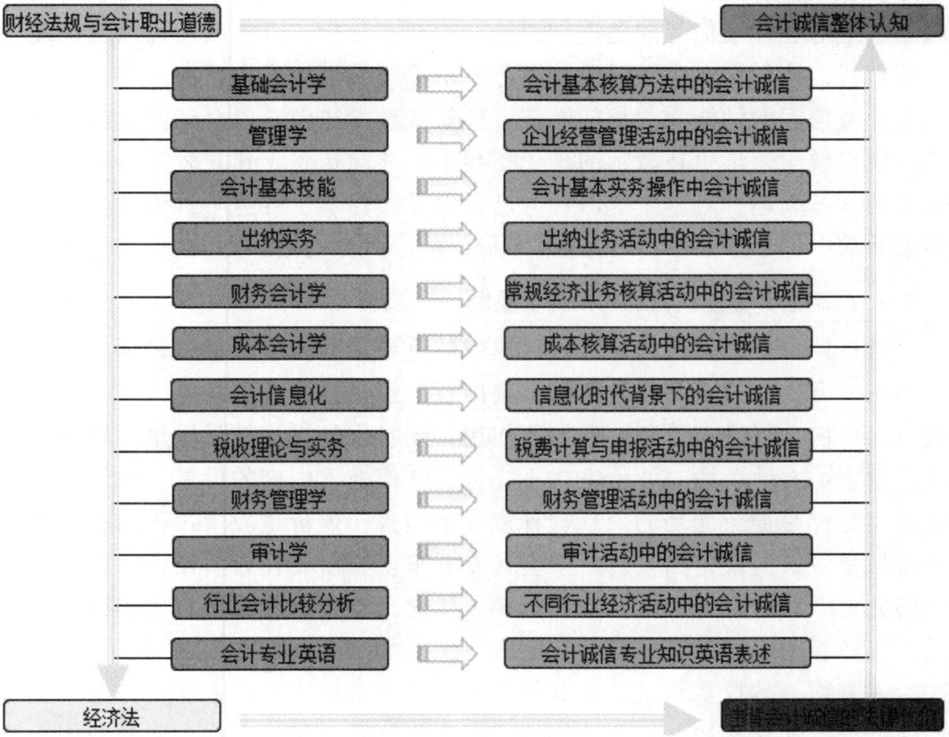

会计诚信素质人才培养课程方案

良好职业道德的建立不是一蹴而就的，而是一个人在长期的学习和实践中逐步形成的。会计专业课是一门技术性很强的课程，但其中同样也蕴含着非常丰富的会计诚信的教育因素，教师要找准知识传授与会计诚信教育的最佳结合点，通过教学内容把专业教育与职业教育有机地结合起来；通过渗透式的会计教育，在学生学习、研究、应用会计知识和技能的同时，进行合理引导，使学生在会计知识的学习中自觉受到诚信思想意识的支配，受到社会伦理思想和价值观念的制约，对塑造其诚信品格起到润物细无声的作用。

3. 创新教育教学方法进行会计诚信教育

在会计专业教学中进行诚信教育，若按传统的“填鸭式”教学方法，对学生进行说教，会显得枯燥乏味，甚至引起学生反感。所以，要改革教学方法，强化案例教学法、情景教学法等教学方法在专业教学中的应用，使会计诚信教育落到实处、富有成效。

通过案例将诚信教育与专业教育结合，丰富生动的案例教学可以激发学生的学习兴趣，调动学生坚守诚信的自觉性，理论联系实际，更好的理解什么是会计诚信，如何做到遵守会计诚信；教师在教学过程中可运用案例充分调动学生对会计诚信等问题进行讨论、判断、分析，以例激趣、以例说理、以例导行，让学生在生动活泼的学习中培养正确道德观念，提升学生独立解决会计诚信问题的能力。相较而言，情景式教学法倡导以会计就业岗位为中心的模拟教学，学生在教师的理论指导下，共同构思、建立教学情境，提高学生的学习兴趣，对学生学习行为进行引导，让学生置身于具体的会计实践情景活动中，寓教于乐、以情施教，强化学生对会计诚信知识的理解和掌握。

4. 改革会计专业课程的考核评价机制

考核评价方式是教学是否取得成效的重要影响因素，考试是学生学业考查的主要方式，既是学校教育的重要内容，也是教育管理的手段之一，具有规范、导向、促进、诊断、反馈等作用，同时也是提高教学质量与培养学生诚信意识的有效手段。评价方式不完善，任何教学内容的设置、任何教学方法的实施都是徒劳无功的。从这种意义上而言，评价是教学过程的指挥棒，也是教学成败的决定因素。对于会计专业来说，需要在教学评价体系中融入诚信元素，对教学评价体系进行重构、优化，这是作为诚信教育取得成效的重要保障。

一方面，学校要将诚信，诚信行为、职业道德表现纳入评价体系，形成职业道德、文化素质、职业技能的三维评价体系；另一方面，要改变传统只重视“结果性评价”的理念，把“真实性评价”“过程性评价”“表现性评价”

定位在更重要的位置。在教学实践过程中，强化平时上课、学习态度与作业、平时阶段性测试等过程性考核，考试考核以诚信为本，坚持“无人监考考场”的做法，禁止抄袭、考试作弊、实操造假；同时，考试考核过程中加大会计专业考核中职业判定、案例分析的比重，提高学生的职业判断力和道德水平。

（三）创新诚信教育校园文化建设

校园文化对于学生诚信道德素质的养成具有非常重要作用，要在校园营造诚信氛围，不能只把诚信当作口号，组织多样诚信活动，营造校园诚信氛围，使“诚信”内化为学生的价值观。诚信教育校园文化可从以下三个方面来建设。

首先，文明整洁、健康高雅的校园文化环境能赋予学生正能量，学校可将诚信道德的元素信息融入校园环境中，让诚信教育潜移默化浸润学生心田；将诚信教育与诚信宣传相结合，充分利用板报、格言警句、广播、简报、网络等多渠道、多方位情势引导学生，让学生随时耳濡目染。

其次，学校办学凸显诚实守信精神，强化教师诚信品质塑造，将诚信理念纳入和谐校园文化的构建中，倡导“诚信待人、诚信处事、诚信学习、诚信立身”新风尚，孕育诚信教育的大环境，营造诚信的育人氛围，充分利用新兴媒体——微信、微博、手机 APP 等，对诚信教育进行宣传报道，设置诚信红黑榜，奖励诚信学生，带领学生参观信誉良好的企业，培养学生对诚实守信的认知感等。

最后，将诚信教育融入学校的文化活动中，创新宣传形式，丰富活动载体，统筹规划、精心组织诚信教育活动，如开办“诚信活动月”“诚信教育主题团日”“考前签署诚信考试责任书”，征集诚信文化论文、传颂诚信箴言，开展诚信演讲比赛、诚信宣誓和签名承诺，设置无人监考考场，组织诚信主题辩论，讨论“摔倒的老人扶不扶”等社会热点问题，深化对诚信的认识等活动，将诚信贯彻到学生活动的方方面面，确保以“诚信”为主题的校园文化活动长盛不衰。

（四）建立完善的学生诚信评价制度

诚信属于道德规范的范畴，学生诚信的实现有赖于有效的奖惩措施的建立和实施，这就需要建立健全与培养高层次高素质人才目标相适应的诚信评价制度。用诚信制度规范引导大学生的学习、工作和生活，用制度巩固诚信成果，遏制失信行为，从而努力把每一个大学生都培养成德智体全面发展的新型人才。诚信评价制度的建立可从以下三个层面着手。

首先，可借鉴在许多城市实施的个人“信用身份证”制度，建立学生诚信考核档案，档案将如实记录学生在校期间品行优劣，学生在毕业时诚信档案将跟随学生人事档案一并交给用人单位，学生的诚信纪录将自动延伸到社会。这种学生信用档案的作用，不只是让同学珍惜自己的信用程度，而且对于信用良好的同学是一种奖励，对于信用不良的学生是一种约束和惩罚。

其次，学校应成立专门的学生诚信评价机构，以诚信档案为依据建立一系列科学规范、可操作性强的诚信指标，并据此对学生学习、生活等情况开展信用评价。诚信要想转化成内在品质，需要通过制定诚信评估机制，促进其转化的速度和进程。所以，学校应该有针对性地建立专门的部门来评价学生的诚信，根据诚信档案，构建起不仅具有建设性、同时具有可行性的具体评价指标，并以此为蓝本，对学生日常的学习和生活等各个方面展开评价，全面完整地分析学生的诚信程度。

最后，建立学生诚信奖惩制度，即对于具有良好诚信记录的学生进行奖励和对失信学生进行惩罚的制度，学校对有良好诚信记录的学生加以表扬，并号召全校学生学习；反之，对失信学生所发生的失信行为予以相应的惩戒，借此形成守信受益、失信受损的良好风气。实行诚信约束，树立奖励守信、惩罚失信的风气。惩罚的目的并不仅仅是对失信行为进行处罚，而是要迫使学生树立正确的道德底线，让处于失信边缘的学生悬崖勒马，退守自己的道德底线，避免将来给国家，给社会及其他人造成更大的损失。同时，这种惩罚也将起到警示作用，为旁观者树立榜样，形成辐射效应，最终在更大范围内形成诚实守信的良好风气。

四、总　结

诚信是现代文明社会的一项基本道德规范，会计专业大学生作为未来社会的“经济卫士”，不仅要掌握丰富的知识、精湛的技能，更要具有高尚的职业操守，优良的诚信品质。会计专业学生诚信基础的好坏将直接关系到他们将来从业道德水准的高低，他们能否真实、准确、完整地提供所在单位的会计信息，不仅对内部管理决策发挥重要的作用，而且会对整个社会经济秩序、国家和公众利益产生重要的影响。会计诚信作为会计人员的立业之本，更是会计工作的生命线，因此我们应从源头上培养会计人员的诚信意识，树立防范职业道德风险的意识，提高会计信息的质量，为社会主义市场经济健康稳定的发展提供保障。

参考文献

[1] 刘楠，石道元. 会计诚信教育融入《基础会计学》课程教学的途径与方法研究[J]. 纳税, 2018(26): 71-74.

[2] 曾越君. 浅议会计诚信建设[J]. 审计与理财, 2014(7): 44-46.

[3] 宋晓慧，张锐，李姗姗. 会计专业学生诚信教育教学方法探析[J]. 商业会计，2011(01Z): 64-65.

[4] 齐小舜，邱大伟. 关于知识经济时代会计诚信问题的探索[J]. 商场现代化，2014(8): 159-160.

\

“互联网+”时代高校会计专业师资队伍建设探究

王 瑜

一、目前高校会计专业师资队伍现状分析

（一）高校会计专业师资队伍建设现状

1. 多方重视，全面建设适应“互联网+”发展的会计专业师资队伍

为推动和规范会计专业本科教育的发展，教育部、各地方政府、各院校均出台了一系列师资队伍建设的文件，内容涉及人才引进的优惠政策、师资培养的若干规定、师资队伍建设规划、师德建设等方面。师资队伍建设工作是高校质量工程的重要组成部分。各省、地、校设立专项经费，加强师资培训，各院校自身也都不同程度地加大对教师培养、引进、待遇等方面的投入，这都体现了对师资队伍建设的高度重视。

2. 转换观念，加强“双师”结构的师资队伍建设

具备“双师型”素质是对本科教育师资队伍的根本要求，建立和培育“双师”素质结构的师资队伍已成为各高校的共识。通过近十余年的发展，各高校逐步打破了普通高校教师只注重对学历要求的禁锢，一方面积极引进具有高技能、高水平的行业（企业）的管理者为高校兼职教师；另一方面加大了对在校教师综合职业能力的培育，各高校开始有计划安排教师到企业实践锻炼，并结合“订单培养”“工学结合”等人才培养模式，有效实行校企师资建设的互动。实行校内专任教师与行业（企业）兼职教师并重的师资队伍建设已成为“互联网+”时代会计专业师资队伍建设的必然举措。

3. 优化师资队伍结构，全面提高会计专业教师的整体综合素质

针对师资来源结构年轻教师多、专业工作经历缺乏等问题，许多学校采取了对教师先进企业进行半年到一年实习的应对措施；或在专业教研室内部充分发挥老教师的作用，采取“导师制”以老带新，促进青年教师尽快成长等多种途径着力加以解决。同时，普遍采取引进与培养相结合的方法。在引

进方面，各校均出台了一系列人才引进优惠政策，尽快补充硕士以上学历的教师。在培训方面，各校都下了很大的力量，通过鼓励现有教师进行学历深造，或送到国内外院校短期进修，学习专业课程和实践环节教学，全面提高了教师的职业教育素质。目前，大部分学校有硕士及以上学历的教师已达到60%以上。

4. 强化制度建设，规范师资队伍管理

如今，很多院校都出台了诸如《教师工作规范或条例》《教书育人工作条例》《培训工作规程》《教师到企业实践锻炼》，以及教师选拔、考核、奖励、管理办法等制度，加强师资队伍建设制度体系的建设；同时，全面实施质量工程管理，实施督导与评建相结合的质量监督机制，推行学生评教、教师评学、教师互评，督导评教的良性互动机制，营造良好的交流学习氛围，实施激励机制，促进师资队伍建设的良性发展。

（二）本科高校会计专业师资队伍存在的主要问题

1. 对“互联网+”认识不全面

“互联网+”中的“+”不仅是技术上的“+”，而且带来了思维、理念、模式上的创新和改变。当前，尽管高校教师已经意识到“互联网+”时代对会计教育的影响，但认识还不够深刻，重视程度不够。具体表现在：①对“互联网+”时代的会计人才培养理解过于刻板。“互联网+”时代的会计教育，并不仅仅是开设几门网络课程，建立几项网络平台，更多的是如何长期培育“互联网+”融合于会计人才培养的思维与理念，以及如何应用移动互联网等技术手段促进会计人才培养的开展与推进，而这些恰恰是众多本科院校在会计教育中最为欠缺的。②对“互联网+”会计领域理论的拓展未加重视。“互联网+”时代出现网络公司、虚拟企业等新兴形式，原有会计基础理论下的会计对象、会计假设、会计职能都将有所变化，尚未将会计领域专业知识的全新改变注入当下的会计教育之中。③欠缺对角色身份的转换意识。在“互联网+”时代，会计教师已经由实体课堂的教育者转换为学生会计学习的引导者、合作者、促进者与服务者，而不应该依然沿用教师为主导、学生被动接受知识的传统模式，忽略学生学习的主动性、个体性，削弱师生之间的双向互动。

2. 信息技术能力滞后

“互联网+”是基于创新驱动的开放教育模式，而基于“学生—教师—实体教室”的传统教育模式将迅速被移动终端、网络课程平台、智慧教室等平

台搭载的微课、慕课、弹幕教学、翻转课堂以及手机课堂等教学方式所替代。因此，"互联网+"时代会计人才培养模式的改革，离不开计算机科学、网络科学、信息管理等学科知识。需要将会计人才培养与信息化课程相融合，其中，会计是教育的方向与内容，信息化是教育的技术与手段。对于在会计人才培养中如何有效融合信息化课程，大多数本科高校还未真正落实到位，原因在于高校教师的信息化知识普及率较低。"互联网+"时代，会计教师不仅仅应通晓会计专业理论，还更应该熟悉与会计信息化相关的计算机科学、网络科学、信息管理、软件操作等其他学科实务知识，教师应该从会计专业的专才向多学科交融的通才转化，对于这一点，大多数会计专业教师准备不足，转型升级缓慢。

3. 师资类型单一

大多数高校的"双师型""双高型""双语型"教师资源仍旧不足，而且大多数教师欠缺充足的实践经验。①"双师型"教师数量少。高校会计专业教师尚无将信息技术理论知识转化为实践知识的能力。传统会计专业教师对专业理论基础掌握得很扎实，但是在互联网、大数据和云计算广泛应用的时代，需要掌握新技术、新资源等知识，更需要将这些技术融入固有的会计知识体系中进行实际操作。但传统会计专业教师仅凭原有的会计知识与理论经验授课，是无法让互联网思维落地、让会计专业培养在互联网轨道上前行的。同时，对"双师型"教师资格的认定缺乏统一标准，由各高校自己认定，往往是为了达到上级部门的硬性评估指标而放松认定要求，致使在"双师型"教师数量方面表面数据不错，实际数量少。②"双高型"教师少。本科院校青年教师（35 岁以下）多，一般占 60%以上；在职称结构上高级职称少，其中副高职称占 20%～30%，正高职称比例一般不足 2%。而助教和讲师占 60%～70%，合理的人才梯队难以形成。③"双语型"教师少。高校会计专业教师国际化程度不理想。在信息经济全球化的大背景下，先进的网络和信息技术知识大多来源于国外，这需要具有创新精神和国际化视野的技术和技能型人才。作为知识传授者的教师也需要具有国际化视野，而目前能够承担双语教学的师资匮乏，国际化课程无法开设，更增强了建设一支能够承担双语教学的师资队伍的紧迫性。

二、"互联网+"时代对高校会计专业教师素质要求

教师素质被看作是教师所拥有的教学情境的知识、能力和信念的集合，

它是在教师具有优良的现存特征的基础上经过正确而严格的教师教育所获得的。高校会计专业教师是实施会计教学的主导者，其良好的素质是进行知识传授、完成教学任务的首要保证，也是进行教育科学研究的基础，更是树立自身职业威望的砝码。“互联网+”时代的到来对会计专业教师提出了更高的要求：要紧跟时代步伐，提升自身信息素养，更新传统的教学观念，转变传统的教师角色，采用新型的教学模式和教学方法，组建一支高素质、高水平的会计教师信息化教学队伍，推进互联网技术与会计教学的深度融合，从本质上提升会计教学质量和人才培养质量，进一步推动会计教育教学改革。

（一）专业知识要求

教师的专业发展是一个不断持续的过程，是根据外部环境不断变化的过程。互联网环境下，经济社会发展迅速，各行各业不断发生变革，知识更新的周期变短。伴随着互联网的发展，教育领域发生着巨大的变化，新的教育思潮、教学理念、教学方法不断涌现，教师和学生面对共同的互联网环境，教师不再是知识的权威，学生的素质结构在悄然发生变化，对教师的专业素质结构也提出了新的要求。“互联网+”背景下，教师需要能够适应当前信息技术革新的会计专业知识，并对其掌握应用性、实践性和信息化程度的要求更高，因而需要高校教师能不断更新自己的会计知识体系，追踪科学最新发展趋势，关注学科前沿，紧跟互联网发展的步伐，掌握基于信息技术的会计理论和实践知识。

（二）互联网思维要求

在“互联网+”时代，会计专业教师的教学理念和教学模式以及学生的学习理念和学习模式都在发生着深刻的变化，教师的角色也在发生着深刻的变化，仅作为“知识的传授者”已不能满足时代对教师的要求。首先，教师是学生的导师。“互联网+”使学生获取信息知识的数量和途径都发生了质的变化，“教师讲、学生听”的模式已经不再适应时代的要求，因此高校教师要从传统的思想、行动中解脱出来，引导学生正确而有效地利用互联网进行学习，让学生真正成为学习的主人，而自己是学生心理健康的指导者，是学生学习的导师，引导学生积极主动地学习。其次，教师是终身学习者。互联网时代的教师不仅是教育者，还是终身的学习者。信息时代的知识更新速度加快，只有不断学习、实践、反思和建构，才能不断更新自己的知识结构，不断革新自己的教育理念。再者，教师是行动研究者。网络信息时代，面对海量的教学信息、全新的教学理念和教学模式，教师会遇到更多更新的问题，这些问题的出现要求教师成为研究型教师，从研究者的角度审视自己的教学观念、教学活动以及发现教学问题，成为行动研究者。

（三）技术能力要求

教师不应仅仅会使用互联网技术、多媒体技术等，还要求其能够与课堂教学内容有机融合，能够以高效、互动、创新的方式授课。另外，信息素质水平已经成为教育界尤其重视的基本素质之一，学校也对教师的信息素质有不同方式的考评。因此，这些外界的推力都促使教师自身产生提升信息素质的主观需求。“互联网+”时代掌握现代化的信息应用能力将成为高校教师的核心素质，会计教师需要接受系统、专业的现代信息教育培训。大部分教师需要有较好的信息应用能力，在教学课程的信息化设计等方面避免受到制约。同时，在“互联网+”时代，教师应掌握新型的现代化课堂教学模式必备的技能，能够合理利用信息技术、互联网技术服务于课堂教学，提升自己的专业技能水平，以适应未来“互联网+”教育模式的发展。

三、“互联网+”时代高校会计专业师资队伍建设思路

（一）“互联网+”时代高校会计专业师资队伍建设的基本原则

1. 师德建设为先原则

良好的师德师风是形成教风、学风、校风的基础，教师强烈的事业心、崇高的责任感、良好的师德修养，是做好教育教学工作的基础，也是教师不断进取的源泉，其核心的是培养教师爱岗敬业精神。

2. 系统性原则

师资建设是高校质量工程的重要组成部分，是一个人才发展的系统工程，从教师的引进与培训、教学过程的评估与考核、制约与激励等均是一个有机的运行整体，对每一个人才生产环节均相当重要，相互衔接。

3. 理论与实践并重原则

本科会计专业教育的特点是培养适应市场经济发展需求的高级应用型会计专门人才，这就要求相应的师资队伍必须具备深厚的专业理论知识，同时应具有相当实践经验和专业能力的“双师”型教师，提高在校教师的专业实践技能及专业能力是人才培养是否顺利实现的根本措施。因此，教师应在实

践中不断学习和掌握相应的行业（企业）的先进技能和前沿的管理理念。

4. 社会性原则

教师应为社会所有、为社会所培养，服务于社会是教师的基本特点。应用型教师能力建设应突破校园的藩篱，打破原来单一的教师为学校所有的管理体制，敞开校门，整合社会资源，积极将教师推向社会，让教师在社会的大环境中去实践和锻炼，认识职场，了解行业，熟悉岗位，提高职业技能，充分利用社会力量加强教师能力培养。

5. 开放性原则

在本科会计专业师资队伍的建设中，一定要加强对外开放，要充分加强与行业、企事业、政府、国内外同类高校的交流与合作，推行产学研一体，注重教师在职培训，不断强化对师资教学和科研能力的提高；同时，通过开放办学，大力引进企事业中高水平的行业专家及其他高校高素质、高职称教师为兼职教师，构建校内专任教师和校外兼职教师共同发展的师资体系。

6. 政策保障原则

会计专业本科教育相对于普通本科教育缺乏政策支持，政府相关部门应制定和落实有利于该教育层面发展的政策，建立和健全与教师职称评定、薪酬待遇等挂钩的激励机制，有效控制会计专业优秀师资人才的流失。

（二）“互联网+”时代高校会计专业师资队伍建设具体措施

对于新时期的会计教育，高校必须加强会计专业师资团队的组织建设。会计专业教师是全新会计教育理念与模式的执行者，教师团队的风格与气质决定着整个会计教育群体的文化。师资团队建设，关键是提高会计教师的整体素质与团队修养，“互联网+”时代对会计教师提出了更高的要求，与时俱进是根本，求实创新是动力。

1. 提升会计专业教师队伍的互联网思维

“互联网+”时代的到来要求会计专业教师需要具备互联网思维。高校可以通过定期举办培训、进修、继续教育、网络培训等形式提高其计算机软件编写、硬件维护等基本知识，使高校教师掌握主流会计软件操作，提升其计算机知识水平，不断普及并提升高校教师队伍的互联网思维。在“互联网+”改革浪潮中，高校主管部门要紧抓新一轮教改的契机，加大信息技术的投入力度，促进会计专业教学和信息技术的协同发展，构建和谐的信息协同环境，加强会计专业教师的分级培训，举办各类信息技术培训和讲座，构建网络信息平台，加快建设一支高素质的教师队伍。对教师自身而言，要加强提升自身信息素质的认识，主动自觉地参与到信息化学习中来，借助信息技术更新专业知识，了解专业前沿，要有把信息技术与会计课程充分整合的意识。

2. 促进会计专业教师队伍的信息化实践能力

会计作为一门实操性很强的学科，需要在教师的专业能力培养过程中，注重对企业会计的实际工作流程和运作模式有深入了解。在“互联网+”时期，更需要依据信息化技术的革新，持续更新实践中的操作知识，并构建信息化环境下终身学习的体系，提高终身学习的能力。①互联网推动了管理会计师行业的发展，要鼓励青年教师加入专业管理会计师组织，通过一线实践操作，青年教师可以积累实践工作经验，从而丰富教学内容。②聘请校外优秀管理会计师和企事业单位专家，利用网络媒体开展教学，实现校内校外资源共享，形成集群式教学模式，将教师导学、教学、督学有机结合。

3. 转变会计专业教师队伍的教学模式

在互联网模式下，学习不再只是呈现、接收、反馈的过程，而是一种全新的认知的过程。课程的建设也不再只是师生传授，需要更加关注进度设计、用户感受、社会参与等。鼓励教师依托网络教育平台提高自身的工作效率，快速有效地解决传统课堂中无法解决的教学问题，使自己从繁重冗长的教学任务中解脱出来。教学方法上，以专业培养目标为出发点，教师依靠硬件设施、软件、手机 APP 可以完成专业理论教学与实践教学，通过设置交流讨论区，创建网络教学平台，利用该平台，建立网络教学资源库以及学生在线学习资料库，尝试开发网络自主测试系统。鼓励教师运用慕课、微课、翻转课堂等现代教育模式。

4. 增强会计专业教师队伍的动态创新能力

“互联网+”推动着会计理论的拓展、会计行业的演进以及教育模式的变革，这些都要求会计专业教师透过“互联网+”现象，深入分析与把握“互联网+”对会计理论的影响、对会计行业的冲击以及对会计教育模式的挑战，通过持续化的知识发现、知识管理与知识创造提升自身能量，持续在教学理念、教学内容、教学方法等方面加以改进与创新。

5. 培养会计专业教师队伍的合作精神与广阔视野

“互联网+”下会计教育的实现需要一个多元化的团队，团队中需要会计学、计算机科学、网络科学、信息科学、教育管理学等不同学科的教师，因而团队的建设需要教师具有合作精神，共同研讨、及时沟通、有效协同，发挥群体智慧，努力实现“互联网+会计+教育”的有机融合。在合作中，相关教师应具有广阔的视野，及时了解“互联网+”的发展前沿及未来趋势以及当下国内外先进的会计教育理念，便于及时调整会计教育的努力方向。

四、“互联网+”时代高校会计专业教师评价考核

学生在哪里，学习就要延伸到哪里；学生怎么想，教学方式就应该怎么变。事实上，对会计教育而言，“互联网+”是一种机会，也是一种挑战。因此，教师必须要用新的思维方式来引导学生、适应学生，同时也需要提高自身的信息化能力。为形成有效的激励机制，还必须对高校会计专业教师进行实时动态的考核评价。

（一）评价考核体系构建思路

1. 注重产出端结果

人才培养质量是高校会计专业教师适应“互联网+”时代做出调整和应对后的产出结果。人才培养质量评价的核心是建立教与学的激励约束机制，充分调动教师“教”和学生“学”的积极性，营造充满生机和活力的教学平台和环境。教学质量的高低，既取决于教师教得如何，也取决于学生学得如何，它们之间是相互联系、相互制约的。从满足办学利益相关方需求出发，即站在用人单位（雇主）、学生、教师、主办方、社会、家长等立场审视教师，把满足人才培养相关利益者的需要作为教师评估考核的最终目标。因此，评估高校教师在“互联网+”时代背景下的应对情况，仅仅看学生和学校满意度是不够的，还要看教师个人是否能真正为会计专业教学和学校做出贡献，即采用“结果导向”评价会计专业教师队伍的建设情况，最要的是看教师在教学岗位对学生和学校是否产生了影响。然而，对影响效果的评估较为抽象，需要转化为对学生能力、就业情况评价和学校整体发展评价等量化指标上。

2. 强调专业能力导向

师资队伍建设是培养高素质会计人才的重要保障，而教师队伍的保障效果取决于会计专业教师的专业素质和能力。对会计教师的评价考核最终应该落脚到能力的考核上，因为教师的能力是培养高素质复合应用型会计人才的关键。对会计师资队伍的构建以“专业能力为本位”是会计本科师资队伍建设的基本指导思想。这要求本科院校的会计专业教师立足理论与实践并重的根本原则，一方面应具备深厚的专业理论水平等素质，另一方面应具有相当的实

践应用能力、知识创新能力和职业道德素质，做到“技高为师，德高为范”。

3. 采用数据驱动评价方法

在信息化时代，对教师的评价也需要利用数字信息，评价方法逐渐从依靠经验支持转变到依靠数据驱动方面。以前用问卷方式自查教师的各项能力，但现在可以通过平台来收集真实数据，开展真实评估，让教师清楚知道一堂课里哪些地方是学生最有疑问的，也可以看到同行和专家对自己的反馈，从而更精准地找到自己的问题。另外，还可以利用最先进的人工智能方面的研究。比如，通过语义库建设对老师的评课信息进行精准分析等。

（二）评价考核体系指标设计

1. 人才培养质量层次

人才培养质量的评价实质是对教师工作结果的直接测量，是对教师的侧面考核。“评学”的根本目的是向学生学习要质量，树立良好的学风促进全面素质、创新能力的培养，引导和激励学生努力成为适应国家经济建设和社会发展需要的有用人才和栋梁之材。

在“互联网+”时代，依据人才培养目标和人才培养质量要求，采用定量化指标，科学设计针对学生、教师、督导专家、社会专业人士、用人单位和学生家长不同评价主体的人才培养质量指标体系，通过建立高校人才培养质量评价网络平台，定期或适时对人才培养质量进行动态评价，及时反馈人才培养过程存在的问题和建议，确保会计专业人才培养质量。“互联网+”时代需要构建一个评价主体多元化的会计人才培养质量的网络评价体系。

2. 教师专业能力层次

教师专业能力的评价是对教师工作的直接考核。“评教”的根本目的是向教学过程要质量，对教师的教学过程即备课、课堂教学、辅导答疑、批改作业、试题评卷等是否达到教学目标要求做出判断，是否采用灵活多样的启发式、互动式的教学范式，对实现教学目标的程度做出鉴定，对存在的问题做出诊断，从而激励教师提高教学质量。

现将应用型本科教师的能力标准体系界定为职业道德教育能力、职业技术能力、基本教学能力、自身发展能力等四方面。

（1）职业道德教育能力

职业道德主要指对职业、对岗位的热爱，对职业、对岗位要求的高度认可和严格执行，即爱岗敬业。

①“德高为范”的示范教育能力。教师应具有双重职业道德：一是作为

教师的师德，教师要在教育岗位上严谨治学、爱岗敬业、诲人不倦，树立良好的教师形象，这无疑具有潜移默化的示范教育作用；同时，教师还应根据自己所属行业或岗位（群）的职业道德要求，将其融入教学活动、实践锻炼、指导实习等工作中，严格遵守职场规范，切实履行职场操守，认真完成职场任务，树立良好的职业人形象，起到良好的模范教育作用。

② 源于实际的实践教育能力。教师应具备传授职业道德的能力，能为培养爱岗敬业的高技能人才服务；应熟悉所属行业或岗位的职业道德要求，并将其融入课堂教学和为学生提供服务与管理的过程之中，通过课堂训练，生活实践、服务教育、管理教育等方式，加强对学生的职业道德教育，帮助学生养成良好的职业道德习惯。

（2）职业技术能力

职场是教师培养人才的主要活动场所，对所属行业领域的熟悉程度是衡量会计专业教师水平高低的前提条件，职业技术能力是教师的核心能力，主要包括：行业联系能力，岗位操作能力，社会服务能力，健康、安全的保障与教育能力四方面。

① 行业联系能力。走出校门，融入行业是教师成长的必由之路，教师应通过联系行业熟悉职场现状，增强对行业企业生产过程中所遇到问题的解决能力，提升为行业企业提供技术咨询与员工培训的能力，真正实现产学研相结合，体现服务的宗旨。只有这样，培养的人才应能满足行业企业的岗位需求，符合企业“马上能上手”的聘人要求，真正实现以就业为导向；所以能联系行业、能提供行业培训服务是高职教师必备的基本能力之一。

② 岗位操作能力。岗位教育是教育“以就业为导向”的具体体现，“能马上上手”是企业对会计本科毕业学生的基本要求。因此，教师必须熟悉所属职业岗位（群），了解岗位（群）操作程序及规范，具备熟练的职业岗位（群）操作技能，能通过自身示范引导和培养学生，实现教师与师傅合一。

③ 社会服务能力。服务社会是高校教育的主要任务，会计教师除应具备行业联系能力外，还应具备开展教育教学研究、课题研究与技术研究的能力，能针对行业企业存在的问题开展课题研究与实践，能引导行业企业技术发展，为行业企业技术升级提供服务。

④ 健康、安全的保障与教育能力。职场是教师开展教学活动的重要场所之一，职场健康与安全，是教师保护自我、保护学生生理健康和生命安全的重要内容，每位教师都应具备保障教学及实习场所的健康与安全，并应具备进行职场健康与安全教育的能力。

（3）专业教学能力

① 专业理论教学能力。从事会计专业本科教学的教师应具备深厚的专业理论知识，能用浅显易懂的语言给学生讲解，善于运用财务案例教学、项目教学、任务驱动教学、课堂讨论等灵活多变的教学方法，并不断更新自己的知识体系，让学生了解到最前沿的专业理论知识。

② 教学组织与实施能力。现代科学技术的发展，教学工作已不再是简单的知识讲解，而更多的是对教学过程的设计与教学活动的组织；会计专业本科教学要求学生在“在做中学，在学中做”，这对教师的教学组织与实施提出了更高的要求。教师应能根据技能训练或职业素质培养的需要，合理地设计教学环节，有序地组织教学活动。

③ 课程设计能力。课程设计必须反映行业企业最新动态和前沿理论，授课内容更新率高，教师必须具备深厚的专业理论，在课程开发中实现理论与实践的有机结合，将学生专业理论知识与企业的职场实践紧密结合，做到积极开发教学材料，基于工作过程重构理论知识讲解体系，认真实践基于工作过程的课程设计理念。

④ 学生技能鉴定能力。“能力培养”是高校教育理念必然要求，会计专业本科要求积极推行以“能力鉴定”为主的学业考核方式。“知识体系构建”的考核以知识记忆程度为标准，而“能力鉴定”则要求以能力提高程度为标准；认知考核可通过书面作答完成，而能力鉴定则必须通过一定活动形式才能实现。不同的能力，鉴定标准、鉴定方式各不相同，教师应具备采取有效措施，利用或模拟职场环境设计职场活动，考核学生发现问题、分析问题及解决问题的职业能力，对学生综合能力做出科学的判断。

（4）自身专业发展能力

会计专业本科教育要紧跟社会经济发展步伐，要根据专业发展动态、职业工作内容及职业岗位要求的变化及时调整教学内容和培养目标。因此，教师不可能一劳永逸，必须根据职场的变化随时调整自己的发展方向。

① 交流与合作能力。现代科学技术的发展，学科交叉融合已成为历史必然，岗位要求日益综合化，教学任务日益复杂化，教师仅靠个体力量已很难满足教学需要。要很好地完成教学任务，教师必须充分发挥团队优势，加强交流与合作，互相取长补短；会计教育的及时性也要求教师必须与行业企业保持密切联系，加强交流与合作，及时了解行业企业最新动态，及时更新教学内容，具备有效的沟通与团队合作能力。

② 规划自我发展的能力。会计教育应适应社会经济发展的需求，专业教育发展快，教师应紧密跟踪行业企业发展变化，深入研究行业企业发展规律，能对行业企业的析预测，因此教师要牢固树立“发展是永恒的主题”的观念，正确定位个人发展方向，找准个人专业发展领域，积极加强自身专业发展。

③ 指导学生自我发展的能力。教师应是学生职业生涯的最初导师，应根据专业特点和学生的知识能力特点为学生做出个人成长规划指导。

总之，“人才培养质量层次”及“教师专业能力层次”是会计专业本科教师评价考核的重要方面，如下表所示。

“互联网+”时代高校会计教师评价考核指标基本框架表

指标类型	指标名称	指标单元	单元内涵
人才培养质量	学生信息化基本素质	会计软件课程平均得分	能掌握核心的会计软件，并使用软件进行会计操作
		SAS/Python/STATA 等软件操作课程注册率	对数据处理三大软件有基本了解和初步掌握，能够在信息化企业中开展数据分析和会计分析
		大数据和云计算等基础概念和原理课程注册率	深入了解大数据和云计算的技术理念，并与会计专业的实践相结合
		全国大学生英语考试四级平均成绩	大学英语过级率
		全国计算机等级考试通过率	全国计算机二级考试通过情况
	专业知识和能力水平	会计专业课程的平均成绩	会计专业主干课程、核心课程、选修课程的情况
		毕业论文质量	毕业论文的通过率
		相关专业证书获取数量	各类基础上岗证书的获取人次
		相关专业竞赛获奖级别	学生参加案例大赛、财务实操大赛等获奖次数和级别
		专业实习人次	学生到各类型企业进行实习次数
	毕业生满意度	推荐他人报考专业的意愿	毕业生对母校专业的满意度
		就业满意度	毕业生对自身工作的满意度

续表

指标类型	指标名称	指标单元	单元内涵
人才培养质量	用人单位评价	顶岗实习学生的表现	实习单位对实习学生的评价情况
		对毕业生适应岗位的能力评价	毕业生实践能力和工作能力的评价
		毕业生的平均薪酬	用人单位愿意为毕业生支付的薪酬
教师专业能力	职业道德教育能力	示范教育能力	1. 加强自身修养，提高自我人格魅力，深刻理解卓越人才培养的使命感； 2. 熟悉行业或岗位要求，清楚职业操守
		实践教育能力	1. 亲身实践，以身作则； 2. 能运用案例，恰当讲解
	职业技术能力	行业联系能力	能深入行业企业，开展有市场调研、跟踪行业发展动态，寻求校企合作的机会
		岗位操作能力	勇于尝试，能在做事专业的岗位（群）上开展实际生产经营或管理活动
		社会服务能力	能帮助行业企业开展员工培训、业务咨询，帮助其制订问题解决方案、事业发展规划等
		健康、安全的保障与教育能力	熟悉行业、企业或岗位安全要求和实际保护措施，能有效运用职场安全保护设备，保障师生安全，能灵活利用模拟职场条件开展健康、安全教育活动
	教学基本能力	专业理论教学能力	能将最前沿的专业理论知识用灵活多变的教学方法为学生讲解
		教学组织与实施能力	能围绕教学目的，设计合理的教学环节，开展有效地教学活动，培养学生的职业技能与职业道德

续表

指标类型	指标名称	指标单元	单元内涵
教师专业能力	教学基本能力	课程设计能力	能正确实践基于工作过程的课程建设理念，紧跟行业企业发展变化，实时更新课程内容，保持教学内容与职场要求的一致性
		学生技能鉴定能力	能设计科学的能力鉴定方案，有效地组织技能鉴定活动，并能据鉴定结果开展进一步的改进提高教学活动
	自身发展能力	交流与合作能力	1. 同事合作开展工作，实现智力互补，资源共享，共同进步； 2. 能与行业企业精英/骨干协作，共同完成教学工作，实现教师与师傅合一
		自我专业发展能力	1. 能紧跟行业企业发展步伐，深入开展专业发展分析预测，不断丰富自己专业知识和提升自己的专业水平； 2. 能制订个人专业发展计划，开展专业能力提高活动
		指导学生自我发展的能力	1. 能帮助学生了解专业发展状况，指导学生参与课外科技活动和技能大赛，培养学生专业素质； 2. 能帮助学生制订个人专业成长计划，并指导学生完成专业学习任务

五、结束语

“互联网+”时代的到来，催生了我国会计行业的巨大变化，推动了高校会计本科教育与网络信息技术的深度融合。面对“互联网+”和会计职能的拓展，传统会计人才培养的重心必将从会计信息处理向会计信息分析与决策转变，这就客观上要求高校会计专业教师队伍必须要进行创新与转型。因此，高校教育工作者要高度重视“互联网+”给高校会计人才培养产生的重大影响，树立互联网会计思维，把网络信息技术融入教学方法和模式的全过程，以此重构会计课程框架和课程体系，倡导教师采用互联网信息技术开展启发式、探究式、讨论式、参与式教学范式，打造“互联网+”会计专业特色，从而提升高校人才培养质量和专业核心竞争力。

参考文献

[1] 唐彬等. “互联网+”财会：会计行业的机遇和变革[J]. 金融会计，2016（1）.

[2] 王慧. “互联网+”与大会计时代专业人才培养的路径探索[J]. 岳阳职业技术学院学报，2015（5）.

[3] 束仁龙. 新建本科院校师资队伍转型发展的困境与破解[J]. 扬州大学学报(高教研究版)，2018（4）.

[4] 应益华. 互联网时代会计目标及职能重构与本科会计人才培养探索[J]. 商业会计，2016（4）.

[5] 张翔，杨川. 高校创新创业教师的素质要求及培育路径[J]. 教育研究，2018（5）.

[6] 裘益政，许永斌. 基于管理型特色的卓越会计人才培养模式研究[J]. 商业会计，2014（2）.

[7] 李定清. 高校协同创新的会计人才培养模式研究与实践[C]. //新形势下会计理论与实务创新发展. 北京：经济科学出版社，2017.

教学改革与教学管理

“互联网+”时代高校会计教学范式改革探究*

李定清

一、引　言

人才培养是高校的根本任务。人才究竟如何培养？这是我国高等教育普遍关注的问题。从高校人才培养实践看，教育教学水平和人才培养质量与教学范式密切相关。教学范式有广义和狭义之分，广义的教学范式是指人才培养的全过程，包括人才培养理念、培养模式、教学模式、课堂教学，课外实践活动等；而狭义的教学范式是指课程教学范式。因此，会计教学范式一般是指高校会计人才培养为实现教学目标而采用教学程式与手段框架，包括会计教学的理念、教学模式、教学方法与手段、教学评价考核等内容。

“互联网+”时代对高校会计人才培养和社会需求提出了新要求，同时“互联网+”等新技术运用对传统的高校会计教学范式提出了巨大挑战，这将促使高校会计教学范式必须改革。高文兵认为（2016），“互联网+”时代下，新技术给高校教育教学工作带来的挑战集中表现为高等教育知识体系更新的裂变化、高等教育实现形式和途径更加多元化、学生获得知识的方式和手段日趋多样化、及时化。同时，指出高校人才培养理念和培养方案的滞后性，教学方式和教学手段缺乏吸引力，课堂教学与课外教育没有形成有效的互动等问题。随着“互联网+”新技术快速发展，以“互联网+”为主导的新技术已渗透到高校人才培养的各个领域，也包括高校会计人才培养。首先，“互联网+”打破了传统的会计课堂教学模式，使学生的学习具备了一定的自主性，学生在一定程度上根据自己的兴趣爱好和发展愿景，选择一定的学习内容、个性化培养初现端倪。其次，“互联网+”等新技术的运用，使会计教学活动具备了更为便捷灵活的互动方式，不仅实现了师生之间、学生之间、学校与社会之间的互动，而且实现了跨时空的无边界互动。再次，“互联网+”赋予了会计课堂教学新内涵，利用网络技术可以实现互动式教学、三维立体教学、仿

* 本文是 2016 年重庆市教育科学规划课题（编号：2016-GX-124）的阶段性成果。

真情景式教学、混合式教学等教学方式。总而言之，“互联网+”对高校会计教学范式改革意义重大，而且影响深远。

二、“互联网+”时代高校会计专业本科人才培养目标定位

1. 会计专业本科人才培养目标的基本观点

会计人才培养目标的定位是人才培养质量首先要解决的问题，直接影响高校能否培养出适应社会需求的高素质会计人才。高校会计人才培养目标具有多元化特征，不同层次的高校人才培养目标定位也有所不同。目前，我国高校会计人才培养目标定位主要有以下几种观点：①应用型会计人才培养目标。即基于会计的职业导向，而非学术导向，注重会计职业能力和实践能力的培养。②复合型会计人才培养目标。即基于会计、财务、审计、管理、经济“通才”的人才培养模式，会计教学中以宽为基础、厚知识、跨专业的复合型人才。会计职业能力是以会计业务为主、具有跨学科适应性和应对复杂专业问题、业务问题的能力。③管理型会计人才培养目标。即基于在总结传统会计人才培养弊端的基础上，基于会计发展需要从“核算型”会计向“管理型”会计转变而提出的。④国际化会计人才培养目标。即通过举办诸如ACCA、CIMA等国际项目，以培养学生的国际视野和国际会计专业能力。⑤创新型会计人才培养目标。即基于传统会计人才培养目标只注重会计核算能力、缺乏创新精神而提出的。

我们认为，会计是一门应用性很强的学科，注重实践性和职业性。因此，不论地方高校，还是重点高校，会计人才培养目标都强调“应用型”，是会计人才培养的基础能力，而其他诸如“复合型”“管理型”“国际化”“创新型”等提法都是结合本校层次、招生批次、办学模式等因素进行的深化和提升，有的重点高校又提出了“卓越会计人才”和“拔尖会计人才”培养目标。但是，我们必须清醒地认识到，会计专业本科人才培养目标是一个动态演变的过程，不是一成不变的，必须与时俱进，紧密结合“互联网+”时代背景，丰富并完善会计专业本科人才培养目标。

2. “互联网+”时代会计专业本科人才培养目标

高校会计教学范式改革必须服从于会计专业本科人才培养目标。中国人民大学王化成教授认为：在互联网变革、新组织变革环境下，培养目标也要作相应的变化，重点培育学生在复杂环境下解决问题的四方面能力：一是理

论分析能力；二是数据处理能力，基于大数据概念，包括企业财务数据、同行业财务数据、非财务数据；三是知识整合能力；四是提升合作协调能力。因此，在“互联网+”环境下，会计人才培养是基于大数据、互联网技术的财务共享服务技术及管理会计的新型应用模式，培养互联网时代所需要的管理会计人才，使之成为参与分析决策、战略规划、风险管控、绩效评价、进行资本市场运作与创造企业价值的管理型会计人才。

我们认为，在“互联网+”时代，会计专业本科人才培养目标可以表述为：能够适应“互联网+”时代和社会经济发展需要，德智体美劳全面发展，会计专业知识扎实，会计信息处理和分析能力强，具有较强的社会责任感和环境适应能力，具有“互联网”会计思维、创新能力、实践能力和自我发展能力的高素质信息化管理型会计专业人才。这里的“管理型”会计专业人才是一个综合的概念，它包含了应用性、复合性和创新性和国际化之间的相互融合。应用型人才强调会计核算能力的同时，培养诸如大数据、云计算、人工智能等现代技术应用能力；复合型人才是指不仅要掌握会计专业理论与知识，还要对“经济学、税收、营销、管理、法律”等学科有深入的研究，以及运用信息技术进行大数据会计收集与分析；创新型人才是指具有创新思想、创新精神以及创新能力的综合人才，不仅可以解决会计问题，还可以结合业务，解决业务问题。因此，应用性是人才培养的基础，复合性是人才培养的重心，创新性是人才培养的核心，国际化是人才培养的延伸，最终实现传统的核算型会计向管理型会计的转变。

三、“互联网+”时代高校会计教学范式改革的基本理念

“互联网+”时代高校会计人才培养的创新理念，是决定会计人才培养模式创新的关键，也是改革高校会计教学范式的基础和前提。高校会计教学范式改革理念是对会计本科专业的目标定位、培养模式、课程体系设置以及会计教学手段与方法等将产生重要影响。因此，高校会计教学范式改革必须转变观念，革新会计教学模式与教学范式，坚持互联网思维观、大会计观、需求导向观、学生主体观、开放教学观等基本理念，才能实现“互联网+”时代高校会计人才培养目标。

1. 互联网会计教育理念

“互联网+”中的“+”不仅是技术上的“+”，而且带来思维、理念、模式上的创新和改变。因此，互联网技术改变了传统的会计事后核算模式，实现

会计核算与业务活动的同步集成，会计监督、内部控制与业务流程的有机融合，有助于更好发挥会计的预测、计划、决策、控制、分析、监督等功能，从而实现现代会计从核算型向管理型转变，这就客观上要求高等学校会计人才培养必须树立互联网会计思维，其重点是利用互联网信息技术整合教育资源，重构会计人才培养课程体系，创新会计人才培养模式和教学范式。

2. 需求导向教育理念

需求导向观就是既要满足学生就业和发展的需求，又要满足行业企业对会计人才的需求。但不论是满足学生的需求，还是满足社会的需求，都必须与当今的“互联网+”这个时代要求相适应。“互联网+”时代需要具有互联网会计思维和信息技术处理及分析能力的管理型会计人才。因此，坚持需求导向观，就是树立以育人为根本的全面教育观，把互联网会计思维和现代信息技术融入人才培养方案中，注重学生成长成才需求的满足，重构会计能力框架，特别关注学生会计信息技术能力的培养。

3. 大会计教育理念

长期以来，高校会计专业人才培养局限于传统的“小会计学科”，其课程体系和内容的会计味道太浓，重专业能力轻综合素质，教学内容与实践脱节，导致会计专业学生的视野不够开阔。“互联网+”时代会计教育要与不断创新的商业模式紧密结合，树立“大会计”的教育学习理念。即不能就会计而学习会计，而是要植根于当今“互联网+”时代，“大会计”教育强调企业财务与业务的融合，促使会计流程再造，会计即业务，业务即会计，客观上要求突破传统会计教学理念和思维，构建“大会计”理念下的会计教学范式。

4. 学生主体教育理念

教学过程是师生之间“双向互动”“教学相长”的过程。因此，“互联网+”时代，教师已经由实体课堂的教育者转换为学生会计学习的引导者、合作者、促进者与服务者，即就是要建立以学生需求和发展为中心的学生主体观，包括课堂教学、课外活动、教学现场等坚持以学生为主体。以学生为主体，就是要改变传统的教学模式和教学观念，实现以教师为主体向学生为主体转变，学生从被动学习、依赖教师学习向主动学习、靠自己学习转变；改革教学内容、教学方法和手段，注重因材施教，培养学生生存和发展能力。因此，坚持学生主体观的基本理念，就是要在“互联网+”环境下重点解决学生“学什么”“如何学”“学习效果”等问题。

5. 开放互动教学理念

开放的世界必然带来开放的教育，“互联网+”时代为开放的会计教育教学提供了平台。开放教学观是相对于传统的会计教学过分强调封闭而言，封闭的会计教学往往导致僵化，只有开放，才有可能使会计教学充满活力。会计教学开放观，就是以会计人才培养为中心，运用开放、合作、协同教育理念和互联网技术平台嵌入理论，针对传统会计教学范式相对封闭的缺陷，在教师与学生之间，在理论教学与实践教学之间，在课堂与课外之间，在学校与社会之间，利用在线教育平台和网络教学资源，充分发挥教师主导和学生主体的作用，形成开放的“互联网+”会计多维互动的教学模式。

四、互联网时代高校会计教学范式改革路径

1. 会计教学范式改革，必须注重“互联网+会计教育”系统建设

“互联网+会计教育”是一种智慧教育，是高校培养信息化管理型会计人才的助推器。智慧教育一方面要有先进的教育理念和教育模式，同时运用大数据、云计算等新技术改革创新会计教学范式，不断提高会计教学质量，彰显“互联网+”会计办学特色。随着“互联网+”会计人才培养改革不断深入，未来会计人才培养的特点是业财融合已成大趋势，管理会计走向前台，人工智能的应用；会计教学方式变革，大力推行在线学习，打破现有的时空观；教学内容向企业管理、业务流程、信息技术等方面扩展。这些发展趋势都要求高校教学范式改革必须注重“互联网+会计教育”的系统建设。

“互联网+会计教育”应当从网络基础设施建设、会计教育管理系统和会计专业课程与教学三个层面进行会计教学范式改革的系统设计。一是“互联网+”时代会计教育的开展离不开网络基础设施建设。目前学校经济管理实验中心仅仅设置了会计信息化相关实验室，没有大数据会计、智能会计实验室，同时学校教务管理系统也没有完全实现线上线下教学资源共享，给会计教学范式改革带来阻碍。二是“互联网+”时代会计教育的实施离不开教育管理系统。一方面，学校教务管理系统要融合“互联网+”建立相关数据仓库“群”，升级创新传统教育下的专业建设、课程建设、实践教学等；另一方面，会计学院将会计学专业人才培养方案、课程教学计划、教学课件、教学案例等教学要件全部放到会计学院教学资源网络平台上，为教师和学生实现网络教学提供方便。三是“互联网+”时代离不开课程与教学建设。在课程设计上，全新教育模式需要采用实体课程与网络课程相互融合

的机制，并从课程质量、教学质量、学习效率及学习效果等方面，建立科学动态的会计教育评价体系。

2. 会计教学范式改革，必须与会计人才培养目标相匹配

会计教学范式改革取决于会计人才培养目标和会计人才培养模式的创新，要解决好在人才培养过程中教学范式的目标性、适应性和创新性的问题。培养目标是确定培养何种人才，应当具备何种素质和专业技能，将来从事何种工作等。它直接涉及课程设置及其广度和深度，决定着培养人才的层次和人才培养模式，也决定着与之相适应的教学范式。

在"互联网+"时代背景下，社会需要会计信息化人才和会计管理型人才。因此，高校会计本科人才培养要注重两个转变：一是财务会计向管理会计转变；二是会计电算化向会计信息化转变。基于此，会计教学范式改革，必须适应培养具有"应用性""复合性""创新性""国际化"和"高素质"等多方面的要求。具体讲，在教育目标上，密切注意社会需求，即根据市场需求，调整教学内容和改变教学方法，在人才培养方案中重点突出管理会计课程群和会计信息化课程群，培养具有符合市场需求的会计专业毕业生；在会计教学范式上，以学生为主体，教师为主导，培养学生的综合能力和素质，真正体现"宽口径""厚基础""强能力"和"重创新"的会计信息化管理型人才培养目标。

3. 会计教学范式改革，必须整合和更新会计教学内容

"互联网+"时代会计教学范式改革的重点是要解决教师在"互联网+会计"环境下"教什么"和学生"学什么"的问题。传统的会计教学范式，在会计专业课程教学内容上，偏重准则与制度解释，轻视理论分析，过分依赖会计准则和制度，缺乏培养学生创新能力和职业判断能力的相关内容；强调会计的核算能力，忽视综合能力与素质培养，国际化视野不够。因此，会计教学范式改革，必须充分利用大数据、云计算等信息技术拓展会计专业课程教学内容，并从"学"的需求出发设计"教"的内容，即整合和更新会计教学内容，充分体现"互联网+"会计思维和会计人才培养目标；充分体现知识、能力和素质的融合；充分体现专业能力与综合素质的培养；充分体现理论教学与实践教学并重的要求。

"互联网+"时代会计专业的核心能力是会计信息处理与分析能力和管理会计应用能力。我们认为，适应"互联网+"时代要求的会计人才能力框架，必须依据会计专业本科人才培养目标和会计职能拓展要求，将"互联网"思维与知识、能力和素质有机融合，注重会计信息化能力在会计职业能力的渗

透。从总体上讲，会计人才能力框架可以包括五种知识、五大能力和五项素质。“五种知识”包括：公共文化知识、宏观经济知识、经济管理与资本市场知识、会计专业知识、法律与职业道德知识；“五大能力”包括：会计职业道德推理能力、会计信息处理与分析能力、会计职业判断与决策能力、企业纳税筹划与申报能力、财务风险与内部控制管理能力；“五项素质”包括：协调与组织能力、独立思考与创新思维能力、人际交往与团队合作能力、分析与解决问题能力、终身学习能力。

4. 会计教学范式改革，必须创新会计教学方法与手段

“互联网+”时代教学范式改革就是要创新会计教学方法与手段。教学方法是教学活动的一个基本要素，是教学活动成功与否的关键要素之一。会计教学方法就是解决教师“怎么教”和学生“怎么学”的问题。传统的会计教学方法是一种“灌输式”教学模式，很少考虑学生的学习兴趣和动机，师生之间缺乏互动性，不利于培养学生的创新思维和自主学习的能力。因此，会计教学方法与手段改革，要突出“以学生为中心、以需求为动因、以问题为基础”的教学改革理念，形成“研究教学法”“案例教学法”“情景教学法”“混合教学法”等多维互动的教学范式。

（1）研究教学法。研究教学法是要改变传统教学中仅注重已有知识转移和承载的特点，指导学生选择和确定与本学科或本课程相关的专题进行研究，促进学生主动探索、主动思考和主动实践，从而提高其主动应用知识发现问题、分析问题和解决问题的积极性与能力的一种教与学的互动过程。

（2）案例教学法。会计案例教学法是一种以会计案例为基础的教学法，其目的是经过师生间的互相讨论，提高学生的综合分析和判断能力，全面运用财务会计知识剖析案例，使会计理论与会计实践紧密结合。案例教学法的实施效果主要取决于教师的案例设计与课堂组织能力。课堂讨论中，要求教师启发学生置身案例情景，提出解决问题的有效方法，引导讨论的方向，适时进行归纳总结。案例教学法可以借助“互联网+”新技术实现线上线下案例教学和教师与学生的互动交流。

（3）情景教学法。情景教学法是在会计教学中，引入、创造或者创设与教学内容相适应的具体场景或氛围，引起学生的情感体验，帮助学生迅速而正确理解教学内容，促进他们心理机制全面和谐发展，提高教学效率，它是以生动形象的情境激发学生学习情绪为手段的教学方法。情景教学法一般分为课堂模拟情景式教学、沙盘模拟情景式教学和网络情景式教学。“互联网+”

为网络情景式教学提供了重要技术平台，对培养学生会计实践能力、管理创新能力、决策分析能力等方面，有着其他教学环节与形式所不能替代的独特作用。

（4）网络教学法。即充分遵循“以学生为中心”的教学模式，借助“互联网+”新技术平台，合理构建一个教师和学生课上课下全方位互动的教学网络系统，课上讲述基本原理，课下讨论相关案例；课上教师讲授知识，课下师生互动交流，学生参与其中，通过相互讨论，提出解决方法，并与教师加强沟通，充分体会学习的乐趣。

（5）混合式教学法。混合式教学法是指面对面式的学习和在线学习两种学习模式有机结合的学习方式。混合式学习不单是两种方式的简单混合，而是混合多种教学设备、多种教学方法、多种学习策略与评价方法、多步学习与异步学习、多种课程和学习资源等。我国高校互联网普及率已经达到了很高比率，推动混合式学习已经具备了足够的物质条件，混合式教学已成为高校课堂改革的新方向。让学生在课前预习相关基础知识，课上以培养学生能力为主，通过分组教学、主体分享等活动促进学生参与式学习。

5. 会计教学范式改革，必须完善会计教学考核评价机制

“互联网+”时代需要构建一个评价主体多元化的会计人才培养质量的网络评价体系。会计教学考核评价是解决教学范式“教”与“学”的效果问题。教学效果评价的核心是建立教与学的激励约束机制，充分调动教师“教”和学生“学”的积极性，营造充满生机和活力的教学平台和环境。教学质量的高低，既取决于教师教得如何，也取决于学生学得如何，它们之间是相互联系、相互制约的。因此，“评学”的根本目的是向学生学习要质量，树立良好的学风，促进全面素质、创新能力的培养，引导和激励学生努力成为适应国家经济建设和社会发展需要的有用人才和栋梁之材。“评教”的根本目的是向教学过程要质量，对教师的教学过程即备课、课堂教学、辅导答疑、批改作业、试题评卷等是否达到教学目标要求做出判断，是否采用灵活多样的启发式、互动式的教学范式，对实现教学目标的程度做出鉴定，对存在的问题做出诊断，从而激励教师提高教学质量。

在“互联网+”时代，依据人才培养目标和人才培养质量要求，采用定量化指标，科学设计针对学生、教师、督导专家、社会专业人士、用人单位和学生家长不同评价主体的人才培养质量指标体系，通过建立高校人才培养质量评价网络平台，定期或适时对人才培养质量进行动态评价，及时反馈人才培养过程存在的问题和建议，确保会计专业人才培养质量。

五、结　语

“互联网+”时代的到来，催生了我国会计行业的巨大变化，推动了高校会计专业本科教育与网络信息技术的深度融合。面对“互联网+”时代和会计职能的拓展，传统会计人才培养的重心必将从核算型会计向管理型会计转变，从会计信息处理向会计信息分析与决策转变，这就从客观上要求高校会计专业本科人才培养模式的创新与转型。同时，面对“互联网+”时代，必须改革创新会计教学范式。会计教学范式改革，要注重培养学生的创新精神和实践能力，注重锻炼学生自主学习能力，注重培养一批掌握现代教学手段、教法灵活多变的师资队伍。教学范式改革的关键因素是教师的教学观念是否转变，学校是否建立有效的教学范式改革激励约束机制。教学范式改革的重点是实现“教”与“学”的互动，即实现由“单向传导”模式向“双向互动”模式转变，促使教师教学重心转变，形成以学生为主体和以能力素质为中心的教学思路，逐步构建基于计算机网络教学、会计软件教学、案例教学、情景教学、探究性教学、课堂评论、文献评述、课题研究、实验教学、小组讨论、团队教学等融为一体的多维互动的教学范式，以启发学生思考，激励学生学习兴趣，提高学生分析问题和解决问题的能力，培养社会需要的高素质信息化管理型会计人才。高校“互联网+”会计教学范式改革任务艰巨，我们任重道远！

参考文献

[1] 唐彬等. “互联网+”财会：会计行业的机遇和变革[J]. 金融会计，2016（1）.

[2] 王慧. “互联网+”与大会计时代专业人才培养的路径探索[J]. 岳阳职业技术学院学报，2015（5）.

[3] 应益华. 互联网时代会计目标及职能重构与本科会计人才培养探索[J]. 商业会计，2016（4）.

[4] 张杰等. 论高等院校课程教学范式的转变[J]. 江苏教育学院学报(社会科学)，2010（9）.

[5] 刘国城，董必荣. “互联网+”时代我国高校本科会计教育的困境与变革[J]. 南京审计大学学报，2017（1）.

提高本科生学位论文质量的对策建议

唐 俐 田书宜

自从我国高校扩招以来，每年的招生人数已达数百万。随着招生规模的扩大，如何提高我国大学本科教育水平是首要任务。目前，主要是以本科学位论文作为衡量高等院校教学水平以及学生在本科期间学习成果的依据。然而，当前学位论文存在的许多问题导致了学位论文质量的不断下滑，因此提高和规范论文质量是迫切的。本文将找出本科学位论文存在的主要问题，对影响本科学位论文质量的影响因素进行分析，并提出对策建议。

一、本科生学位论文的重要性

国家人口发展“十二五”规划提出全面提高高等教育质量，实现从以规模扩张为基本特征的外延式发展向以提高质量为核心的内涵式发展转变，办出具有中国特色、世界水平的现代高等教育。学位论文作为大学实践教学中的重要环节，可全方位考查学生本科阶段所达到的学业水平，培养学生的科研能力，使学生在学术训练中提高创新精神和思维能力，以满足现代社会对高素质人才的需求。学位论文对于学生有着极其重要的作用，主要作用如下。

1. 撰写学位论文是对大学四年专业知识的总结和运用

学位论文是本科四年学习成果的展现，是反映学生在校学习成果的重要指标，它可以客观地反映学生掌握专业知识的程度，以及运用所学的专业知识、理论知识提高解决实际问题的能力以及学生自我创新能力。学生撰写学位论文的过程是对所学知识的梳理与总结。同时，在调查研究、收集资料、参考文献的时候，可以收获到课堂之外的知识与经验。平时的课程考试侧重于每一科的理论知识掌握情况，而学位论文是系统地将专业知识理论与实际运用结合起来。在这一过程中，学生可以对所学知识进行回顾，将所学知识付诸实践并总结升华为更深刻的思考。

2. 撰写学位论文能促进专业知识向应用能力转化

撰写学位论文是知识向能力转化的重要环节，平时的课程考试是对理论知识的记忆，范围也仅局限于教科书，都是由老师来规定，无法体现学生的实际操作能力，学位论文可以弥补这个缺陷。学位论文考查的重点之一就是创新性，通过学生自己发现问题，然后分析问题、解决问题，培养和提高学生的科研能力、创新能力、问题分析能力、实践动手能力。

3. 提高写作水平和语言表达能力

写作是表情达意、信息交流的一种行为，信息是生活中不可或缺的一部分，高校学生必须具有较高的写作表达能力，以后无论从事哪种职业都需要具备一定的写作能力。撰写学位论文就可以锻炼和提高学生的写作能力，通过社会调查、提出论点、综合论证、总结写作等方面系统提高写作水平和语言表达能力。

4. 为从事相关工作和学术研究打下必要的基础

学位论文是大学学习与将来从事工作或学术研究的一个衔接，标志着大学生活的结束，下一阶段的启程。撰写学位论文可以使学生得到从事本专业工作和学术研究的相关基本训练，为将来从事相关工作和学术研究打下必要的基础。

二、本科生学位论文质量存在的问题

1. 抄袭现象严重

抄袭是本科生学位论文质量存在的主要问题之一，每年总是不断有学位论文抄袭的新闻报道。2017 年 4 月，社交网络上流传一份《关于 2017 届学生返校集中撰写毕业论文的补充通知》[①]，该《通知》签署单位为福州外语外贸学院财会系，《通知》称："经查，几乎所有同学论文查重未达标准，论文质量比较粗糙"，要求"已离校同学必须返校集中撰写毕业论文。"大多数学生将几篇论文进行拼凑、复制粘贴、剪接之后作为自己的论文，一般结构混乱，逻辑不通。更有甚者，从网络上花钱找他人代写。虽然各高校在扼制论文抄袭剽窃上下了大量精力，严格管控论文质量，但是由于本科学位论文论点多、数量大，查重系统仍然难以全面抑制抄袭现象，论文抄袭仍然严重。

① 澎湃新闻网，福州高校某系回应毕业论文查重"几乎都不达标"：从严要求，https：//www.thepaper. cn/newsDetail_forward_1658138，2017. 4. 9。

2. 选题把握不对

选题是论文的首要环节，是确定学位论文方向的关键。学生在确定选题的过程当中，往往是先通过导师提供研究方向，再自己阅读相关文献来进行题目的选定，即使导师会提供一些参考选题，但是仍有许多学生的选题存在问题。许多学生在没有很好地理解自己的研究方向的情形下，盲目选择论文题目，导致出现了选题范围不当、专业性不够。一般表现为以下几种情况：①选题范围太大，例如“会计准则研究”“会计核算研究”和“资产评估准则研究”等题目，没有具体的研究对象；②选题偏离专业范围，学生本人缺乏完整的专业知识体系，例如，会计专业的学生因自身感兴趣就写关于大数据的研究，或“我国耕地保护对策研究”等，这些论文题目没有专业基础知识支撑，只凭喜好是无法写出学术价值的学位论文；③选题陈旧缺乏创新性，一些同学选题雷同，缺乏创新性，例如，“会计信息失真”等题目，由于在该领域研究成果已经十分全面，对于一个本科生来说，很难突破已有研究的界限和束缚，因此写出来的学位论文既缺乏创新性，也无理论价值和实用价值。

3. 语言表达能力欠缺

论文的语言表达要求规范，即应用学术性的语言将研究的内容简洁清楚地表达出来。而大部分学生语言表达综合能力欠缺，在撰写论文时语言不规范，存在语言口语化、表达不清晰、写作不简洁、用语不准确等现象，使得论文整体缺乏学术性。有不少大学老师反映，在指导一些本科生写论文时，常常首先要扮演中学语文教师的角色，往往还要给他们指出语句结构错误、错别字和标点符号的错误等，以至于不去指正和修改都影响论文的阅读。

4. 格式不准确

论文格式是对论文题目、作者、摘要、关键词、英文摘要、目录、正文、参考文献、附录等的规范要求。许多论文由于学生自己排版修正不仔细导致论文格式不准确，表现在文章排版不规范、图表格式不准确，以及参考文献、目录、摘要格式不准确等各种问题。

5. 结构不合理

论文结构是论文的脉络框架，完整严谨的结构框架是撰写学术论文的前提。由于学生对所研究专业领域不够深入，思维逻辑混乱，以致文章结构不完整、不合理，缺乏条理性；论据不得力，缺乏逻辑性。

6. 资料的搜集方向不对

资料的搜集是一篇合格论文的数据支撑。学生对于论文所涉及资料的可靠来源、论文研究方向涉及的行业相关数据到什么样的网站去找是不清楚的，对搜集资料和整理资料以及文献综述的重要性认识不足，查找的参考文献级别低、质量低且数量少，把大量的时间花费在不正确的资料搜集方向上，即时间了浪费，而且最后完成的论文学术性也不高。如查找一些统计数据应该在“国家统计局网站”上查找，部分同学不知道，随意查找，使数据不全面、不权威，导致最后结果不准确。

7. 文不对题

论文的论述不能很好地切合论题，甚至跑题、偏题，写出来的文章和题目完全是两个概念，对论文的核心概念或关键词的界定不清楚，导致论述不清，文不对题。

三、本科生学位论文质量的影响因素

1. 学生重视度不高

学生自身的因素是影响论文质量的主要原因。主要表现为学生对学位论文的认识和重视不够，没有认识到学位论文的重要性和其意义所在，只是一味地将学位论文当作一项任务来完成。撰写学位论文不仅仅是对大学 4 年学习成果的考核，而是能够锻炼我们的写作能力和表达能力。认真撰写学位论文也能够为本科毕业后想继续攻读硕士、博士的同学打下一个较好的写作基础。然而，仍然有很多学生存在着应付的思想，态度也不认真，最终使得学位论文质量不高，主要表现在以下几个方面。

（1）选题随意。学生往往在选论文题目的时候不去做细致深入研究，也不去了解所研究课题的现状、背景和价值等，而是把相关资料是否好找以及有没有现成的成果可以借鉴作为首要条件，然后据此去选择题目，这样的选题质量当然不会高，相应的论文质量也就不会高，不但自己的能力没有得到很好的提升，而且往往会出现大家写的论文千篇一律的现象。有的学生甚至写的都是过时的研究题目，这样写出的论文不但质量上不去，研究价值也不高。

（2）依赖心理强且主动性差。现在大多学生都是独生子女，在家父母疼爱，缺乏独立能力，遇到问题总是首先想着怎样去依靠别的途径来解决，而不是去想自己应该怎么处理。依赖心理强，伴随的是动手能力差。再者，生活的舒适，让人容易产生惰性心理，大多数学生在整个大学学习期间的状态就是“随遇而安”“得过且过”，就连考试也是 60 分万岁，能主动进行学习并且保持这种状态的学生相对较少。主动性的缺乏慢慢转变为拖延症，在撰写论文时，临近交稿时间，有的同学才开始急急忙忙搜寻资料，大量篇幅都是粘贴抄袭别人的论文而来，论文质量可想而知。

（3）精力投入不足。很多学生到大三就开始着急去外面找实习、找工作，也有一部分学生忙着准备考证、考研等，大家没有将主要精力放在学业上。大三的课程大都属于专业核心课程，学生专业知识学得不扎实，自然对写学位论文也是有影响的。论文修改的过程中，对指导老师指出的错误，修改时不进行认真思考，修改结果不得要点，修改一遍两遍三遍也都达不到效果，没有实质性的提高和进展，最后只能凑合上交，这样的论文质量自然是不过关的。

（4）缺乏基本的科研能力和创新精神。就本科生而言，学生大多都不注重培养自己的写作能力，平常缺乏写作的历练，到了写学位论文时，对论文的基本格式、内容、要求都不熟悉，写出来的东西文不对题，这种情况存在还较为普遍。写得少了，科研能力自然就上不去。最后论文东拼西凑，缺乏自我思考。写论文的时候，学生往往热衷于前人或他人的研究成果，而没有一种敢于创新的精神，去开拓少有人研究的课题。

2. 导师责任感的缺乏

导师本身担负着教学、科研、行政等众多工作，因而部分导师就将主要精力放在其它工作上，不重视对学生学位论文的指导，学术责任意识淡薄。部分老师对待学生态度消极，抱着学生只要能通过最终的答辩就行的态度，在学生撰写论文期间，对学生的指导不到位，最终导致了论文质量的下降。导师除了精力不够的原因，个别的对学生的要求不严格，比较纵容，对学生的学位论文不做客观的评价，评分较高，分数是上去了，含金量却下降了。

3. 质量管理体系不足

高校虽然对于本科生的论文都制定了相应的质量管理体系，但是缺乏相应的执行力，在许多方面都有不足，特别是监督和反馈机制的缺失使得许多质量低下的论文也能顺利过关。例如，学校明文规定学生的论文选题确定后，应当由指导老师和主管系主任进行审批，确定学生选题没有问题以后再开展下一步工作。然而，个别相关管理人员，却只是将审批题目的相关表格发放给学生，并没有明确限定题目审定时间，对于收上来的题目也不认真进行审批和反馈。很多学位论文质量下降主要就是由于学生自身的不重视外加监管质量不过关造成的。

4. 其他原因

除了上述因素外，还有很多影响因素的存在。例如，现在高校的扩招使得一部分生源质量下降，而导师资源有限，导致每一个指导教师平均要指导6~7个学生，甚至更多，这就加大了导师的压力，导师精力不足，使得指导质量下降。另外，随着毕业大学生人数越来越多，就业压力增大，使得学生在大四把更多精力花在找工作上，而忽视了学位论文的质量和重要性。

四、提高本科学位论文质量的对策建议

1. 提高学生科研能力

在校期间，学生应当权衡利弊，合理安排学习、生活以及实践时间，在认真学习专业知识的同时多锻炼写作能力，提高自身的科研能力，要有一种敢于创新的精神；学校方面，应当注重对学生写作能力和科研能力的培养，多举办一些培养学生相关能力的活动，如竞赛形式之类的，还可以举办一些指导学生如何撰写论文的讲座，引起学生对学位论文的重视。另外，可以多设立一些有意义的科研项目，鼓励学生积极参与。

2. 加强师资力量的建设

引入高学历、高素质人才，加强师资队伍建设，提高教师教学指导水平。引入竞争机制，建立专门的评价组，针对每个老师评定其指导的学生学位论文的质量。评价结果与老师的绩效挂钩，好的给予奖励，不好的给予处罚，这有利于提升老师在学位论文指导方面的责任心。推行教师竞争上岗制度和培训制度，对教师也要进行专门的学位论文工作指导培训，让教师重视和规范对学位论文的指导。学校方面，要积极鼓励和创造条件，让教师出国进修或到国内知名院校学习，不断提高教师本身的能力和素质。

3. 完善论文质量管理体系

对于论文的质量管理，不能仅仅通过最终答辩来进行控制，应该通过指导老师或专门的监督人员从选题开始到最终形成论文，构建一个事前、事中、事后的论文质量管理体系。事前应当留有一定的学生选题和开题的时间，尽早并合理地指派导师进行相关的指导。提早安排，可以使师生提早进入工作状态，也让师生能有更多的时间去更好地准备。事中应当加强对学位论文的相关监管，要将相关责任、任务细化到老师和学生。事后应当建立有效的反馈机制，让信息能够及时准确地传达给相关人员。

学位论文是本科生四年学业的最后环节，是对大学所学知识进行综合应

用与提升的有效手段，是培养学生在本领域具有初步的研究能力，是缩短学生毕业后从事科学研究、科技开发和教学等工作所需要时间的关键。学位论文质量可以客观地反映学生以后从事相关工作和学术研究的能力，也反映了高校的教育教学工作水平。虽然现在学位论文存在许多问题，但是只要不断加强认识，认真指导，完善体系，从学生、导师，学校三个方面一起努力，就可以把本科的学位论文提高到新的水平。

参考文献

[1] 李俊龙，胡峰，吉东风，李海燕. 提高本科毕业论文(设计)质量的探索与实践[J]. 中国大学教学，2006 (8): 41-42.

[2] 施小平. 试论高校毕业论文(设计)的全面质量管理[J]. 高教探索，2006 (4): 62-64.

[3] 张欣. 高校本科毕业论文质量提升的思考[J]. 内蒙古师范大学学报(教育科学版)，2013, 26(3): 99-101，129.

[4] 马忠，屈波，张金鑫. 基于提高自主学习能力的本科生毕业论文训练体系[J]. 清华大学教育研究，2008 (1): 113-118.

[5] 邵霞. 如何在本科毕业论文环节培养学生的综合能力[J]. 教育教学论坛，2018 (37).

[6] 饶家辉,王宏娟,周虚. 推进本科毕业论文模式改革探析[J]. 实验室研究与探索,2012, 31(03): 160-162.

[7] 张华. 本科毕业论文与教风建设[J]. 高教研究，2006 (03): 9-12.

[8] 刘波粒，刘泽军. 浅析本科生毕业设计(论文)质量滑坡的研究及其对策[J]. 中国高教研究，2007 (7): 89-90.

[9] 时伟. 大学本科毕业论文的弃与存[J]. 中国高等教育，2010 (07).

[10] 李海燕，俞金梅，高志红，李俊龙，王恬，吉东风. 高校本科毕业论文(设计)中存在的问题及解决途径[J]. 实验技术与管理，2012, 39(12): 141-144.

[11] 宾幕容. 高等院校本科毕业论文研究综述[J]. 教育现代化，2018,(36): 24-29.

[12] 张晓萍. 关于提高本科毕业论文选题质量的思考——以本科外语专业为例[J]. 专业教学研究，2015 (7): 131-133.

[13] 李宁，熊晓莉，宋应华，杨海林，魏星跃. 本科毕业论文现状调查与分析[J]. 重庆工商大学学报(自然科学版)，2014 (1): 103-106.

[14] 杨辉. 经济管理类本科生毕业论文质量影响因素及改进路径分析[J]. 黑龙江畜牧兽医(科技版),，2014(12): 217-220.

[15] 孙丽莉. 对本科生学位论文存在问题的分析与思考[J]. 和田师范专科学校学报，2005 (4).

[16] 路永照. 高校毕业论文质量提高的系统研究[J]. 吉林省经济管理干部学院学报，2017(12): 78-81.

[17] 罗晖. 影响学位论文质量的管理因素分析与对策[J]. 宁波大学学报(教育科学版)，2016 (6).

[18] 田杰. 提升本科生学位论文质量的对策建议[J]. 才智，2014(14).

[19] 张博源. 学位论文质量现状及对本科生研究能力培养的启示——以某高校 118 篇卫生法学毕业论文为素材[J]. 中国卫生法制，2016 (05).

[20] 江诚. 应用型本科院校毕业论文(设计)存在的问题探析[J]. 安徽工业大学学报(社会科学版)，2014 (1): 122-123.

本科管理会计教学观念的转变探讨

潘龙萍

一、大学管理会计教学改革必须转变教学观念

随着互联网经济的不断深入，资本市场的不断发展，企业竞争的日趋激烈，管理会计越来越受到人们的重视。在对管理会计专业学生的需求调查表明：一方面随着管理会计作为企业管理中心地位的确立，社会对管理会计专业人才需求量加大；另一方面随着管理会计所具有的综合性特点的被认可，社会对管理会计人才知识结构的需求是多样化、全方位和立体式的；同时随着世界经济一体化进程的加快和信息时代的到来，社会对管理会计人才的需求，不仅表现为对其专业知识和专业能力的需求，也体现为对其外语、数学、计算机等技能和实践能力的需求；而随着知识经济是人才经济、智能经济、创新经济等观念的建立，社会更需要具有创新思维和创新能力的应变型管理会计人才。因此，社会主义市场经济的发展和管理会计改革的不断深化，使得管理会计的用人标准发生了深刻的变化，对管理会计人才的素质和能力要求也日益增加。作为培养高级管理会计专门人才的大学管理会计教育，只有改革传统的教学模式，加强对学生全面素质和创新能力的训练，才能培养出符合社会发展和时代要求的高级管理会计专门人才。

为了培养管理会计学生的综合素质和综合能力，目前大多数高校都在管理会计教育、教学改革中进行了很多有益的探索，并取得了不少良好的经验。但由于长期受传统教育思想的影响，大学管理会计教学至今仍存在着许多陈规陋习，主要表现在以下几方面。

（1）在教学质量评价上，采用传统评价体系，认为只要给学生的知识愈多、愈深，以考试成绩的高低作为衡量标准，考试成绩愈好，学生的质量就越高。

（2）在教学内容上，重政策，轻学术；重实践，轻理论；强调传统与现实，忽视发展与创新。

（3）在教学方法上，仍然采取满堂灌的做法，整堂课教师讲个不休，学生记个不停，学生思维闭塞，处在被动学习的状态。

（4）在课程设置上，主次不清，内容重叠，往往通过强调提高质量就拼命增加课程和学时，加重学生的负担。

（5）在教学形式上，重视课堂教学，轻视课外活动，将课堂讲授视为唯一的教学形式。

（6）在考核方法上，采用单一的闭卷考试，命题多以课本知识为主，回避应用能力的考核，一些学生靠几个晚上死记硬背就能获得好成绩。

（7）在对学生的评价上，只要遵守纪律、完成习题、考试分数高就是好学生。

上述情况暴露了教育思想上的两大弊端：一是重教轻学，片面强调以教师为中心，以课堂为中心，以书本为中心，忽视学生的主体地位；二是重知识，轻能力，把传授知识视为教学的唯一目的，把灌注视为教学的唯一手段，把记忆当作接受知识的唯一途径。这些教育思想以及由此而产生的注入式、满堂灌的教学方法，不仅不利于调动学生的学习积极性和主动性，更不利于培养学生的开拓精神和创造能力。

二、我国大学管理会计教学新观念建立应把握的几个方面

1. 树立传授知识与培养能力相结合的教学观念

知识与能力是互相依存、互相制约、相互促进、相互转化的有机整体。知识是能力的基础，离开知识便谈不上能力。但知识并不等于能力，知识多未必能力强。知识，只有加上运用知识的智慧和才能，通过实践方能转化为能力，离开思维的知识只能成为一种僵化的东西。同时，现代科学技术的迅猛发展，使得大学管理会计教学也不可能把滚滚而来的新知识全部传授给学生。近年来，我国管理会计改革不断拓展和深化，管理会计发展十分迅速，因此大学管理会计教学应在传授知识的同时，着重开发学生智力，培养学生能力，使学生形成良好的智能结构。这种对培养能力的要求，要同传授知识的要求一样纳入教学计划，写进教学大纲，安排在教学全过程之中，并使之系统化、科学化、制度化。

2. 树立教师的主导作用与学生的主体地位相兼顾的教学观念

教与学是一种双边活动。在这个活动中，教师的主导作用与学生的主体地位都不可忽视。离开学生的主体地位，教师的主导作用就变成了以教师为

中心；离开教师的主导作用，学生的主体地位就变成了以学生为中心。只有把两者有机地结合起来，发挥其共振效应，才能使教学达到最佳效果。

教师的主导作用，应着眼于引导，当好“导演”，而不是“主演”。教师要运用有效的教学方法，培养学生的思维能力，充分调动学生的主动性、积极性和创造性，以实现“教，是为了不需要教”的目的。学生作为“学习的主人”，在学习中要充分发挥主观能动性，在学习知识的同时，要学会独立思考、自我探索、自我提高，以达到离开教师能够独立研究、创造性劳动的目的。总之，正如苏联著名教育家巴班斯基所说：“当师生的积极性水乳交融的时候，就为获得事半功倍的效果创造了条件，实现了教学最优化”。

3. 树立充分发挥学生主观能动性的启发式教学观

课堂应该是教师和学生共同研究问题的场所，那种满堂灌、填鸭式的教学方法，既不利于发挥学生学习的主动性和积极性，更不利于培养学生的创造思维。课堂教学应该坚持“少而精、启发式”“学为主、教为导”的原则，注重启发学生思维，增强学生的参与意识，充分调动学生的学习积极性、主动性和创造性。具体可以采用以下方法。

第一，训练学生思维的聚焦性。着重阐述重点、难点和疑点，对于学生能够看懂的一般内容，有的可以简单地加以概括，有的则可以让学生自学。

第二，训练学生思维的全方位性。即不按教材顺序，而是从重点、难点和关键问题入手，通过逻辑推理、层层分析，反向地向学生阐述有关理论和方法。将逆向教学法与顺向教学法相结合，不仅可以活跃学生思维，培养学生多向思维能力，还可以加深记忆，增强学生逻辑推理能力。

第三，训练学生思维的创造性。采用提出疑问的方法，提出疑问的方法可以有两种：一种是教师通过提出问题引导学生去思考；另一种是启发学生在学习中自己提出问题，并寻求解决问题的答案。要鼓励学生敢于提出不同见解，敢于向权威挑战，这样才能发展学生的求异思维，培养学生的创新能力。

第四，训练学生思维的转变性，让学生掌握知识的规律，学会在已有知识的基础上去探索新知识。

4. 树立理论与实务并重的教学观

不少人认为，管理会计学是一门应用性科学，因而管理会计教学的目的应落脚于“实用”二字，培养“实用型管理会计人才”。这种观点导致不少管理会计专业教师在教学中重实务、轻理论，片面强调对学生进行方法技能和动手能力的训练，而忽视对学生进行理论研究和思维能力的培养。不可否认，动手能力的培养在管理会计教学中占有相当重要的地位，但若因此将管理会计教学蜕变为纯粹方法技能的介绍，就会使学生对管理会计的认识停留于感性阶段，大学管理会计教学也就因此而变成一般业务人员的训练，而非出于培养高级管理会计人才的考虑。管理会计教育的特点是理论与实践性都非常强的学科，目前高校是越来越注重理论教学，对学生的实践活动放任自流，达不到书本知识与市场、信息、企业单位生产活动的有机结合。理论和实践脱离，导致学生处理实际会计问题的能力薄弱，充分反映出其综合能力和素质较差，这对我国管理会计教育的转向提出了迫切要求。我国管理会计教育必须向提高学生综合能力的方向转变，否则我国管理会计工作的开拓提高就会变成一句空话。只有树立理论与实务并重的教学观念，在进行实务教学的同时，重视和加强理论介绍与研究，提高学生的理论水平，才能培养出高质量的管理会计人才，从而推动我国管理会计事业的发展。

5. 树立全面发展的教学观

加强素质教育是大学管理会计教学改革的一个重要方面，是培养德智体全面发展的、适应社会发展要求的管理会计人才的客观要求。大学管理会计教学必须重视和加强素质教育，坚持知识、能力和素质教育的辩证统一与协调发展，在传授知识和培养能力的同时，全面提高学生的思想道德、科学文化、业务、身体和心理素质，促进学生的全面发展。

6. 树立以培养创造能力为核心的教学观

管理会计专业高素质创新人才在专业素质上的特点体现在三个方面：其一，具有雄厚扎实的学科基础知识和较强的专业造诣；其二，具有不断进行专业研究、专业应用、专业开拓的兴趣和能力，创新的动机和需要促使他们不断地进行专业研究；其三，专业管理能力、专业融合能力和专业自学能力较强。在培养学生的创新能力时应注意以下两个方面：

第一，发展个性原则。每个人都有自己独立的特性，这就是个性。只有尊重学生的个性，才能促进学生在各个方面协调发展，创新精神才有良好的主体承担者。教学中应对学生有充分了解，因材施教，使教学活动有明确的针对性；应采用个性化的教学方法，在学生学好基础知识的基础上提倡和鼓励学生深入思考；在评价学生时，应根据学生的特长，着眼于学生创新精神和能力的培养与开发。

第二，及时反馈原则。首先，教师应尽早了解教学的效果，减少下一步教学的盲目性，又可使学生及时了解自己努力的结果，增加进一步学习的信心和动力；其次，教师应善于接受反馈的信息，在表明的和内在的、可靠的和不可靠的、真实的和虚假的信息中，要善于选择和提炼；再次，要求教师

注意根据学生不断变化的情况进行调节，以提高创新教学的效果

参考文献

[1] 詹学刚,赵天明. 基于企业转变发展方式视角的管理会计教学改革探析[J]. 中外企业家, 2016 (5).

[2] 许喏. 新形势下推进管理会计课程改革的探讨[J]. 商场现代化，2015 (13).

[3] 计方，沈荃. 创新创业教育理念在管理会计教学改革中应用探讨[J]. 时代教育，2016(1).

“互联网+”对会计人才需求与会计教学改革

姜永德

一、“互联网+”与信息化时代

自2012年以来，一种被称为慕课（MOOCs）的大规模开放式网络课程席卷全球高等教育领域，在中国，由网易推出的网易云课堂与慕课（MOOCs）对接，在其平台上不仅可以看到国外一流大学的课程，还有国内知名高校的在线课程。慕课（MOOCs）并不是单纯的播放教学视频，还包括课堂讨论、作业、考试等一系列与高等学校教学过程相仿的组成。只不过，授课的地点从教室转换到互联网上。慕课（MOOCs）是互联网+教育的一个现实应用。

“互联网＋”是把互联网的创新成果与经济社会各领域深度融合，推动技术进步、效率提升和组织变革，提升实体经济创新力和生产力，形成更广泛的以互联网为基础设施和创新要素的经济社会发展新形态，是信息技术的一次伟大创造。在全球新一轮科技革命和产业变革中，互联网与各领域的融合发展具有广阔前景和无限潜力，已成为不可阻挡的时代潮流。因此，我们把“互联网+”“信息技术的应用称为信息化时代。2015年7月4日，国务院印发《国务院关于积极推进“互联网+”行动的指导意见》，意见对“互联网+”的未来发展方向和重点行业提出了明确的指导，其中包括“探索新型教育服务供给方式”。鼓励学校利用数字教育资源及教育服务平台，逐步探索网络化教育新模式，扩大优质教育资源覆盖面，促进教育公平。鼓励学校通过与互联网企业合作等方式，对接线上线下教育资源，探索提供基础教育、职业教育等教育公共服务的新方式；推广大规模在线开放课程等网络学习模式，加快推动高等教育服务模式的变革。由此可见，当信息技术的进步为教育的未来带来无限种可能的时候，高校的教学模式必然也要顺应时代的发展，做出改变并进行彻底的改革。

二、“互联网+”对会计人才的需求分析

随着信息技术的高速发展，会计行业从业模式也在快速发生变化，社会对会计人才的需要及其素质需求也在迅速地发生变化。总的来讲，信息化时代的到来，“互联网+”的迅猛发展，给会计行业和会计人员主要带来以下影响。

1. “互联网+”改变了会计人才的资源配置

一方面，传统会计人才需求逐渐减少。在“互联网+”时代，随着“会计机器人”“财务共享服务”等会计工作模式的出现，会计人员可在一个开放的会计网络平台处理各项会计事项，实现全流程的会计服务，打破地域区域的限制，解放了大量重复的基础数据处理工作。也就是说，从最初原始凭证的传递到记账凭证的填制到财务报表的形成都可以通过网络或者相应的平台来完成，解决了目前会计信息化过程中原始凭证传递的不及时，更好地体现会计信息质量特征要求的及时性，从而也大大地提高了会计信息处理的效率，因而传统的会计人才的需要将会逐渐减少。另一方面，新型会计人才需求将增加。随着“互联网+”的到来，各种新兴的交易方式也在不停地诞生，比如电子商务的迅速发展和电子商务企业的快速扩张。随着国家对这些交易的规范，那么也需要更多的新型的适应社会发展的从业人员。同时，随着“互联网+”的迅速发展及会计国际化、财务共享服务等逐渐推广和深入发展，会计从业人员可以打破了地域限制、企业限制，很可能在家里就能为全国各地其他地区的企业服务，乃至为世界其他国家的企业服务。从这个角度来看，今后会计从业人员的就业机会更多、就业面更广。因此，从发展的趋势看，对新型会计人才的需求将大大增加。

2. “互联网+”会改变会计人才的专业能力配置

一方面，“互联网+”时代将对信息技术处理能力要求提高，会计人员不仅仅是要熟练基本的计算机操作，还要了解信息技术常见的问题和处理技巧，能熟练应付不同的信息技术问题。毕竟，在一个开放的网络，如果平台不够稳定，很可能导致所有数据丢失或损坏，产生较大信息风险。另一方面，需要能将信息技术和会计专业知识良好融合，如果不能把信息技术和会计专业知识完美融合，设计出来的平台肯定是有漏洞的，而“互联网+”会计依赖的核心就是处理平台。因此，平台的设计和不断进步需要更多的会计人才为之服务。

因此，要满足“互联网+”环境下对会计人才需求的这种变化，就必须加快改革传统的教学教育模式，革新传统的课程体系，转变传统的教学理念，才能培养出符合信息化时代要求的会计人才。

三、传统的会计教学模式

自我国高等学校设置会计学科以来，会计教学一直沿用理论与实践相结合的教学模式。近十年来，传统的会计教学模式表现有以下特点及缺点。

1. 理论教学所占比重较大

在目前各高校会计专业的教学安排中，都是以讲解传授会计的理论性知识为主。学生在结束前三年各门会计专业课的理论学习之后，在第四年才会进行实训操作的训练。会计实训通常安排在会计实验室进行，这样安排的初衷是考虑学生掌握了会计相关理论知识后，在毕业、就业前统一进行会计实训。此外，实验室资源有限，因此只能安排即将毕业的大四学生进行实训。但现实状况是，会计实训的安排时点有滞后性，理论和实践没有有效地结合，且大四学生对会计实训的重视程度也不够。会计专业的理论体系较为抽象，单纯课堂上的讲授并不能让学生完全理解并体会会计处理问题的实质，又没有及时地将实践与理论结合，在实际操作中不能很好地处理具体的会计实务，使得会计实训不能发挥预期的效果。

2. 课堂环节以教师讲授为主

在会计学专业的课堂上，几乎都呈现出老师讲、学生一边听一边记笔记这一传统的教学模式，教师的主要任务是将教材中的知识点对学生进行讲解，学生则是被动、全盘接受教师的讲课。学生面对相对固定的知识量，教师会引导学生对这些固定的知识进行深入挖掘和思考，并反复练习。当学生遇到问题时，教师会鼓励学生去思考，思考的过程中会发现新的问题。这种传统的教与学的方式虽然能够在一定程度上鼓励学生勤于思考，但仍不能充分激发学生探索新知识、独立思考、主动提问、独立解决问题的热情，学生过分依赖教师，学习的兴趣和效率也就大打折扣。尽管教师会通过案例教学、小组讨论等方式调动学生的积极性，但成效并不显著。许多同学仍是被动的参与其中，无法做到主动学习、主动获取知识，这也是国内高等教育普遍存在的、亟待改革的一个重大问题。

四、“互联网+”与会计教学改革的机遇

由于互联网具有扁平化、去中心化、自组织等特征，意味着互联网与各个传统行业有机结合时，会在社会经济的各领域引发生产要素、生产方式及生产关系的解构与重构，创造出新的组织形态和组织方式。当互联网与高等

学校的会计教育相结合时，会为后者赋予新的生命与形态。互联网对会计教学的改变主要体现在以下几个方面。

1. 教学内容的创新

互联网的特点之一就是将海量的信息与资源进行便捷的交换。当把互联网引入高校教学中时，日常的教学内容会得到极大的丰富，这是“互联网+教育”的资源基础与核心竞争力所在。利用新一代互联网技术可以打破不同地域、校际的隔阂，深度整合现有会计教学内容和在线课程资源，形成课程互选和学习成果互认的可行模式。未来的“互联网+会计教学内容”将重在探索以课程设计为核心，集成并整合各类优质教育教学资源，不同高校的学生可以从最优质的教育资源中自主选择相关课程，以提高学生学习的主动性和积极性。此外，结合会计专业的特点，将会计实训纳入日常的课程体系，不再局限于实验室中，借助计算机模拟企业的经营流程与核算以及考核评价流程，学生可借助会计信息化手段进行模拟操作，体验会计的日常工作，将理论与实践紧密结合。

2. 教学方式的创新

在“互联网+”的环境下，教与学的方式将发生本质的改变。教师的教学、课堂讨论、答疑等都可以从教室转移到互联网上。学生使用移动网络学习，这不仅会强化学生的主观能动性，还能充分调动学生的积极性和趣味性。除了一开始提到的慕课（MOOCs），在美国兴起的“翻转课堂”（flipped class）也是一种颠覆式的教学模式。在翻转课堂上，学习内容的决定权在学生手中，教师不再占用课堂的时间来讲授信息，这些信息需要学生在课后完成自主学习，他们可以看视频讲座、听播客、阅读功能增强的电子书，还能在网络上与别的同学讨论，能在任何时候去查阅需要的资料；教师也能有更多的时间与每个人交流。在课后，学生自主规划学习内容、学习节奏、学习风格和呈现知识的方式，教师则采用讲授法和协作法来满足学生的需要和促成他们的个性化学习，其目标是为了让学生通过实践获得更真实的知识，使之变被动为主动时学习就不再是机械而枯燥的了。

3. 教学评价的创新

在以往的教学中，对会计学科教学的评价与其他专业一样，通常是采取网上互评的方式。在互联网上，学生可以对教师的教学活动进行评价，教师也可以对学生在课堂上的整体表现做出评价，并根据学生反馈的问题和信息，及时调整教学的方式与思路，通过这种方式达到教学相长的目的，起到加深师生之间沟通、增强互动的作用。当互联网的大数据、云计算等技术不断成熟时，可以为会计教学的评价带来更深刻的变化，即丰富评价依据。“互联网+”很大程度上能够克服传统教育中难以收集评价依据和评价信息单一化、片段化的问题，可以全过程、全方位采集教育数据，加之“互联网+”时代教学内容的丰富，除了以考试成绩作为评价学生的主要方式以外，对学生在课堂上的积极性、独立分析问题和解决问题的能力以及实践能力可以进行采集和量化，从而建立更为科学、系统、综合的评价体系。另一方面，评价的内涵和功能得到拓展。通过互联网平台，不仅师生可以互评，学校和教育部门借助数据可以分析、评价教学质量与教学成果，家长也可以通过数据及时了解学生的学习情况和学校的教育质量乃至教育过程。

五、“互联网+”对会计人才需求的会计教学改革建议

1. 转变和创新教学理念

要建立适宜“互联网+”环境下会计人才需求状况的会计教育体制，首先要做的是转变和创新教学理念，亦即改革传统教育模式，将信息化理念融入会计教学全过程。教学理念是教学行动的方向，要推动会计信息化技术及网络技术的发展，高校要创新教学理念，将信息化教学理念融入教学的全过程。一是高校教师在教学中要树立会计信息化意识，合理地将信息化技术与会计专业课程知识相结合，以此寻求学生学习的兴趣点，激发学生自主学习的积极性，提高教学质量；二是在会计专业教学中，信息技术不仅要应用到理论教学中，更要应用到实践教学中，需要教师根据具体的教学需求，从提升学生的会计信息素养入手，合理地应用信息化技术。

2. 构建与会计职业能力素质要求相适合的会计教学内容体系

“互联网+”环境下，对会计人才的要求主要是要熟练掌握信息技术，将信息技术融入会计的业务处理中。因此，这一环境下会计的职业能力将由传统的数据处理技术转变为现代数据处理技术。会计教学改革将以会计信息处理能力为导向，扎扎实实地提高学生的实践能力。因此，在教学改革中，要结合新形势的要求编写和选择适合“互联网+”条件下与会计工作岗位相适应的教材，或与企业共同开发、设计信息化条件下会计专业课程教材，保证教学内容符合岗位职业要求。另一方面，会计教学内容要融入实践性知识，强调会计实践性方面的知识点，以此培养学生的实践能力。

3. 与互联网企业合作开发互动式产品

寻求与互联网企业的合作，共同开发适用于高校会计教学的互动体验式产品，将企业的经营过程进行模拟，借助会计信息化手段，使学生在学校便能体验会计工作的实际场景。此外，可以增加互动的方式，让学生更主动地参与到学习中来，这也对教师提出了很高的要求，需要高校在政策方面给予支持和倾斜，创新师资队伍的保障机制与激励机制。同时，还可以通过互联网能够提取用户使用习惯的大数据进行智能分析的特点，向用户输送能够满足其兴趣、爱好、需求等方面的内容，即用户体验。对于会计教学来说，就是要以学生的需求为导向、以学生的体验为核心，通过各类“互联网+会计教育”产品的设计和生产，将学习过程变为更简单、更便捷、更有趣的活动。

4. 推出优质的网络课程

在“互联网+”背景下，学生可以自主选择在线课程学习，教师的职能也在转变。因此，一方面要将优质的会计教学资源转化为网络资源；另一方面，要将各类资源进行整合，加强校际合作，避免重复开课，浪费资源，实现优质资源共享。互联网将重新定义学生、教师、高校的定义，模糊高校的边界，重塑高校与企业之间的关系。此外，还需要建立大量虚拟仿真模拟系统，使学生能在在校期间就接触到和实际工作场景相同的工作环境。

5. 拓宽会计教学途径，大力开展远程教育

计算机技术在会计教学中的应用提高了远程教学的发展应用，为高校会计教学创建了新的途径。高校要立足于当前会计教学的现状，不断拓宽教学途径，改变以往单一的课堂教学模式，鼓励实践教学，并充分发挥网络技术的优势，开展远程教学。通过网络实现学生学习的自由化、空间化，例如学生可以根据自己的时间自主地选择相应的学习时间，这样一来大大提高了学生的学习兴趣。根据调查，高校在开设远程教学之后，学生的学习积极性得到了提高，学习质量也得到很大的提升。

6. 加大“MOOCs”“翻转课堂”等新的教学方式的应用

“MOOCs”是近年来迅速兴起的一种大规模公开在线课程，其特点是课程设计更加精巧、课堂教学反馈更加及时有效，同时构建了个性化交互平台，实现了师生间有效的教学互动。“MOOCs”教学方式的应用更能激发学生学习的主动性以及对现实问题思考的积极性，这种教学方式对计算机网络技术的要求更加严格，作为高校教师在这方面更应该提高相应知识的专业素养，只有这样才能更有效地帮助学生提高专业素质能力。

7. 提升会计专业教师的信息化素养，提高教师队伍质量

首先，学校要加强对高校会计专业教师的培训力度，通过定期与不定期组织教师参加信息化培训，学习国家最新的会计信息化知识的技能，从而在教学中引导学生形成良好的会计信息化思维。其次，高校要深化校企合作，通过校企合作平台为教师提供专业提升的途径。校企合作为教师的业务提升拓宽了途径，高校教师通过到合作企业锻炼，可以了解一线会计工作的环境，进而感受当前会计工作的新要求，从而有助于提高个人的实践能力。

8. 改革会计教学评价方式

信息化教学促进了会计专业教学评价方式的多元化，基于会计信息化教学要求，高校也要构建适应信息技术的评价模式。首先，高校要改变以往的以理论知识为主的量化评价标准，采取权重与量化相结合的评价方式，侧重对学生会计实践能力与会计思维的考核；其次，将学生的平时表现纳入教学评价中，侧重对学生学习表现、学习兴趣以及学习思维能力等方面的考核方式。重视学习任务的绩效考查与质量监控，把最能反映学习结果或技能的积累性成果作为评价的依据，结合考试结果综合判断学生的学习质量和学习目标达成度。

总之，基于互联网技术的不断发展，社会对会计人才的需求发生了变化，高校会计专业教学模式必须及时根据形势发展变化的需要做出改变，改革传统会计教学方式，构建“互联网+”教育教学模式，这样才能为社会培养具有高素质的信息技术应用型会计专业人才。

参考文献

[1] 荆全忠，邢鹏. 互联网+背景下高校教学模式创新研究[J]. 教育探索, 2015(09).

[2] 梅建安. “互联网+”环境下的高职会计专业实训教改分析[J]. 现代经济信息, 2016(09).

[3] 余建波. 在线教育：迎来互为师生的时代[N]. 中国教育报, 2013(03).

[4] 秦荣生. “互联网+”时代会计行业的发展趋势[J]. 中国注册会计师, 2015(12).

[5] 万秋梦. “互联网+”从理念到行动[J]. 中国总会计师, 2015(08).

[6] 罗行，张晓美，谢于萱. 会计人才能力需求下的会计教育理念创新问题探究[J]. 商, 2016(29): 156.

[7] 陈蒙梦. 职业化教育背景下高等院校会计教学模式创新研究[J]. 中国管理信息化, 2016(8).

[8] 潘中建. 会计信息化实践教学模式构建与保障体系研究[J]. 科技视界, 2016(15).
[9] 丁江贤. 高校本科会计学专业实践教学改革探讨[J]. 财会通讯, 2011(01).
[10] 郭晓慧. 信息化背景下会计专业教学改革的新思路[J]. 现代经济信息, 2018(9).
[11] 纪海荣, 潘安琪. 信息化背景下会计专业教学改革的新思路[J]. 知识经济, 2016(11).
[12] 李双双. “互联网+”时代会计人才需求与会计教学改革的影响[J]. 财经界(学术版), 2017(4).
[13] 金韵韵. “互联网+”环境下高校会计教学改革[J]. 当代会计，2017(3).
[14] 宁丽熙. 互联网环境下高校会计教学改革[J]. 中国国际财经(中英文)，2018(4).
[15] 牛耘. “互联网+”背景下高校会计教学改革探析[J]. 经贸实践，2017(12).
[16] 姜永德. 新形势下我国大学会计教育改革的思考[M]. 北京: 经济科学出版社, 2018.

信息化背景下的会计本科教育改革探究

周轶强

信息技术的创新与迅速发展促使会计理论和实务发生了巨大变化。财务会计人员的工作重心由会计核算转为内部控制、财务分析和风险管理等管理领域。外部环境变化对会计人才职业知识和能力素质提出了更高要求。会计人才除了具备会计知识、管理知识外，还必须具备计算机操作技能、管理信息系统设计和维护的能力，以及使用信息系统进行会计分析、预测、决策的能力。高校本科会计教育作为培养会计人才的主力军，应以职业需求为基础对人才培养模式进行改革，这是新环境背景下培养合格会计人才的关键。

一、对会计人员技能的要求

国外有学者认为会计从业人员需要具备知识和能力两方面基本素质，其中知识包括会计、审计、管理、经济等学科知识；职业能力分为技术技能和非技术技能，技术技能即为会计核算技能，非技术技能主要包括沟通能力、团队合作能力和自我管理等能力。需求方认为有效地获取和利用会计信息是一项重要的职业能力，并且期望会计专业毕业生能够掌握沟通能力、解决现实问题能力、使用计算机和互联网的能力等更多技能。会计从业人员应该具备包括计算机及网络应用能力、科技应用能力、管理软件操作能力、表达与沟通能力在内的综合能力。

针对不同层次的会计人才，企业对其应具备的基本知识和能力要求差异较大。知识要素方面，初级会计人才应具备日常业务的会计核算、税务知识，中级会计人才在初级层次基础上还需掌握会计核算与内部控制、财务管理、审计等知识，高级会计人才在中级层次的基础上还需掌握风险管理、公司治理、决策支持、购并重组等知识。能力要素方面，初级会计人才应能够胜任财务管理的一般工作和纳税筹划工作，即熟练进行信息搜集和加工、办公软件操作、会计核算、税务处理；中高级会计人才从财务管理角度参与企业经营管理决策，所以企业更看重其财务分析与预测能力、内部控制能力、领导能力、决策能力、战略规划等能力。注册会计师应当具备五类职业技能，即智力技能、会计技术和运用技能、个人技能、人际沟通技能以及组织和企业管理技能。

会计人才能力要素划分为专业能力、方法能力和社会能力。①专业能力是运用所掌握的专业知识快速、有效完成本职工作的能力，是区分初级、中级、高级类型人才的主要标志。初级会计人才必须能够熟练使用信息化设备、网络工具、管理软件，熟悉本职工作的业务流程；中级会计人才必须熟悉企业整体业务流程，善于用业务数据制作各种动态信息；高级会计人才应当善于利用企业管理信息系统的信息查询和决策支持等功能快速做出科学合理的决策。②方法能力表现为获取新知识、新技能、创造性开展会计工作的能力，保持自身竞争优势。③社会能力主要包括表达沟通能力、应变能力、团队合作能力、决策分析能力以及组织能力等。

会计职业能力又可分为职业胜任能力、胜任素质和胜任技能，企业对财会人员职业胜任能力的要求是其应当具备审计理论、战略管理理论、财务软件操作能力及风险控制能力；职业胜任素质为爱岗敬业、团队精神和诚实守信；职业胜任技能为沟通能力、决策能力和项目管理能力。

二、信息化时代下传统会计教育存在的问题

1. 传统会计教育过度强调毕业生的专业核算能力，对通用能力培养不足

会计专业课程设置往往都是依据会计专业教师的需求而不是行业需求，导致会计学课程设置过于狭窄，而且部分知识不能及时跟进时代变化；会计课程考核方式以记忆为主，缺乏对能力素质的考核。调查研究发现，利益相关者对会计专业毕业生最不满意的地方就是沟通和解决问题能力较差，与此同时学生们也逐渐意识到非技术技能的重要性。

2. 传统会计教学不重视使用信息技术

在授课过程中很多教师依赖教科书，并且讲授占据了绝大部分时间，不仅无法实现理论知识的有效传授，更缺乏对学生综合能力培养的意识。信息技术在会计实务和学术界的应用增加了会计教育行业跟上会计职业需求和实践环境变化的难度，但也为会计教育工作者提供了各种有效工具，如 XBRL 在财务管理课程中的应用、概念图在英国大学财务会计理论课程中的应用、问题融入会计教育方法和高仿真的特色实践实训课程。使用具有潜在影响的视频片段可以吸引学生的注意力，增加学习乐趣和创造难忘的视觉图像，提

高学习效率和效果。实证研究发现大多数学生对使用多媒体、电影等进行会计教学保持积极看法，认为这些创新性教学方法可以提高他们对会计理论的理解。虚拟办公平台（VOH）可以增加学生接触课堂以外学习环境的机会，可以更好地反映实践环境的需求。VOH 利用信息技术创造了正常和预期的课程学习环境，有助于审计和中级会计课程中学生和老师进行沟通，该过程中学生可以根据实践设置与客户和同事进行交流。总之，信息技术与教育的融合推动教学方法等方面进行创新，有助于提高学生团队协作能力、提出问题以及分析问题和解决问题的能力。现代应用型会计教学目标是在培养会计人才专业能力的同时注重学生学习能力、批判能力、系统思维和创新理念的培养，既强调会计知识及经济管理等课程的教授，又重视会计核算能力、会计信息系统和企业管理软件操作、会计制度设计等综合能力的培养。

三、信息化对会计本科教育的挑战

信息化的快速发展改变了会计人才市场对会计人员素质的要求，高校本科会计专业教育作为会计人才培养的主要方式，面临着巨大的机遇和挑战。会计教育应当既强调教学实践又注重理论讲授，注重在理论教学中解决会计专业能力训练问题，让知识传授与技能训练形成良性互动与互补。信息化环境下要破解我国高校本科会计教育发展难题，就应当充分发挥现代信息技术优势，广泛吸收技术领域的最新研究成果，促使信息技术与本科会计教育的全面深度融合，以信息化开展本科会计教育理念和教育模式的改革创新。同时，本科会计教育应当以企业实际需求为出发，培养高素质会计专业人才。

在信息技术广泛应用的背景下，核算型会计人才已不能满足企业用人需求，非核算能力越来越受到企业的重视，企业需要高素质、管理型的会计人才。信息化背景下会计人才需要既具备财会知识和经济、管理知识，又具备信息收集和分析能力、沟通能力、合作能力、创新能力、获取新知识能力以及对信息的反应和驾驭等综合能力，可以灵活地使用计算机解决财会业务并为管理层决策提供实时有效的信息。信息化的快速发展使企业对会计人才能力需求呈现一个动态的过程。高等院校要结合这一背景，着眼于为会计专业学生提供终生发展的基础，使其为能够更好地适应职业要求做准备。会计学专业培养目标应围绕打好基础、培养创新、提高能力这个中心任务，积极创造硬件和软件条件，以培养满足社会需求的高素质应用型人才。

四、信息化背景下提高会计本科教育水平的措施

1. 重新制定合理的教学目标

高校本科会计教学目标应定位于培养具有扎实的现代会计理论知识、熟练掌握现代信息技术手段、具有终身学习能力与创新能力等综合能力的复合应用型会计人才。复合应用型会计人才的培养要求在教学上理论与能力并重。在知识要素上要求会计专业学生掌握管理学、战略管理等管理方面的知识；掌握经济学、统计学、金融学、经济法等学科基础知识；掌握基础会计学、管理会计、财务管理、审计学、内部控制与风险管理、财务分析、成本会计等专业知识；掌握计算机软、硬件技术的基本方法知识，具有利用网络工具与方法的理论基础。在能力要素上要求会计专业学生掌握会计核算能力、合作能力、分析能力、职业判断能力、获取知识的能力、表达能力、创新能力以及软件设计与维护能力。同时，高校应当与需求方和会计专业毕业生建立信息沟通渠道，获得会计专业毕业生在各类组织中的职业表现和成长轨迹的相关信息、综合能力结构评价与需求，并可结合地区经济发展特色，对会计教学目标进行及时、合理地调整。

2. 合理构建课程体系

信息化环境下的会计人员在具备核算能力的基础上，更应当培养信息获取能力、职业判断能力、决策分析能力、团队合作能力、获取新知识能力以及沟通交流能力等非核算能力；掌握扎实的专业知识和经济管理知识，促进信息技术与专业课程的融合，构建合理的会计课程体系，提高教学质量与效率。在课程内容上做到理论知识讲授与能力训练的整合，在专业教育中嵌入非核算能力教育，同时增加信息化方面的课程。当前高校会计教学课程体系中开设会计信息化课程较少，缺乏对学生信息素养的培养，一般仅开设大学计算机基础知识、高级 Excel、管理信息系统和会计电算化，主要讲授计算机记账、报账等会计业务处理过程，对系统的设计原理介绍得少且学生对其也不重视，这就使得会计专业毕业生的知识结构、职业能力和综合素质与实际需求不匹配。通过开设会计信息技术综合、通用会计软件的操作与使用、XBRL 理论与应用、VBSE 会计模拟实训系统、Access 数据库、数据库应用系统开发、电子数据处理和开发、Excel 在会计中的应用等课程，使学生掌握计算机硬件、软件和计算机系统分析以及设计方面的基础知识，同时能够运用办公软件和信息化工具完成财务处理、分析以及系统的维护处理工作，培养会计专业学生借助信息技术完成会计工作的意识和能力，锻炼数据获取、整

理和分析能力，为企业管理者提供有效决策信息服务。

3. 重视学科基础课程

基础会计等学科以培养学生核算能力为目标，是会计教育必须实现的基本目标。同时，信息化环境下企业更加注重信息的价值和对风险的防范，内部控制、内部审计、风险与战略管理部门越来越受到重视。问卷调查结果也同样显示管理信息系统、风险与战略管理、内部控制是会计从业人员认为非常重要的知识，因此应当重视对会计专业学生上述学科基础知识的传授。同时，金融学、电子商务、市场营销等交叉学科可以作为选修课程，帮助学生掌握更多的知识背景，有助于高效、合理的职业判断能力的形成。同时，作为会计人才非核算能力培养重要途径的实践教学急需改变开设课程门数少、课时少、模式单一的现状。

高校会计专业本科教学中开放式教学方法探讨

薛正宽

会计是一门以企业经济业务活动为对象、从财务角度为企业决策服务的应用性很强的专业学科，它的主要内容是对企业经济业务活动进行核算、报告，通过财务管理与分析为解决经济业务活动中的各种问题提供决策支持。专业课程主要包括：财务会计学、管理会计学、财务管理学等，以及企业管理部分课程。高校在这些会计课程教学过程中，不仅要强调学生对理论基础知识的牢固掌握，也要强化学生对其他领域知识的学习，从而提高学生的整体综合财务素质。早在 2010 年颁布的《国家中长期教育改革和发展规划纲要（2010—2020 年）》中就指出：要求高校要创新人才培养模式，建立学校教育和实践锻炼相结合、国内培养和国际交流合作相衔接的开放式培养体系，探索并推行创新型教育方式方法，突出培养学生的科学精神、创造性思维和创新能力。目前，多数高校在会计教学中还是传统的讲授型教学模式，这已经失去了对学生的吸引力，还远远达不到国家的要求。因此，运用哪些方法、哪些手段才能达到国家要求的创新和开放式培养目标，值得我们深入探讨。

一、开放式教学界定

什么是开放式教学，没有一个明确的界定，普遍认识是以项目任务为载体，将知识寓于项目任务之中，在教学过程把关注人的发展作为首要目标，通过创造一个有利于学生生动活泼、自主学习的环境，给学生提供充分发挥与发展的空间，从而引导学生在积极主动的探索过程中，各方面素质得到全面发展。开放式教学不仅是一种教学方法、教学模式，它更是一种教学理念，其核心是教学以学生为主体，以促进学生的全面发展为根本。开放式教学，是以学生主动探索、在探索中发现并获取相关知识为目的。

如何理解教学中的开放，是开放式教学成功与否的关键。开放不等于放任，它的实质是打破僵化的教学制度，建立以学生为主体开放的动态教学体系。开放式教学过程通常遵循一定的流程，该流程包含的节点有创设问题情境、激发探究欲望、引导参与、初步感知问题、探究解决问题的方法、解决问题、总结归纳。开放式教学过程中，创设问题情境是基础。所创设的问题应与教学大纲要求相吻合，而且所选情境要源于生活和工作实际，与课程知识及技能目标相一致。

开放式教学，在教学题材的选取上，它不仅来自教材，也可以来自人们的社会生活实践；在教学方法上，采取灵活多样，如运用探索式、研究式的方法，引导学生主动探索、研究，获取知识；在例题或练习题的选取上，要体现开放性，培养学生的创造性思维；在师生关系上，它要求教师既作为指导者，更是参与者，既重视教师对学生的指导，也重视教师从学生的学习中总结归纳出共性的东西，经过研究得出更高层次的结论，用于新的教学实践。总之，开放式教学能给每个学生提供更多的参与机会，让每个学生在参与中学到课程大纲规定的相关知识和技能。

二、本科会计专业学生的素质要求

高校本科会计专业对培养方案、培养目标的描述，概括起来就是：通过教学，学生应获得以下几方面的知识和能力：掌握管理学、经济学、会计学的基本理论和基本知识；掌握会计学的定性、定量分析方法；具有较强的语言与文字表达、人际沟通、信息获取能力及分析和解决会计问题的基本能力；熟悉国内外与会计相关的方针、政策、法规和国际会计惯例；了解本学科的理论前沿和发展动态；掌握文献检索、资料查询的基本方法，具有一定的科学研究和实际工作能力。

三、高校会计专业教学存在的问题分析

自 2010 年国家出台《国家中长期教育改革和发展规划纲要（2010—2020 年）》以来，各高校都对学校本科教学进行了各种改革，取得了一些成果，有一些比较好的方法，但是还存在许多不足和需要完善的方面。2017 年教育部对有关高校进行了本科教学评估后，据有关专家反馈，本科会计专业在许多高校招生人数多、录取分数高，但师资缺口大，教学方法跟不上时代要求，一些学校的实际教学同会计专业培养目标还存在差距。通过评估，一些学校会计专业教学中暴露出了许多有关教学的问题。

1. 教学重理论教授，缺乏实际应用能力培养

多数学校本科会计教学只注重理论的教授传输，缺乏对会计实际问题的处理能力培养。教师在会计知识教学中，一般就教材有关内容进行复述性讲授，满堂灌。对于课程设计也多就教材是什么讲什么，能够举一些例子讲解有关问题，但例子也是一些浅显并与教材内容相符的例子，很少设计实际工作中的具体例子。学生也基本是老师讲什么就学什么，没有教师的引导，学生也无法扩展学习，所以自主学习积极性不高。由于理论教学的大部分内容都是不断地灌输理论知识，而实际进行的操作比较少，学生在面对业务处理时其应变能力就差。尤其本科会计专业，平时学习最多的是对于各种业务的分录编制以及财务决策的有关方法，但实际工作中显而易见的一点是只会这一点是完全无法在会计行业中生存的，重要的是要有处理实际业务的能力，在面对不同业务问题时能够以不变应万变，否则怎样利用实际工作中的有关数据进行决策也无从着手。

2. 教学内容无特色，学生无法拓展

本科会计教学中一个突出的特点是与具体情况紧密结合。在课堂教学中除了要讲授理论，还应该辩证的、客观的就有些知识点进行深入讲解，让学生知其然也要知其所以然。另外，随着科学技术的发展，财务会计处理方法也会随之变化，对于会计有关实际工作中的新的方法和处理，以及新的业务在教学中涉及很少，这也导致了教学与实际工作的脱节，导致学生学习死板、无法灵活应用有关知识。

3. 教学手段单一，没有利用新技术

在当今电子信息技术高速发展的时代，各行各业都会受其影响，会计教学也不例外。但是，就目前部分学校会计专业本科教学中还是仅仅通过课堂教授方式完成教学，学生也只能在课堂上学到有关知识，课后则很少涉及，全靠学生自觉。有关移动互联网在教育教学中运用非常之少，有的学校一些课程如精品课程会有相应互联网网页资料，供学生课后学习，但这些有用的资料非常少，多数都是为了应付检查评估用的。

4. 案例设计过于简单

近几年，案例教学在硕士研究生教育中应用较多，本科教育有的学校也在应用。但应用案例教学的学校，案例多半都过于简单，就单一的某个知识点举例方式，甚至就是例题。对于这些案例，学生很容易就从书本上找到正确答案，无法达到通过案例让学生对其有关理论与实际应用的联系，没有让

学生掌握怎样利用所学理论、从什么角度分析实际问题并做出有关决策。

四、会计专业本科教学中应用开放式的教学方法

1. 应用辩证教学法，让学生知其所以然

在会计专业本科教学中应特别注意应用辩证教学法，让学生知道有关方法的缘由、解决什么问题、实际工作中怎么样？比如，会计上的实质重于形式原则，我们就不能简单地向学生说明准则要我们看清楚业务的经济实质，不光是看其法律形式，而应该说清楚为什么会产生实质重于形式这个质量特征，会计上看清经济实质有的方法必然会导致与法律相违背，其后果会怎么样？再如，对于会计中合并会计报表问题，企业花很大成本来编制合并报表，但在实际工作中其作用究竟怎样值得深入探讨。所以，我们应该采取辩证的态度来介绍相关的理论及规则，以帮助学生全面认识现行的合并报表编报规则，破除对合并报表的迷信，从而把有限的精力投入到有效的管理活动之中去。因此，基于辩证分析理念，教师可以教得清清楚楚，学生可以学得明明白白。

2. 应用案例教学法，做好开放性案例的设计与研讨

在会计专业课教学中，运用案例教学法可以帮助学生积累实践知识，在案例教学的模式下，学生可以主动摸索、探索问题的处理措施，可以帮助学生开阔视野，提高学生处理实际问题的能力。会计教学中师生一起对同一案例进行探讨，发现会计教学的问题，还能有效解决问题，学生可以发挥主人翁思想，教师起到引导的作用，进而让学生主动地去发现、讨论并解决问题。在这种课堂模式下，学生不会像传统的教学模式下是被动地学习。

当然要达到案例教学的良好效果，这有待于案例的良好设计与研讨。首先，需要加强对会计案例的搜集，并提出问题。会计教师要按照会计专业的教学进度和教学要求，与学生自身的理解以及掌握情况进行结合，准确地搜集会计案例，要将所讲的理论融入案例中去。特别要注意，案例一定要设计成开放性案例，不是唯一答案，可以有多种选择。然后，引导学生进行全面分析，使学生可以主动地参与到案例讨论中，教师必须对学生有一个正确的引导，进而让学生在案例讨论中成为主角，尽可能地让所有人都参与到案例的讨论过程中。案例教学的突出特点是注重学生的主动性参与，还能增强学生学习积极性。

3. 创建开放式移动互联网在线学习平台

课堂教学固然重要，课后学习也同样重要。怎么做到课后有效的学习？

目前比较好的一种方式就是建立移动互联网在线学习平台。学生随时随地都能进入有关会计课程的学习，而且能够有效检测学习掌握情况。当然，这个学习平台需要有很强的开放性功能才能实现上述效果。所以，这个开放式移动互联网在线学习平台应该根据不同课程、不同教学模式、不同教育对象，设计辅助教学、混合式教学、全网络教学开放的多对象的多网络环境的交互式教与学支撑平台。该平台应以“课程教学”为核心，支持按照知识单元长期滚动建设课程，支持教学资源的组织、积累与共享，支持教学过程跟踪统计，教学过程与评价展示相结合。同时，满足学校课程资源建设和混合教学改革，支持教师开展多模式教学，支持 MOOCs/微视频课程学习单元式教学，支持自主学习、探究学习、合作学习等研究型教学等。

通过在线学习平台，教师增加了一个良好的施教环境，实现了充分的师生互动功能，极大地拓宽了课程教学空间，同样也会提升教学与学习效果。

4. 应用问题式、翻转课堂等教学模式

开放式教育能够提升学生主动学习、主动思考的能力，因此在会计专业本科教学中主要是教学模式的改变。叙述式讲学模式对多数学生的吸引力不够，那怎样才能增强学生的注意力、吸引学生学习，除了上述案例教学法、辩证教学法外，我们还可以应用问题式教学和翻转课堂等教学模式。

问题教学模式就是我们在对教材的知识点讲解时，以问题的形式呈现在学生的面前，让学生在寻求、探索解决问题的思维活动中，掌握知识、发展智力、培养技能，进而培养学生自己发现问题并解决问题的能力。在会计专业课程教学中，如我们对财务管理中各种决策方法就可以从要得到结果入手，提出问题，解决问题的途径有哪些，我们就可以把有关决策方法融入其中，说明其道理。所以，通过提出疑问、启发思考、边读边议、讨论交流、解决疑难、练习巩固，这样就能突出教学重点，教学内容也比较集中，也有助于激发学生的学习兴趣和培养他们的阅读分析能力。

对于会计专业有些课程内容则适合采用翻转课堂教学，教师将一部分精力转移到引导学生自主学习上，课前完成资源上传和任务发布，关注学习情况进行督促。教师在课堂上做提纲挈领式讲解，根据学生反馈的问题确定面授课教学目标，集中解决重点、难点问题，发动学生参与讨论和演示。还可以运用移动互联网技术，用“微助教”应用于“翻转课堂”，学生可以通过微信关注加入课堂，在手机上完成签到、答题、讨论等，参与课堂互动；同时学生的操作信息会同步反馈给教师，有利于教师掌握课堂，还能缓解学生上课玩手机的问题，将手机变成参与课堂互动的重要工具，人人参与，也便于

教师和学生评价课堂。

参考文献

[1] 姜坫淮. 微课程：开放教育教学模式改革的新途径[J]. 高教学刊, 2016(6): 143-145.

[2] 庄跃进. 浅析互联网背景下会计教学改革创新[J]. 中国乡镇企业会计, 2018(10): 286-287.

[3] 梁凤霞, 周汀竹, 王莹, 宁亮, 罗广钱, 温佳琪.《会计信息化》课程开放式教学模式研究[J]. 教育教学论坛, 2014(09): 209-210.

会计准则屡次修订背景下会计教学改革的探讨

袁利华

目前，各国的会计准则为了更加适合经济发展的需求，在不断地进行修订和完善，我国的会计准则也不例外。2006 年，新准则的颁布标志着我国会计准则在向国际会计准则趋同方面迈进了一大步。随后，我国于 2014 年和 2017 年又修订了部分会计准则，使得高校会计学专业的教师和学生都要不断更新知识体系，跟上准则的变革和发展。从发展趋势来看，会计行业是一个知识体系不断更新、需要持续学习的行业，从事基础核算工作的会计人员如果没有进行知识更新，在不远的将来有可能面临着被淘汰的危险。一直以来，应用型本科高校重点以培养会计实务一线工作的技能型人才为目标，其会计专业毕业生大多数将到各企事业单位从事基础核算岗位的工作。为使人才培养工作跟上知识体系更新的步伐，避免学生毕业就知识储备已经落后的情况发生，会计教学必须具有前瞻性、与时俱进。一方面要送教师外出培训，另一方面也要自觉地加强学习新准则、新理念，然后按照新会计准则对学生的知识体系不断更新，及时调整培养目标、课程体系和教学内容。目前，理论界对由于会计准则变更对公司治理的影响问题研究得很多，但对如何调整、改革应用型本科会计人才的培养目标和后续知识更新方案，以适应新时代对会计人才要求的问题，进行深入研究的并不多。本文介绍了 2006 年会计准则变更后发生的变化，以及准则变更对会计行业带来的重大影响，分析了应用型本科高校会计人才培养方面存在的问题和不足，重点论述了会计准则变更趋势下会计专业教师的知识更新、会计学专业人才的知识更新以及今后会计专业课程体系与教学内容的调整思路。

一、2006 年以来会计准则变更梳理

2006 年，财政部颁布了新会计准则，并于 2007 年开始大范围执行和推广。这部新颁布的会计准则的最大特点是与国际会计准则保持了基本趋同。随后，我国财政部又对部分会计准则在 2014 年和 2017 年先后进行了修订。

2014 年，财政部对会计准则的修订具体如下：① 财政部令第 76 号修订了“企业会计准则——基本准则（2014）”；② 财会〔2014〕6 号修订了“企业会计准则第 39 号——公允价值计量”；③ 财会〔2014〕7 号修订了“企业会计准则第 30 号——财务报表列报”；④ 财会〔2014〕10 号修订了“企业会计准则第 33 号——合并财务报表”；⑤ 财会〔2014〕11 号修订了“企业会计准则第 40 号——合营安排”；⑥ 财会〔2014〕14 号修订了“企业会计准则第 2 号——长期股权投资”；⑦ 财会〔2014〕16 号修订了“企业会计准则第 41 号——在其他主体中权益的披露”；⑧ 财会〔2014〕23 号修订了“企业会计准则第 37 号——金融工具列报”。

2017 年，财政部对会计准则的修订具体如下：① 财会〔2017〕7 号修订了“企业会计准则第 22 号——金融工具确认和计量”；② 财会〔2017〕8 号修订了“企业会计准则第 37 号——金融工具列报”；③ 财会〔2017〕9 号修订了“企业会计准则第 24 号——套期会计”；④ 财会〔2017〕13 号修订了“企业会计准则第42号——持有待售的非流动资产、处置组和终止经营”；⑤ 财会〔2017〕15 号修订了“企业会计准则第 16 号——政府补助”；⑥ 财会〔2017〕22 号修订了“企业会计准则第 14 号——收入”。

除了上述已经进行的会计准则修订之外，我国财政部颁发了财办会〔2018〕1 号征询后续会计准则变更意见，具体内容为：“为适应社会主义市场经济发展，完善我国企业会计准则体系，提高财务报告质量和会计信息透明度，保持我国企业会计准则与国际财务报告准则的持续趋同，我们近期草拟了《企业会计准则第 21 号——租赁（修订）（征求意见稿）》。现印发给你们，请组织征求意见，并于 2018 年 2 月 28 日之前将意见反馈至财政部会计司。”

上述信息表明，我国会计准则尚且处于不断修订和完善的状态，以此更好地满足日益复杂的经济业务处理需求，会计业务的计量和处理方法也随之发生变化。由于会计准则存在一定的弹性，很多时候需要财务会计人员进行职业判断，即要求会计人员要深刻领会会计准则的含义，并合理地应用到实践中去。以培养应用型会计人才为目标的地方高校如何能跟上时代发展步伐，积极应对不断调整的会计准则，是一项亟须研究的课题。

二、会计准则变更方向及其对会计人才的新要求

（一）会计准则变更方向

时代在发展，政策也需要与时俱进。因此，为了适应社会主义市场经济

的发展，财政部不断颁发新的会计准则或者修订已有的会计准则，以此完善我国企业会计准则体系，提高财务报告质量和会计信息透明度，保持我国企业会计准则与国际财务报告准则的持续趋同。总体而言，近十几年来我国的会计准则企业变更方向变现为：为了广泛地适应复杂的经济业务，准则条文中有一些原则性要求，在实施中需要根据具体情况进行职业判断。有时，由于职业判断的角度不同，对于同一经济业务的会计处理可能会存在不同理解。建立该机制，就监管理念与有关经济业务的重大会计职业判断进行商讨，达成共识，有助于协调立场，共同服务好市场主体。

（二）新时代对会计人才的新要求

新时代的“新”体现在会计准则的不断更新之上，这就要求会计必须学习新的会计准则，领会新会计准则的含义，更好地运用到其工作中去，让企业的财务报告更能反映出经济真实，为企业决策做出贡献，更好地体现出会计准则是政府规范经济秩序的重要手段这一职能。然而，高校学生面临的一大问题就是，在大学一年级、二年级学的知识在其毕业时就已经与现有的新会计准则有所矛盾了，因此应用型本科高校会计人才其知识准备必须跟上时代变革的脚步，才能更好地在今后的工作岗位上顺利发展。

（三）转型后会计人员的能力构成

在会计准则不断变更的时代，要求会计人员除了要具备基本的知识与技能（包括出纳结算知识技能、会计核算知识与技能、税费申报缴纳知识与技能、审计监督知识与技能和财务管理知识与技能）之外，还必须具备对企业经济业务变化的敏感认知、自我学习能力和意识。这是由于社会经济不断发展，导致企业经济业务性质和特点也在发生变化，会计准则只有不断修订才能满足企业处理经济业务的需求，否则会计信息就无法正确反映出与之对应的经济真实状况。所以，会计人员要用职业素养和专业知识处理新的经济业务、运用新的会计准则，记录好每一笔经济业务。此外，在社会经济不断复杂化、会计准则不断变更的时代背景下，会计人员还必须具备信息化工具运用能力、大数据的分析与运用能力、业务沟通能力、语言表达能力、文案写作能力、创新创业能力以及终身学习能力。

三、目前应用型本科高校会计人才培养中存在的问题

应用型本科高校会计专业人才培养目标的制定始于 20 世纪 90 年代中后

期，其基本定位是培养具有会计及经济、管理、法律等方面的知识储备和技术能力，以及具有在企事业单位及政府部门从事会计实务工作技能的专门人才。基于当时的经济环境和技术发展水平，会计的主要职能是进行业务核算，所以会计课程设置及会计教学内容都将会计核算技术放在首位，注重核算技能培训和会计规范性原则思维培养，基础会计、成本会计、财务会计、会计综合模拟实训等课程都安排了较多的课时量，用于培养学生记账、算账、报账的基本功。国家政策导向上也鼓励这种“技能+规范性”的培养模式，鼓励学生报考各种技能证书，包括会计从业资格证（现已取消）、会计初级职称等。这种目标取向导致在教学中过分注重会计核算技术与手段的培养，学生把考证作为终极目标，人人埋头考证，最终的结果就是学生毕业之后只会简单的账务处理，对会计工作知其然不知其所以然，只具备进行会计核算工作的能力，不清楚会计的本质是为了记录经济业务为企业管理服务，不具备理解经济业务实质以及更好地运用会计准则。学生辛苦努力学到的只是书本上教的条条准则，在不远的将来如果不进行知识更新，就会出现知识技能与现有企业需求不匹配，进而可能随着时代发展被淘汰掉。因此，应用型本科会计专业的人才培养目标和以此为基础而设计的课程体系和教学内容需要进行不断调整、变更，并要培养学生具有自我知识更新的意识和能力，让我们培养出来的学生不会因原有目标岗位消失而无法就业。

四、准则不断修订下应用型本科高校的会计教学改革

根据以上分析，随着经济业务的复杂化，传统的财务会计教学应发生变化，更多地要引导会计人员理解经济业务与会计准则之间的关系，以及会计人员进行自我知识的储备和更新。现在的会计人员将不再只埋头于算账、记账、数据处理的这些基本业务，而是要洞察企业经济业务实质，领悟会计准则深层含义，为企业经济业务选择出最匹配和最合适的会计处理方法，进而让企业的财务报告尽可能反映出与之对应的经济真实，让债权人和投资者等会计信息使用者更好地认识企业、了解企业。由此看来，原有应用型本科高校的会计教学在培养目标及课程体系等方面已经满足不了新时代新形势对会计人才的要求，会计教学改革已势在必行。具体的调整方法可以从以下几个方面进行。

（一）提高教师新知识技能的储备

会计准则发生变更之后，首先是高校老师需要提高自我知识储备。如果

老师不能将这些知识吸收和消化，那如何在课堂上给学生讲解这些知识呢?首先，高校老师应该积极关注财政部会计准则委员会发布的准则动态；其次，在新准则颁布之后要充分理解准则颁布的深层原因和动机，结合企业会计准则解释理解新会计准则的机理；再者，高校老师应积极参加准则相关的培训，比如国家会计学院在暑假举办的各种培训；最后，高校老师应该与企业多交流沟通，掌握这些准则在企业中是如何运用的，存在哪些问题。

（二）强化会计准则和经济业务实质的教学

现有的专业课程只是教学生按照原有的准则进行会计处理，或者仿照书上的举例进行业务处理，而没有从宏观上理解会计准则和经济业务实质之间的匹配，即回答“为什么这样处理”，而不是简单的“生搬硬套”。所以，针对高年级学生开设的课程中，可让学生从宏观上理解和分析会计准则与经济业务之间的匹配性。

（三）增加学生实践，加大对经济事项的认知

会计不再是简单的核算，从本质上来说它是一种管理职能会计，所以会计人员应该在高校开始就要关注社会实践，深入到企业中去，理解经济事项的含义。因此，在课程设置上可以考虑以选修课的形式新增社会实践等课程，以培养学生的综合素质，培养学生对知识的掌握和运用能力。

综上所述，应用型本科高校的人才培养目标和课程体系必须具有前瞻性和实际运用性，由于应用型本科会计的人才培养目标和课程体系设置多年来变化不大，致使会计教学理念落后于国际会计准则变更步伐。处于该层次的会计专业必须审时度势，根据时代发展的需要及时调整、改革人才培养目标和人才培养方案，这样才能保证培养的学生在经济业务日新月异、会计政策和准则不断修订和变更的路上走得更辉煌更长久。

参考文献

[1] 刘慧凤，姜苏娱．我国会计教育研究文献评述——基于比较研究视角[J]．会计研究，2015(6): 80-86+97.

[2] 李芸达，陈国平，范丽红，费金华．现代职业教育背景下会计技能教学改革与创新[J]．会计研究，2015(2): 87-92+94.

[3] 孙晓华．会计教学组织与教学方法的改革研究[J]．科学大众(科学教育)，2018(9):

136.
[4] 齐励，康乐．“翻转课堂”下“基础会计”课程的教学改革[J]．教育与职业, 2014(21): 126-127.
[5] 曹中红，魏朱宝，王书珍．“跑偏”与“纠偏”——应用型会计本科实践教学改革[J]. 中国大学教学, 2013(5): 89-91.
[6] 朱小平，姚颐，况熙，杨效红．中国会计教学改革走向何处——关于我国会计教学情况的调研报告[J]．会计研究, 1995 (9): 33-36.
[7] 程安林．能力导向的卓越会计人才培养教学改革探析[J]．湖北经济学院学报(人文社会科学版), 2013(5): 169-170+173.
[8] 吕南，孙甲奎．会计专业实践教学信息化改革研究[J]．财会通讯, 2012(18): 13-15.
[9] 李宗彦，蔡海静．基于概念框架的财务会计教学范式改革与实践[J]．财务与会计, 2016 (9): 58-60.
[10] 尹洁．应用型高校会计专业实践教学改革问题分析及反思[J]．湖北第二师范学院学报, 2015(12): 79-82.

关于本科生学位论文质量管理研究与实践的文献综述

唐 俐 文柯雅

一、引 言

本科生学位论文作为本科生毕业的唯一成果，主要是指本科生所撰写的具有一定学术水平的文章，是完成本科学业最后的重要作业。近年来，针对高等院校扩招引起的人才培养质量下降、检验教学质量的最后一环本科生学位论文因存在各种问题导致论文质量的下降等问题，已成为教育界研究的热点问题。本文从国内对本科生学位论文的作用、影响本科生学位论文质量的因素和本科生学位论文质量存在的问题及对策进行探讨。

二、本科生论文的作用

王芳、赵建军、郭凯敏、李楠、乔文华（2015）认为：本科生学位论文是一般本科院校学生毕业时为获得学位的必修分，对提高大学生的全面素质和培养大学生的综合能力起到一定的作用。

巫光宏、朱国辉、蔡晓鹏、詹福建（2015）认为：本科生学位论文是对学生专业学习情况的综合检验，是对学生发现问题、分析问题、解决问题能力的全面培养，还能提高学生的逻辑思维能力、科研小课题设计能力、自我学习能力以及文献检索能力等。

宴婧（2015）认为：本科生学位论文是培养学生独立开展科学研究能力的有效途径，是考核学生运用基础理论、专业知识和基本技能从事科学研究能力的重要方式，是提升学生创新实践能力和写作能力的重要环节。

三、本科生学位论文质量存在的问题及对策

李永刚、李永科（2014）认为：本科生学位论文质量存在的问题是本科

生学位论文格式不规范，具体体现在：一是摘要非自动生成而是手工录入，摘要中的章节页码与正文页码不匹配；二是正文段落格式不统一，行距不定，一篇论文中行距有的 1.5 倍，有的却两倍，有的正文字体比标题字体还大；三是正文中的图表格式不规范，有的把表头写在图表的下面，有的把图的名称写在图上；四是参考文献标注不规范，不同的参考文献区别不开，把教材、期刊混为一谈，参考文献与注释区分不开。所以，他们认为应该要求毕业生端正写作态度。学生应认真研读学校教务处网站公布的毕业论文格式规范，把毕业论文模板打印出来对照调整自己的论文格式。本科生学位论文的格式简单，只要学生端正态度，严格按照相关要求对格式进行修改，一定能顺利完成毕业论文。

方昌敢（2015）认为：本科生学位论文质量存在的问题在于论文偏于理论性，实践性差。地方性本科院校以培养应用型人才为主，但在本科生学位论文写作上，学生研究内容还是以理论为主，而理论又缺乏创新性，在论文中过多引用前人观点或现有理论，研究内容缺乏与实际相结合，缺少实用性。所以，他认为应加强论文写作的实践性。在论文的写作模式上，结合学校和专业的特色，使研究成果更好为地方服务。

赵书博、王秀哲、谷文辉、平凡（2015）认为：本科生学位论文质量问题在于论文缺乏逻辑性。主要体现在章与章之间缺乏系统性，段与段之间缺乏过渡性，节与节之间缺乏连贯性，整篇文章逻辑混乱，结构不清楚。论证能力弱，在论文叙述中没有深入的论证和思考。所以，他们提出应在日常教学中培养学生思考的能力，要鼓励学生多将理论与实践相结合，在学习过程中发现问题、解决问题。另外，要加强对学生写作能力的培养，平时布置课题让学生私下练习，鼓励学生参加科研项目，进行开放式研究，提高学生的专业素养，为日后写学位论文打下基础。

姚层林（2016）认为：本科生学位论文质量问题在于剽窃和抄袭现象严重。在我国本科生学位论文写作中，学生为了在规定时间内完成论文，不惜抄袭、东拼西凑完成一篇文章。通过相关调查显示，学生自主写作论文的数量每年在下降，许多学生通过网络检索拼凑论文。随着网络的发达，不少商家推出代写论文服务，有些学生在网络上不惜花重金购买论文代写服务，这些抄袭、购买等行为已经超越了学术道德底线。所以，学校应该加强论文写作中的检查，提高不合格论文的淘汰率。建立完善的教师奖惩措施及评价体系，督促教师投入更多精力到学位论文的检查工作中，减少论文的抄袭剽窃现象。在毕业最后关头，有的高校为了提高毕业率对学生论文检查不严格，助长了学生的侥幸心理。在论文审核中，应采用严格的制度，对于抄袭明显的论文不予通过，促使学生以正确的态度对待毕业论文，不敢抱有侥幸心理进行购买和抄袭论文等行为。

钱兵（2017）认为：本科学位论文质量存在研究方法运用缺失的问题。在许多本科学位论文中关于难以看到研究方法如何使用、如何解决问题，采用哪种方法进行统计分析也缺乏清晰的思路。所以，高校可以构建科研课程体系，满足学生研究需要。科研涉及许多过程、技巧与方法，如选题、查阅文献、整理文献、选择研究方法、实施研究、收集数据、统计分析、撰写实验报告等的学习。学生在科研课程的学习中，可以掌握具体的研究方法，帮助学生熟悉论文写作规范，熟练应用研究方法，完成本科生学位论文的撰写。

杜建（2017）认为：本科学位论文质量存在选题重复、题目无新意等问题。所以，他认为可以以教师职称梯队及研究方向为组建原则建立若干论文质量审核小组，学生选题后，在开题答辩之前，由管理人员汇总，按写作方向划分题目，分发到论文质量审核小组，然后协助指导论文题目，汇总审核后批注。学生论文选题可以依托家乡、就业、实习、项目等，但仍需注意，对于学生论文的监控不仅限于题目，还应该延伸到论文写作的各个环节，起到审核小组的全面监督作用。

四、关于本科生学位论文质量的影响因素

林文旁、张楚珊（2010）通过对华南师范大学增城学院毕业生、论文指导老师、各系教学管理人员、图书馆学科馆员等人员的调查与深刻地探讨，确定本科生学位论文质量与师生对本科学位论文的态度、学生基础与写作能力、指导教师教学能力与科研能力、本科生学位论文要求严格程度与本科生学位论文规范管理、教学质量、信息资源环境与师生信息素养、教学管理水平、办学目标和办学水平、科研管理机制与水平等 9 个因素存在很大的相关性。

武云亮、陈阿兴（2012）基于对安徽财经大学 2011 届经济与贸易类专业本科生毕业论文教学改革与实践研究的调查问卷，得出学生的上进心与学习动力、指导教师的责任心、学生投入的时间与精力是影响本科生学位论文质量的前三位因素。

蔡家斌（2014）认为：影响本科生学位论文质量的因素在于完成本科毕业论文所需要的实验研究时间不足。现行本科生毕业时间与考研时间、就业时间、完成论文时间严重冲突。大四下学期本科生忙于找工作和准备研究生

考试，没有确定工作单位的学生需要四处奔波，而已有工作单位的学生需要实习 1-2 月的时间，就业实习和考研占用本科生三分之一以上的时间，所以学生难以集中精力完成毕业论文的写作，加上本科阶段没有足够的时间进行毕业论文实验、调查，所以导致本科生学位论文质量不高。

万响亮、张聪、李光强（2015）认为：本科生学位论文质量下降的原因在于学生方面对待专业课的态度问题，学生未能认识到专业基础课的重要性，导致学生专业基础知识的匮乏，加上学生在专业实验课上的偷懒、不认真，并未掌握必要的实验技能，撰写本科生学位论文时做不好实验数据，最终影响本科生学位论文的质量。

彭长宇、曾玉玲、黄进（2015）认为：影响本科生学位论文质量的因素在于社会因素和行政管理因素。严峻的就业压力、升学压力对论文质量造成影响。由于近年来高校逐年扩招，毕业生找工作的压力陡增，认为写本科学位论文耽误找工作，把更多精力放在了找工作上，对于学位论文则疲于应付、急功近利，这样匆忙完成的学位论文其质量是无法得到保证的。虽然学校对于论文选题、开题、中期检查、答辩、成绩评定、指导教师工作职责等一系列环节制定了相应的管理规范与制度，但在执行过程中往往缺乏具体实施规则与监督措施，更缺乏明确的考核标准，导致答辩流于形式、成绩评定随意，导致论文质量下降。

杜建（2017）认为：影响本科生学位论文质量的因素在于导师和管理人员方面。导师的影响在于论文指导能力和论文指导任务两个方面：论文指导能力包括教师科研写作素质与指导素质，即指导老师能否对学生选题提出具体见解，引导学生在论文写作中有话可说、有创新点可设，但在实际指导过程中很多学生无法持续写作，过程无聊，论文流于形式；论文指导任务则根据笔者调查显示，30%以上学生认为指导老师投入时间不足。而在管理人员方面，显性看他们的工作会有效控制论文进度、甚至论文成稿质量，但实际情况是论文管理者因为自身专业与学院专业设置不符而被限定为信息传输人员，在论文实际管理中没有支配权，无法客观管理论文质量，同时管理人员工作繁多，奖励机制匮乏，多数政策没有落实，如上问题持久必将影响他们的工作态度，降低对论文质量的有效管控。

五、文献述评

通过对相关文献的梳理，可以发现学者们对以下几个方面进行了研究。

（1）本科生学位论文的作用。本科生学位论文写作中能促进学生发现问题、思考问题、解决问题，提升学生的科研能力、创新能力、自主学习能力等。

（2）本科学位论文质量存在的问题及对策。针对本科生论文质量存在论文格式不规范、选题重复无新意、论文逻辑性差、语言表达错误多、论文偏理论性实践性弱、研究方法应用弱、抄袭和剽窃现象严重等问题，相应提出：要求毕业生端正写作态度，建立论文审核小组，培养学生日常写作能力，加强写作的实践性，建立科研课程体系，加强论文写作中的检查，提高毕业论文淘汰率等建议。

（3）本科生学位论文质量的影响因素。本科生学位论文质量主要受学生因素、导师因素、社会因素、行政管理因素、管理人员因素等影响。

本科生学位论文尚需进一步研究的问题有：①通过对本科生论文重复率检测软件的调查分析，进而控制本科生学位论文的质量；②通过 Note Express 软件的运用，提高文献收集与论文撰写能力。

对本科生学位论文的研究结果可以发现，本科生学位论文质量存在诸多问题，特别是抄袭之风盛行。高校对论文质量的重视程度不够，管理机制不够完善，执行不到位。在今后的研究中可以着重对提高本科生论文质量措施的实证性和有效性进行深入研究。

参考文献

[1] 林文旁，张楚珊. 学士学位论文质量的影响因素解释结构模型分析—以华南师范大学增城学院为例[J]. 改革开放，2010.

[2] 万响亮，张聪，李光强. 综合分析本科毕业生论文质量问题并对此问题提出几点建议[J]. 职业教育，2015（4）：21-24.

[3] 杜建. 地方院校本科论文质量控制研究—以南京晓庄学院为例[J]. 江苏科技信息，2017（32）：57-58.

[4] 武云亮，陈阿兴. 本科生论文质量的影响因素—基于财经类应届毕业生的问卷调查[J]. 郑州航空工业管理学院报，2012（5）：87-91.

[5] 蔡家斌. 提高本科生毕业论文质量的思考[J]. 中国林业教育，2014（5）：8-11.

[6] 李永刚，李永科. 本科生毕业论文存在问题及对策[J]. 内蒙古电大学刊，2014（5）.

[7] 方昌敢. 基于应用型人才培养的本科生论文指导模式创新研究[J]. 太原城市职业技术学院学报，2015（9）.

[8] 彭长宇，曾玉玲，黄进. 提高本科生毕业设计(论文)质量的初探[J]. 教育与教学研究，2015（9）：86-88.

[9] 赵书博，王秀哲，谷文辉，平凡. 本科生论文质量提升的对策研究 [J]. 大学教育，

2015（5）：40-43.

[10] 姚层林. 本科生毕业论文质量检查与控制技术研究—以工科类专业为例[J]. 学术研究，2016（2）：243-244.

[11] 王芳，赵建军，郭凯敏，李楠，乔文华. 本科生毕业论文工作调研与改进的思考[J]. 阴山学刊，2015（3）：77-79.

[12] 巫光宏，朱国辉，蔡晓鹏，詹福建. 强化本科毕业论文教学环节的探索与应用—以生物科学和生物技术专业为例[J]. 高校生物学教学研究，2015（4）：44-47.

[13] 宴婧. “全过程”本科论文写作中科学素养的培养—以法学专业为例[J]. 教育文化，2015（9）：38-239.

[14] 钱兵. 本科生毕业论文存在的问题分析及改进策略[J]. 教育教学论坛，2017（10）：60-63.

普通高校任课教师与学生关系构建策略

——基于学生评教结果的反思

赵青华

高校教师应该是大学生成长的向导，也是解惑的前辈。和谐的师生关系是提高教学工作效率的润滑剂，而建立融洽、互信的师生关系的前提就是沟通。在互相交流中，学生能够理解教师的出发点和教学思路，尊重教师的付出，进而建立起对授课教师的信任；教师也能了解学生对于知识体系的理解程度、学习知识的视角和出发点，以及学生对于课程与未来职业发展的关系。从而逐渐达成对课程及其他观点的共识，更好地实现课程的教学目的。

然而，高校教师与学生沟通的时空非常有限，除了授课和学业（实验、实践和论文）辅导，很少有其他面对面的沟通机会。一般一个教师很少担任同一班级多门课程的教学任务，而且又多以 2~3 个班合班授课，每门课程一般 2 学时/周，核心专业课也不过 4~5 学时/周（见图 1），再除去法定节假日可能放掉的课时，实际授课的课时可能更短。正因为师生沟通受时空制约，师不识生，师生关系淡漠在各高校并非个案。怎样才能在有限的时空里实现师生有效沟通、增进师生情感和达成学业互动呢？

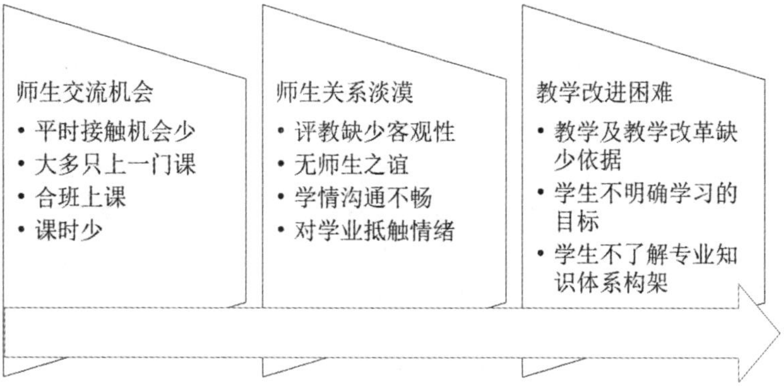

图 1　师生沟通障碍原因及后果

一、利用课间积极“聊天”

在有限的教学课时里，师生沟通普遍存在沟通不足的问题。一般上交给学校管理部门的授课计划都没有师生的自我介绍和心理沟通环节，事实上在教学实践上也无法实现。因此，学生不了解教师，也不了解课程与专业的关系；教师只了解授课对象的专业和年级，但对学生整体的心理状态和学习状况并不了解，普遍存在师生间的信息不对称，这些时常困扰着专任教师，使得学生的学习效果常常与任课教师的预期背离。而师生彼此间都存在较长时间的“黑箱”观察，等到将要水落石出的时候，课程也差不多行将结束，彼此都会因课程的结束而失去对“黑箱”的观察兴趣，师生关系也就纯粹是一种演员与观众的关系。

在实践中，我们可以从每学期的学生评教中看到这种冰冷的关系。如果是一位课程考核比较严格的教师，无论教学水平如何都极有可能得到一个极低的评价，甚至有个别学生给予极端的诋毁。例如，我曾经对某学院同专业、同年级本科层次的两个合班讲授同一门课。两个合班连续上课，前两节是第一个合班，后两节是第二个合班。但因为第一个合班两节课结束后有较长时间的休息，所以在第二个合班上课前通常都会与学生有一个较长时间的“聊天”，涉及的内容包括课程、专业、考研、就业及未来的发展，甚至会谈到婚姻、家庭、体育、政治热点等方面的问题。学生也通常想打听点我这个任课教师的私人情况，主动要求添加 QQ 和微信之类。整个学期两个合班授课内容、课时、讲授方式、考核要求没有任何实质性区别，但考试结果和学生评教却相去甚远。两个合班考试平均分分别为 68 和 82，统计上具有显著性（$p<0.01$），评教结果分别为 79 分和 93 分（因为无法得到每个学生的评价值，未能作显著性检验）。从课堂总体表现来看，前者配合度差，而后者积极性很高，有问必有答。为了了解情况，我咨询了该学院有关领导，是否存在编班时按某种指标（比如按高考成绩）编班的问题，但答案是随机编班。所以，两个班评教结果上的偏差，显然不是由于分班问题。从学生在评教栏里的留言来看，前者只有三条“发泄性”的评论，后者好评留言、情感性留言甚多，对课程与教学都给予了较高的评价。曾经有一个学生给我发来一个来自《工商秘密》截图，内容是对作为任课教师（我）未能让其补考及格的发泄和抱怨，发布者应是一名补考不及格的学生，但后面数不清的回复和评论却呈一边倒地对我表示支持和肯定（见图 2）。

山明水秀

我觉得很好啊

11-16 12:38

禄子LuZee

赵老师是我很尊重的一位老师。本科的时候在他的excel课上东走西走被他批评，但是下来了之后他对我说的一番话让我至今还难忘。一个老派的教师，上着最有干货的课。真的只有RESPECT.

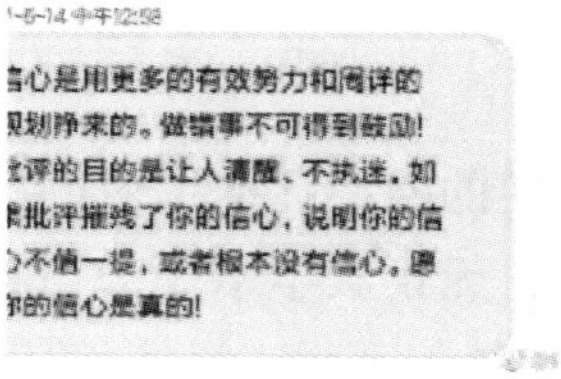

11-16 14:34 4

天桥摊位

虽然没教过我，看评论应该是个很好的老师呀，还是祝身体健康吧！

11-16 19:24

小黄加油加油呀

说白了，现在很多埋怨老师的人，大部分没有意识到自身的问题

11-16 17:02

猫的夏天和我的你

赵老师教的东西很有用呀，并没有觉得他很凶，老是叫我们小朋友，他也说有一个跟我们一样同龄的女儿。总之，他是真的很认真负责。

11-16 16:56

最最亲爱的胖鱼

他在辅修班上课非常受欢迎，上课的时候他还经常提到你，他是一个好老师！

11-16 15:10

图 2　来自《工商秘密》的截图

为了获取学生评教的全部信息，此学期我未对旷课超过两次以上者做出取消考试资格和取消评教资格处理，但课程结束之前已经公布了平时成绩（平时成绩中考勤占 60%）。但因无法查看留言者信息，故无法判定是否是旷课者所为。在后面学期的相关课程教学中，取消在随机点名中出现旷课两次以上者的评教资格后，此类留言就未再出现。故我们有理由认为，师生间未作有效沟通可能会对彼此形成负面认知，而有效沟通可能提高教学效率和效果，融洽师生关系（见图 3）。

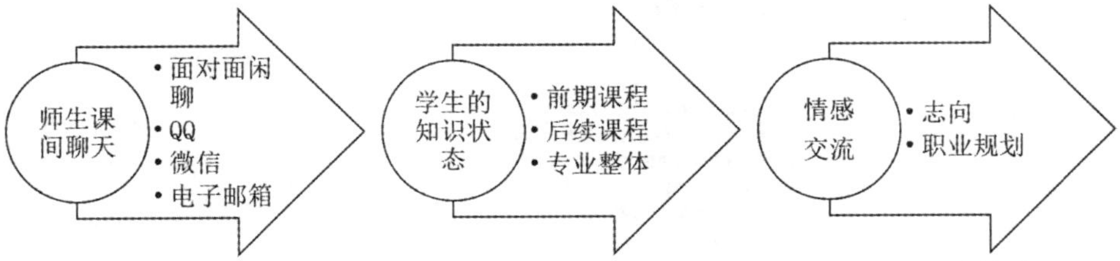

图 3　师生课余聊天中的情感交流

二、重视开学第一次课的首因效应

大学里师生间的接触时空有限，要在最短的时间内在学生的心中树立良好形象，进而配合课堂教学，教师必须重视“首因效应”。通常情况下，学生对任课教师的初步印象最有可能先入为主——来自高年级学生的介绍。如果见到教师的第一印象与之相符，但来自别人的经验并不清晰，需要学生自己再去认识，这是他们的普通心理。但如果是教师的负面信息，会让学生强化对该教师的心理定位。如果学长的介绍与学生自己的感知不符，则需要较长的时间来改变这种心理定位（见图 4）。

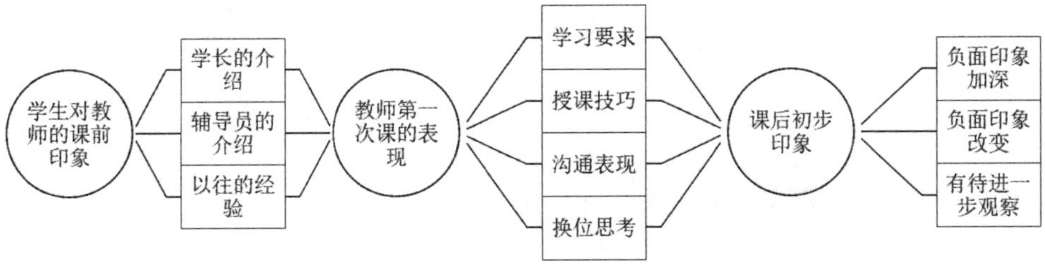

图 4　师生关系的首因效应

事实上，来自高年级学长的介绍很可能会传递不全面的信息，甚至是歪曲信息（跟讨教的学长个人学业表现和心理状态相关）。导致信息障碍的原因，虽然直接是来自于高年级学生，但间接原因可能是信息来源的选择机制，也可能受到环境的负面影响。面对这种情况，授课教师需智慧地从容应对，权衡各类学生的切身感受，以一种恰到好处的智慧处理师生间的信息不对称关系障碍。由于听课学生的年龄、知识水平和生活经验的不同，对某些事物的看法必然存在一定的差异。所以，教师在授课时不妨换位思考，用学生的心理去感受学生的所思所想，设身处地地体察学生的思想感情、心理状况，以及所授课程相关知识的了解程度。

从评教学生的留言来看，好多学生都提到了对教师第一次上课的印象。对于高校教师来讲，教育对象是青年大学生，由于他们在思想、心理等方面都逐渐成熟和复杂，并对人际关系的感受力也逐渐增强和深化，因此潜藏在高校教师言行之中的人格魅力发挥着巨大的作用，具有特殊的创造力（宋艳文，2012）。所以，教师在第一次上课时要尽可能地展现自己的人格魅力，发挥首因效应和晕轮效应，在教学中给学生带来一种感召力和吸引力。

三、将教学内容与职业素质教育有机融合

设身处地为学生的未来职业着想，很容易拉近与学生的距离。而为学生的职业着想，就要让尚未走入社会的学生对所学知识与未来职业的素质要求有所理解。所以，任课教师就需要挖掘讲授课程中蕴涵的人文教义和所体现的职业精神，把职业素质教育渗透到课堂中（王淑莲，2012）。这样，让学生在接受专业课程教育的同时，还要充分融入各门专业课程中所体现的人文教义和职业精神（见图 5）。努力探寻专业课程中具有的普遍哲学意义，将专业知识与世界观、方法论相结合（刘伟，2017），让单调的专业课能更活跃、更

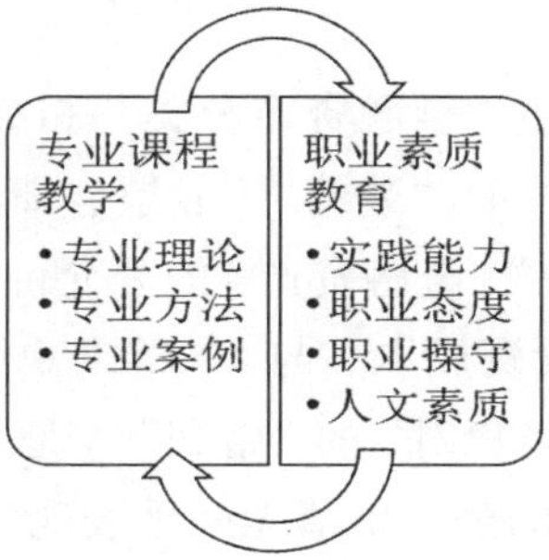

图 5　教学融合

多维、更丰满。挖掘课程中的人文教义和职业精神，使课堂教学从单一讲授知识转变到专业技能与职业素质的形成，把单纯对专业课程的认知、理解与将来的态度结合起来，课堂更有生机、活力，学生也会更理解教师的良苦用心，师生关系也会更加融洽。

目前，大学毕业生就业市场竞争激烈，在校大学生并非没有感知。对普通高校的大学生而言，考研升学的毕竟只是少部分，我校不到10%。所以，他们更关心自己所学知识与就业之间的关联性，具有明显的功利性学习目标——没有养家糊口的工作，所有服务社会的宏大目标都会成为奢望。虽然功利性学习并非学校培养导向，但确实是客观存在的市场压力所致。只谈理想、不讲现实也绝非大学教育的目标。而且随着入学的时间变化，持这种观点的学生越来越多，愿意也越强烈。如果授课教师将课程知识与现实的实践表现（案例）、未来的实践运用趋势甚至就业竞争结合起来，无疑能迎合学生的就业需求，也体现了教师对学生命运的关心，师生关系的融洽度也自然会增加。

四、授课语言的通俗化

专业课的专业语汇及专业表述，对初入门道的大学生而言，是比较晦涩难懂的。如果用学生生活中的语言来表述严谨的理论思想，既利于学生掌握专业知识，也有利于架起师生沟通的桥梁。以注册会计师教材《会计（2018年版）》为例，教材第226页对于金融资产的分类注意事项作了如下描述：“企业应当在金融资产组合的层次上确定管理金融资产的业务模式，而不必按照单个金融资产逐项确定业务模式。金融资产组合的层次应当反映企业管理该金融资产的层次……”。很多学生自己学习时就读不透彻，甚至无法理解。这些表述一是知识点多、信息量较大，二是表述较为严谨但晦涩难读。但如果结合学生知识背景给予通俗描述，就很容易理解，而且还可以顺势诱导学生的人生观和价值观。

例如，我在给学生讲述“金融资产分类”相关内容的时候，我把金融资产表述为在金融市场上寻找的“爱情”（股票、债券等），而“谈恋爱”的目的就是为了正确评估“对象”（金融资产）的公允价值，是否持有“这份爱情”取决于——自身的价值（投资成本）与“对象”（金融资产）的公允价值是否相等——加一句按语，“门当户对”的“婚姻”才是最符合市场公平原则的“婚姻”。“爱情”（金融资产）的公允价值无外乎表现为其现在的市价或类似产品的市价，比如是个“富二代”，或者未来现金流量的现值（“聪明而勤奋的穷二代”)。恋爱分三种情况，其一是以“耍流氓”为目的，随时准备分手套现的“交易性金融资产”，什么时候分手完全取决于市场上其公允价值的变动，公允价值的变动自然计入“耍流氓”的损益；其二是坚贞的“爱情”，准备“等你慢慢变老”的“债权投资”——吹尽黄沙始见金（摊余成本）和“海枯石烂”的“长期股权投资”——你赢就是我赚（权益法），你给我的就是最好的（成本法）；其三就是摇摆的“爱情”，或者为了“未了的情”——其他债权投资，或者“我用青春赌明天”——其他权益工具投资。但这种爱情既有可能会发展成为坚贞的爱情——债权投资，或许会许下永久的诺言——长期股权投资，也可能会成为“耍流氓”的结局——变成交易性金融资产。所以，尽管也是在考察“对象”公允价值的变动，但观望的态度决定了其变动不能计入损益（毕竟不是“流氓”），而是先计入股东权益——其他综合收益。在其他章节的讲解中对“爱情”分类进行了延伸，囿于篇幅本文在此不做交代。虽然，通俗化的比喻可能有失严谨，但对于初入门的学生却也更利于理解，成为学生进入专业的桥梁。

其实，每学期面对的学生，都有正处热恋中的，或者正在追求或被别人追求的。人生价值观、婚姻观都处于并不清晰的阶段。尽管作为任课教师并非婚恋专家、人生导师，但作为过来人，在课堂中无意引导了很多人的观念。当然，授课中的专业知识通俗化表述须经得起推敲，要通俗而不庸俗，导人而不误人。近年来，学生对我的评教里都有关于授课语言方面的评价和留言，也有不少学生都在不同的场合就婚姻、就业而私下咨询我，这也不能不说在课堂的这些非刻意而为之的引导在师生沟通中起到了相当大的作用。

五、总 结

大学里师生关系的构建，是从人的角度增进彼此间的人文关怀。大学校园里的主角不应在彼此的不认识中走向冷漠。学校应通过制度来激励、促进教师自觉地在课程教学中渗透人文精神，自觉将人文关怀、职业素质教育渗透在课程教学中。同时，每个大学教师也应自觉提升个人的人文素养，将人文素质、人文关怀贯穿于教学过程的始终，将专业或课程教学与人文教育融合。另外，要充分发挥教师言传身教的作用，注意第一印象且将之贯彻始终，让教师的一言一行成为学生的典范。教师还应通过不同的渠道——线上线下，课内课外多关注学生的成长，做学生成长、成才的引路人。毕竟，大学教育的核心是教学生做人的教育，教师要从学生面对的具体问题着眼，对学生将心比心，释疑解惑，指路引导学生选择未来的人生道路。

参考文献

[1] 宋艳文. 高校教师人格魅力及和谐师生关系构建[J]. 教书育人, 2012(21): 78-79.
[2] 王淑莲. 地方高校文化素质教育与专业教育渗透融合初探[J]. 中国高等教育, 2012(7): 9-9.
[3] 刘伟. 智慧教育: 价值引导与实践操作的融合[J]. 电化教育研究, 2017(6): 27-33.

如何提高高校二级学院教务管理效率

郭祖莲　李长艳

教务管理在高校教学活动中处于重要地位。教务管理的有序性、高效性可以推动教学活动良性运行，同时还可节约教务管理资源。随着信息化的不断发展，高校教务管理也不断走向信息化、网络化，提高教务管理效率势在必行。

一、导致高校教务工作效率不高的主要因素

（一）教务工作人员的现状

1. 从事教务管理工作的人员数量与学校师生数不匹配，导致教务管理人员事务性工作繁杂、头绪太多，缺乏针对性和专业性

以笔者所在的高校为例。学校目前拥有专任教师 1600 余人，本科学生 3 万余人。学校下设 19 个二级学院，共计 76 个本科专业。学校从事教学管理人员共 108 人（包括学校教务处处级、副处级 4 名及各学院 1 名分管教学的副院长）。学校设一个一级管理机构——教务处，管理人员共 30 人；各二级学院分设教务办，编制为 1~2 人，设 0~1 名教务办主（副）任。教务管理人员服务教师的比例仅为 6. 25%，服务学生比例为 0. 36%。由数据可见，作为一所具备综合性大学办学规模的学校，真正从事教务管理工作的人员实在太少。108 个教务管理人员将承担 3 万余名师生的整个教学运行全过程，负责全校的教学质量监控及教学评价体系。

以笔者所在二级学院为例。学院现有 7 个专业近 3000 名学生，学院设分管教学的副院长 1 名，教务办工作人员 2 人。教务办负责全院师生的正常教学运行、教学质量监控以及教学评价体系。此外，学院还开设有特色班、卓越人才实验班以及辅修第二学位班，其教学运行均由学院教务办负责执行。

由上可见，教务管理人员的配备完全不能满足高校日益扩大的规模，造成教务工作人员超负荷运转，工作量大，事务性工作繁重，头绪多，压力大，完全无法为教师、学生提供更具针对性、专业性的服务，更谈不上效率。

2. 教务管理人员平均年龄偏大，学历、职称低，无相应的晋升机会及配套激励机制

以笔者所在学校教务管理人员为例。学校教务管理人员（处级、副处级领导除外）平均年龄为 37 岁，其中具有本科学历的占 85%，具有硕士学位的占 20%，具有博士学位的占 2%。职称方面，负责具体教务工作的工作人员（处级、副处级领导职务除外）职称为中级及以下者占 80%。教务管理人员不仅面临繁重的工作量，更要承受直接面对教学第一线的师生及教学运行的巨大压力，根本无法进行科学研究工作及自我提升，这也直接导致教务工作人员在晋级、提升方面无望。其次，学校在教务工作人员配备方面没有能根据各个学院的实际情况进行设置，对教务工作方面没有更好的定性和定量的考核，没有能激发教务工作人员工作积极性的有效激励制度，以上种种直接影响教务管理工作效率的提升。

（二）学校对现代信息化的教务系统投入资金太少，教务系统没有真正实现智能化，将教务工作人员从繁重的手工操作过渡到数据批处理

虽然目前大多数高校已经使用了实现现代信息管理的教务系统，如正方教学管理系统、青鸟教学管理系统等，但现有的教务系统并未真正将教务人员从手工操作中解脱出来。笔者所在高校采用的是正方教务系统。该系统能基本实现教学管理相关数据进入该系统进行存储、查询、输出等功能，但对于教务工作人员而言，前期的大量工作仍需要手工录入该系统，如教学计划的制订需要教务人员根据纸质的培养方案手动录入；教学任务的落实需要教务管理人员根据系主任落实的情况手工输入系统；排课功能更是需要教务管理人员提前预排，再将数据录入系统；毕业生审核更是需要教务人员综合大量的数据进行判断才能得出结论。从某种意义上说，这样的教务管理系统只是发挥了存储作用，离真正意义上的智能管理还很远。教务管理人员的工作不仅没有减少反而翻倍了，既要手工完成还需录入系统，更不要说还需要从大量教务数据中分析各种潜在联系及影响因素，所以难以为学校管理和人才培养提供有力的信息支持。因此，特别需要加大教务信息系统的资金投入，提高教务管理系统的科学性、针对性和效率，让教务系统实现从教务数据中分析原因，从而对课程设置、教学计划制订和教学实践起到重要的指导作用；让教务系统真正把教务工作者从繁琐的重复工作中解脱出来从事其他主观能动性强的工作，如掌握大数据处理的方法、深度挖掘数据背后的信息，为教

务管理决策者提供实践依据。

（三）教务管理人员缺乏专门性、针对性的培训

高校教务人员自身所学专业与教务管理工作不完全对口，缺乏专业的岗位培训与不断的水平提升。随着高校招生规模的不断扩大，教务工作的繁琐更使得教务工作者水平提升处于停滞状态，加强教务管理人员业务培训非常必要。

二、如何提高高校二级学院教务管理工作效率

（一）学校层面要高度重视教务工作人员现状，改善高校教务管理人员的考评制度及激励机制

学校管理层面应认识到教务工作在学校教学环节中处于重要地位，教务工作效率的提高将直接影响学校整个教学工作是否得以顺利开展。因此，在全校的教务管理人员岗位设置上应科学匹配，对规模不同的学院在教务办人员设置数量上应有差异；无论学校层面还是二级学院，领导都需要充分肯定教务人员的工作，适时适当地制定切实可行的适合教务人员的激励机制，提供晋升机会和平台。一个制度只有激发了人的主观能动性，才有可能外化为行动，教务管理人员才有动力主动提高工作效率。

（二）加大教务信息系统资金投入，真正发挥高校教务管理信息系统的智能作用

由于高校对教务信息化建设投入少，尚未建立起完善的教务信息化管理系统。因此，需要增加此方面的资金投入，将建立完善的教务信息化管理系统作为目前要研究和发展的重点。要注重系统的实用性，尽可能研究出一套操作简单、实用性强的信息化管理系统。除此之外，高校投入教务管理的资金很大一部分用于系统研究以及安全性检测方面，邀请专业人士对系统进行设计和规划，充分发挥系统的作用，将教务人员真正从手工操作过渡到数据批处理，真正发挥教务管理系统的智能性。

（三）加强对教务管理人员的业务培训，提高教务工作的专业性、针对性

高校教务管理拥有了一套科学、完善的高校教务管理信息化系统，但系

统是否被合理运用到工作中，取决于高校管理人员的综合素质水平的高低。因此，要想提高教务管理效率，提高教务管理人员的综合素质是非常必要和紧迫的。要提高管理人员综合素质，管理人员必须与时俱进地参加定期的业务培训。通过培训，提高管理人员的管理手段和管理方法，引导管理人员主动学习新的管理方法和经验。学校、学院要制定科学完善的培训计划，从而拓宽教务管理人员的工作视野，提高管理人员的操作技能，最终达到提高管理人员的工作质量和工作效率的目的。

在“互联网+”的背景下，数字化教务管理必定要求从事相关工作的人员掌握必要的技术手段和方法，逐渐从手工操作过渡到数据批处理，克服人工操作和管理中存在的缺陷，促进教务管理工作的准确性、科学性和规范性，从而提高教务工作的效率，真正实现数据共享，并为高校人才培养提供可靠的、有效的数据分析和支持。

参考文献

[1] 韩臻. “互联网+”下的高校教务管理效率提升的研究[J]. 科技视界，2018（7）：15.

[2] 王姝岠. 高校教务管理信息化建设现状及对策思考[J]. 农家参谋，2018（7）：15.

[3] 胡佳丽. 高校教务管理信息化建设中存在的问题及对策思考[J]. 计算机产品与流通，2018（9）：15.

院级毕业论文全过程组织管理的实践探讨

——以会计学院毕业论文组织管理为例

李长艳 郭祖莲

毕业论文是高校检查学生实践能力和综合素质的重要途径，也是反映高校教学水平和教学质量的一个重要指标。为加强毕业论文管理和质量监控，建立稳定的教学秩序，确保毕业论文质量，全面了解和掌握毕业论文组织管理的整体情况，及时发现并解决组织管理过程中存在的问题，总结教学中的亮点，促进学院毕业论文组织管理质量提高，学院都会在毕业论文答辩后安排总结检查工作。本文以 2017-2018 学年毕业论文组织管理为例，对会计学院毕业论文组织管理工作予以总结，希望可以对以后毕业论文的组织管理提供些许有益借鉴。

一、做好前期管理工作

前期管理工作是指论文正文正式写作之前对毕业论文工作的各种规范及监督体系，主要包括以下三项工作内容。

1. 健全管理机构和管理制度

学院成立了毕业论文工作及答辩评审委员会，该委员会总体负责学生毕业论文的指导、答辩及评分工作，委员会又分若干答辩小组，具体负责毕业论文的答辩及评分工作。

针对毕业论文工作，我院于 2017 年 11 月向学校教务处上报了毕业论文工作计划，并且分专业召开了毕业论文和毕业实习动员大会、毕业论文写作指导会等会议 5 次。毕业论文和毕业实习动员大会就毕业论文计划、写作要求和目的以及毕业实习计划、实习要求等进行了讲解；毕业论文写作指导会就毕业论文写作方法、写作技巧、资料收集与整理等进行了讲解指导。我院严格按照选题申报、撰写文献综述、撰写正文、提交初稿、提交定稿、评阅和答辩程序进行毕业论文工作，每一环节都严格把关。

2. 明确毕业论文进程安排

根据培养方案及课程设置，毕业论文基本上都安排在第八学期。但是，考虑到第八学期毕业生需要找工作、准备各种考试，而且有些毕业论文选题的内容又必须经过毕业实习的体验才能真正做到有感而写，因此将第八学期启动的毕业论文工作提前到第7学期的第10周开始。如此，整个毕业论文工作的具体进程安排如下表所示。

时间安排	完成内容
2017.10.30至2017.11.12	指定学生组长联系指导教师、确定论文选题，交给指导教师审核、批准
2017.11.13至2017.11.26	指导教师审查、同意毕业论文选题后，下达任务书
2017.11.27至2017.12.10	学生完成论文提纲，并交到指导教师处
2017.12.11至2018.02.25	根据指导教师下达的任务，进行资料收集，完成外文翻译、文献综述和开题报告的写作工作，并交毕业论文指导教师批阅
2018.02.26至2018.04.22	学生根据教师下达的任务要求和开题报告拟定的工作方案和日程安排进行论文写作，完成任务书中的各项任务，论文定稿
2018.04.23至2018.04.27	指导老师对学生论文下评语，学生准备答辩
2018.04.28至2018.05.03	评阅教师对毕业论文进行评阅，并将毕业论文交换给答辩教师
2018.05.04至2018.05.11	学生进行毕业论文答辩，答辩教师下评语，各系将毕业论文资料整理后交学院教务办公室
2018.05.12至2018.05.18	毕业论文资料整理、归档

毕业论文所有工作务必按照时间安排完成相应任务。

3. 严格把控毕业论文选题质量

随着对毕业论文由重规范到重内容的转变，论文选题的质量是要把控的第一道关卡。我院本届毕业论文采取学院下发参考题目、学生收集资料、提出初步选题、教师指导选题、学生申报、最后由学院审核的程序，严格控制学生选题的质量、难度等。即学生先提出初步选题，通过教师的指导拟定选题，上报学院；学院组织教研室进行讨论，重点是讨论选题的大小、质量、难度；对于学院讨论通过的选题，学生可填写课题申报书，学院再次审核；对于未通过的选题，学生继续由指导教师指导拟定选题。

我院根据目前理论研究前沿和实务中存在的研究热点，在向学生发放毕业论文工作安排时一并下发了毕业论文参考题目近 300 个。据指导教师反馈的信息，学生在选定题目时，近 80%的学生能够独立地、多方面地查阅资料，了解当前的理论前沿和最新动态，以及理论在实践中应用遇到的一些问题。绝大多数学生的选题都贯彻了理论联系实际的原则，有的反映了理论界的热点话题，有的反映了会计准则、会计制度在应用中的相关问题，有的就目前的相关理论提出了自己不同的观点，而且具有一定的创新意义，提出了一些具有一定价值的意见。这些论题都是对我国经济建设具有现实意义或反映了实际问题，质量较好。

二、做好毕业论文过程监控与管理

1. 毕业论文指导工作检查分析

本次毕业论文指导工作学院高度重视，要求各指导教师要定期和不定期地召集学生指导论文写作·，并且在指导记录表上签字。学院各教研室对教师的论文指导情况在期中和期末都进行了检查，要求各位指导教师对学生本着认真负责的态度，尽心尽责，根据工作日程安排，精心指导，并把学生的情况及时地反馈到系上来。

指导教师都认真负责地对学生的毕业论文进行了指导，指导老师按照学生写出的提纲进行指导，学生待指导后写初稿、二稿等，然后教师再指导学生修改至最终定稿的顺序，精心地指导毕业论文。每位教师对学生的毕业论文的指导次数都在 5 次以上。

总体上来看，学院毕业论文工作在全系教师的精心指导和学生的配合下圆满完成。

2. 毕业论文规范化检查分析

本届毕业论文在向学校教务处报备后，在写作规范、格式规范、提交材料规范等方面进行了较大的改革，专门列出了学院毕业论文格式、材料提交等的规范化要求。首先，提交的材料相较往年有了较大的变化，根据实际情况做出了相应的增减，最后确定以下材料为提交材料：毕业论文及相关材料封面、诚信承诺书、毕业论文正文（含封面、目录、正文、参考文献）、查重检测报告、选题申报表、文献综述、指导记录表、答辩委员会成员、答辩记录、毕业论文成绩评定表。其次，毕业论文格式的规范化要求也做到尽量详细，从封面题目到正文内容格式，再到材料的装订；从正文字体的形式到字号的大小；从论文目录的排列到内容概要用什么字体，关键词用什么字体，空几格；从内容中的一级标题、二级标题，到参考文献、文献综述等全部做了详细又规范化的规定。

3. 加强对学生的有效监督与及时反馈

论文正文撰写的过程中，学生是分散管理的，此时毕业生除了毕业实习、就业压力之外，又有着各自前程的安排，如考公务员、考研究生等，因此虽然学院要求师生必需每周进行一次见面指导，实际上更多的是利用网络平台如 QQ、微信、Email 等进行沟通。指导教师对学生的有效监督与指导，以及及时反馈学生撰写论文工作的进程就显得非常必要。所有的沟通都务必留下痕迹，在指导记录表上进行说明。

三、做好后期总结工作

从本届本科毕业论文的成绩上看，呈正态分布。在学院和教师严格把关下，学生毕业论文的写作质量略有提高。一方面是学院能配合学校的安排，把论文指导、安排答辩工作做得更加井然有序，指导教师工作更加认真负责，严格按照学院的工作安排做到位，学院工作能够做到有章可循，学生能根据文件的要求按时完成任务。另一方面是学院党政领导的严格要求，给学生专门开会把工作布置下去，强调如何完成好毕业论文，有领导的高度重视，学生也做到了充分重视。总体上，学生的文字处理能力和分析解决问题的能力有一定的提高，并且达到了一定的水平，能够很好地将所学知识运用到毕业论文写作中来。毕业成绩如下：优有 5 人，占 0.89%；良有 128 人，占 22.78%；中有 360 人，占 64.06%；合格有 66 人，占 11.74%，不及格有 3 人，占 0.53%。2018 年 5 月 21 日前，学院毕业论文答辩评审委员会对学生论文进行了严格复查，574 位学生的论文顺利通过，1 位学生的论文不及格。

总结是为了更好地开展工作。毕业论文答辩后，对毕业论文组织管理工作从组织、制度制定、规范制定、选题申报、文献综述写作、资料收集、答辩安排、答辩、成绩分析到最后论文归档等都进行了认真梳理，找出亮点和存在的问题，为下一届毕业论文组织管理工作提供借鉴和参考。

基于360度考评反馈理论的高校班级管理模式

王 婷

大学班级管理作为学校教育的基层“细胞”，是高校学生工作的核心。而大学生群体日益凸显的个性化和多元复杂化的特点使得传统粗放型、经验型管理越来越难以适应大学生成长成才的发展要求。而“互联+”时代又对高校班级管理提出精准化、人性化甚至于个性化的要求。本文以多年的大学班级管理实践为基础，尝试将360度考评反馈理论引入大学班级管理中，通过制定符合社会主义核心价值观的考核内容，细化考核项目，建立学生动态发展档案，让学生明确自我提升的具体要素，真正做到班级管理有据可依，有制度可循。

一、高校班级管理现状分析

1. 高校辅导员建立学生动态档案意识不强，经验主义盛行

随着教育部24号令的颁布，辅导员队伍蓬勃发展，近年来呈现出高学历、年轻化的趋势，诸如“以人为本”和“三自原则”等先进教育理念也为高校学生工作者所逐步熟悉。但从辅导员的专业背景来说，较多集中在思政或教育学等文科专业，而这部分群体在管理理念以及统计工具的使用上就略显不足。因此，在实际工作中，大多数辅导员的班级管理方法还比较朴素，往往依靠辅导员“老带新”的经验传承或者在实际工作中的自我探寻摸索，缺乏依托管理学的班级内生式管理体系建立。同时，很多辅导员的档案意识不强，往往片段式的收集学生生源地、联系方式以及综合素质测评等信息，而没有建立涉及学生持续发展的动态档案，从而缺乏对学生个体的有针对性的指导。

2. 网络平台的“热”和集体活动的“冷”之间的不匹配

市场经济迅速发展，微信微博等网络平台异军突起，高校学生作为微信微博等新兴网络工具使用的主力军，“低头族”“拇指族”已然成为大学生族群代码，网络成为他们交流思想情感的主阵地。但相对于网络平台的热火朝

天，现实生活中的班级集体活动却遭遇寒流，一方面是因为大学多采用教室不固定的流动上课方式，客观上减少了学生面对面的交流和沟通；另一方面也因为大学生易形成老乡会、宿舍或其他非正式组织群体，对于班级等组织的集体活动缺乏热情、参与性不高，班级归属感和凝聚力有待加强。

3. “以生为本”的应然与“灰色地带”的实然状况的尴尬并存

教育部24号令规定：辅导员和学生比例为1∶200，但很多高校由于编制以及其他原因，辅导员和学生的比例远远超过规定。同时，辅导员除了常规的思想政治工作外，往往兼有评优评奖、资困助学等事务性工作，头绪繁多的日常事务导致辅导员关注的对象呈橄榄型，处于两端的优等生、特长生，以及贫困生、成绩较差的学生往往受到较多的关注，而中间人群则容易被忽略。究其原因，一方面，辅导员作为学生工作的管理者，容易掌握的往往是学生如成绩优秀、特长突出、组织能力强等显性信息，而对性格特点、人际交往、心理问题等隐性信息则不易捕捉；另一方面，辅导员由于个人经历、喜好等因素容易产生首因效应和晕轮效应现象，影响对学生评价的客观性和准确性。

4. 班级管理“上下求索”之道不畅通

诚如专家所言，高校班级管理需要“上下求索”之道。由于一名辅导员要对应几十名学生的工作现状，辅导员常常通过召集班会、班干部间接传达或者通过网络平台等渠道发布信息给学生，这种信息的传递大多是自上而下的单向传导。而师生之间、学生之间缺乏平行横向、自下而上的全方位全员覆盖的信息传导反馈机制，这在客观上减少了师生心灵共振，从而影响教育实施的有效性。

二、360度考评反馈理论的可行性分析

1. 360度考评反馈理论有利于建立全方位全员覆盖的学生动态档案

360度考评反馈理论主要主张对被评价者的行为表现从被评价者的上级、同级、下级以及评价者自己等全方位多角度的综合评价和反馈。因此，将360度考评反馈理论引入到大学班级管理中，一方面有利于消除班级管理的“灰色地带”，每个学生都是评价者和被评价者的双重身份；另一方面我们将专任教师、辅导员、学院学生会、班级干部、同学，特别是将学生家长引进教育管理平台中，可以建立有效的全方位全员覆盖的学生动态档案。

2. 360 度考评反馈理论有利于挖掘学生深层次胜任特征

传统的班级管理采用的是静态的、单一的和重结果的评价方法，在实际评价过程中教师和学生对评价的认识存在偏差，如教师将评价作为评优获奖的唯一标准，而学生也把评价作为获得奖学金的一种手段，带有强烈的功利主义色彩，削弱了评价的客观性和严肃性的功能。而 360 度考评反馈理论主要是挖掘深层次的胜任特征，而且是实践证明效果较好的方法[1]。胜任特征是将被评价者与其他学生区分开的个体潜在的深层次特征，即我们平时所说的核心竞争力，其评价结果记录在动态档案中便于我们对学生进行个体的职业生涯规划指导，促进个体的自我成长与发展。

3. 360 度考评反馈理论有助于强化班级的核心价值观

有学者将班级管理目标分为外约束和内约束两种，外约束即社会通过学校要求学生达到的目标对班级目标的约束，内约束即班级管理目标与学生个体发展目标的一致性要求[2]。而 360 度考评反馈理论在班级管理中的运用就有利于班级管理目标的内外统一，在提升学生个体素质的同时内化社会主义核心价值观。首先，我们应将核心价值观细化为三级指标，从指引性指标到分项指标再到操作指标，从核心价值观逐步推进到学生个体行为的操作层面，使学生在日常的行为中内化班级的核心价值观，达到知行统一的教育作用。其次，班级核心价值观的确立也有利于增强班级的凝聚力，建立更加和谐的生生关系和师生关系。

4. 360 度考评反馈理论有利于提高学生参与班级事务的积极性

大学生参与班级民主管理不积极的主要原因之一是学生自身的民主意识较差，不重视自己的话语权。而 360 度考评反馈理论将组织公平理论引入班级事务管理中，其原理是组织成员的充分参与可以提高组织成员的组织公平感（包括制度公平、结果或分配公平、程序公平、人际关系公平），进而提高组织成员的归属感和自信心。同时，360 度考评反馈机制采取匿名评价的方式，消除考评者的顾虑，使其能够客观地进行评价，保证了评价结果的真实性和有效性。

三、360 度反馈评价理论在班级管理中的运用和实施

360 度反馈评价理论在班级管理中的运用主要遵循以下几个原则：一是用准确的语言形成标准的班级测评体系；二是统一评分体系和分值权重分配；三是注意学生动态档案的建立以及每次评价结果的及时反馈。有必要说明的

是,360 度反馈评价理论在班级管理中的运用我们应着重于自身管理理念的提升，而不是把管理模式进行简单的复制或变形，它的作用更多的是改变班级管理者和被管理者学生的思维模式和行为方式。

1. 测评体系的确定

结合大学生客观实际情况，我们拟将 360 度考评反馈体系的设置采用三级指标体系方式层层推进：一级指标体现教育引领的高度，在于目标的引领性；二级指标体现学生的全面发展，指标的分类化；三级指标在不违反学生手册的前提下，与大学生的学习生活实际相结合，体现目标的针对性，并能体现学生教育管理的具体内容。通过这种方式建立的指标体系便于我们操作和测评实施[3]。

党的十八大报告将社会主义核心价值观浓缩为 24 个字：“富强、民主、文明、和谐；自由、平等、公正、法治；爱国、敬业、诚信、友善”。作为社会主义事业建设者和后备军的大学生，能否内化社会主义核心价值观并在行动中积极践行，是关系我国社会主义建设的大事。我们要将社会主义核心价值观融入大学生教育的全过程，使之成为大学生能够普遍理解、接受和自觉遵守奉行的价值理念。因此，我们应将社会主义核心价值观积极引入学生考评的三级体系中。一级指标采用从国家、社会、个人层面提出的社会主义核心价值观作为目标指引；同时选择立足个人层面提出的“爱国、敬业、诚信、友善”作为二级指标进一步细化，这有利于社会主义核心价值观在大学生群体中的道德内化；三级指标则将社会主义核心价值观融入大学生实际的日常学习生活中并进行赋值，各班级可根据实际情况调整分项指标的分值比例，如“诚信”就细化为“学习科研诚信、日常生活诚信、人际交往诚信、兼职就业诚信”等四个分项。

2. 测评主体的选择

360 度测评理论又被称为全方位反馈评价或多元反馈评价,这是由于测评主体的多元化，是由上级、同级、下级，自己以及外部专家组成测评主体。因此，我们确定测评主体时，要注意测评的构成人员必须与测评对象有直接的关系,了解测评对象的日常情况,其权重可以根据班级的实际情况进行调整。

（1）上级

班委干部的上级可以由辅导员和团委学生会干部组成，普通学生的上级则由辅导员和班委干部组成。上级考评侧重于爱国、敬业等指标，应该宏观而全面、客观，避免感情倾向。同时，尽量采用量化指标或有明确规定的定性指标，如上课出勤率、挂科率、学分绩点等，以及参加班级活动的次数与质量等。

（2）同级

主要由室友、学习小组的成员组成。作为朝夕相处的同学，其测评的重点可以从友善、诚信等指标进行互评，因为他们更加了解被评价者的真实情况，如待人接物、人际关系、消费水平与能力等，这是最真实有效的信息来源，其结果可以用来鉴定班级贫困生等·。

（3）下级

广大同学是班委干部服务的对象，此项得分可以作为班委干部工作考核的依据。搜集普通同学对班委干部的评价信息，更能考察班委干部的群众基础、服务意识、模范作用等。

（4）自己

向测评对象明确考评的目的是为其寻找自身的优缺点，旨在加强教育管理，提升自我。设计个人自评环节，以便将其他各层次的评价信息和自评信息相比较，其结果可以作为个人职业生涯规划的有力支撑。

（5）外部专家

外部专家包括家长、任课教师。任课教师的测评侧重于敬业指标，家长的测评侧重于友善指标。任课老师参与测评有利于提高老师的课堂权威和到课率，而家长的参与有利于学生自律和培养学生的感恩意识。

3. 测评实施的注意事项

（1）测评前动员

为保证评价的客观性和准确性，一方面，做好评测前的动员与宣传，在评价考核前，向学生和参加测评的主体说明测评的意义，减少片面、报复、互相串通、相互恭维的现象；另一方面，在分值和权重的分配上，应根据班级的实际情况将不同主体的赋值权重加以调整，保证总分值的客观性，如班级学风较差，就应将“敬业”的分项赋值增加；如上课出勤情况较差，则应将“外部专家”的分项赋值增加。

（2）测评后反馈

反馈信息一般应采用纸质文档一对一的反馈，保障学生的隐私。反馈的语言多用正面反馈，如某选项得分较高，而某选项得分较低[4]。如有评分严重偏低的学生宜采用面谈法反馈。测评结果应及时纳入学生动态档案，对他们的工作、学习和生活具有较高的诊断性，其结果应具有实际价值，如班委干部的评价结果可以用来考核干部任职是否称职而进行筛选与选拔，对于贫困生的甄别与鉴定也可以更加全面，而普通同学也可挖掘其深层次胜任能力从而有针对性地制定职业生涯规划，使其自身素质得到不断提高。因此，我们的评价结果应该及时准确地反馈给学生并纳入学生个体档案，并且适时地给予他们相应的指导和帮助，“以评带育，以评促管”才是我们评价的最终目的。

参考文献

[1] 马静涛，贾建锋，张迪．基于胜任特征的大学生职业生涯管理研究[J]．现代教育管理，2013(5): 104-107.
[2] 万成海．高校班级管理目标构建刍议[J]．学校党建与思想教育，2005(10): 62-63.
[3] 兰芳．基于 360 度反馈评价理论的大学生党员教育管理问题探析[J]．内蒙古电大学刊，2013 (4): 83-86.
[4] 毛志丽．基于中西文化背景下 360 度反馈的差异性研究[J]．科技管理研究，2010(18): 232-235.

高校大学生学风建设存在的主要问题、原因及对策

许媛芳

大学生学风建设是高校思想政治工作的重要环节，历来受到高校教育工作者的高度重视。随着高校招生规模不断扩大，社会信息化水平不断提高，高校学风建设受一些不良因素的影响，其建设的难度越来越大。因此，要求高校教育工作者充分认识学风建设的难度和重要性，针对大学生学风建设出现的新问题，分析其中的原因，并思考解决的途径，为培养高质量优秀的大学生营造良好的学风环境。

一、新形势下大学生学风建设存在的主要问题

从宏观上看，高校的学风整体处在良好的发展建设当中。但当今社会，网络信息纷乱庞杂，各种网络信息真真假假难以分辨，充斥在大学校园的各个角落，对大学生的思想产生冲击，稍有不慎，就有可能影响到大学校园的学风建设。

（一）专业选择跟风，调剂生学习热情低

一些大学生由于在填报志愿时没有结合自身兴趣，或者盲目听从父母及他人的意见，跟风选择所谓热门专业，导致进入大学学习时对所选专业缺乏学习的动力和热情，成绩严重下滑。另一方面，有部分大学生由于没有被所报专业录取，而是被调剂到其他专业，尽管这些学生在高中时成绩优秀，但由于对调剂的专业缺乏兴趣及认识，因此怠于学习调剂专业，甚至出现逃课、期末考试不及格等现象。

（二）忽视专业学习的重要性，专业知识学习不深入

大学的目标是要培养具有综合素质的水平高人才，而学业成绩好坏是人才综合素质水平高低的一个重要衡量指标。但是，有一部分大学生由此片面

地认为在大学期间，学习不重要，这种思想带来的行为表现是这一部分学生每天忙于除了学业以外的一些其他事情，如忙于各种社团活动、忙于各种社会实践、忙于各种比赛等等，而学业则完全不被重视且日渐荒废，这部分学生的学习往往只在每学期期末考试前一个月甚至前一个星期突击学习应付考试，长期下来，造成专业知识学习不扎实，考试敷衍了事，难以在专业学习上获得成就。

（三）课堂学习纪律松散，课后作业完成质量差

信息时代给我们的生活带来了很多便利，但也带来了一些不好的影响。在大学校园里，手机等移动终端几乎每位大学生都有。在大学的课堂上，交头接耳说话的大学生确实少了，但低头用手机追剧、手机上打游戏、手机上聊天的大有人在，以消极的态度参与课堂互动，这种现象不但打击了教师上课的热情，也影响到其他同学听课的效果，对学风建设非常不利。另一方面，由于课堂上未认真听课，很多学生的课后作业只能采取照抄其他同学的方法完成，甚至出现过班级、姓名、学号都抄得跟其他同学一模一样的情况。

（四）专业实习基地建设困难，实习效果有待提高

“纸上得来终觉浅，绝知此事要躬行”。学习得再扎实的理论知识，也需要通过专业实习对所学知识进一步理解、消化和巩固。由于实习基地容量有限，大学的专业实习往往采取集中和分散相结合的形式。对于学校要求的集中实习，有些大学生存在抵触心理，认为其将来不会在所学专业领域工作，因此拒绝参与集中专业实习；而分散实习中，有部分大学生自己选择的实习岗位与专业的相关度不高或者完全不相关，更有一部分大学生在家闲玩，用虚假的实习证明材料获得实习成绩蒙混过关。

二、大学生学风建设存在问题的原因分析

（一）网络信息时代对大学生学风建设的影响

当前国家高度重视建设良好的社会风气，党的十八大以来，中央高度重视培育和践行社会主义核心价值观。习近平总书记多次作出重要论述、提出明确要求，社会风气得到明确改善，但无处不在的网络信息有时没有经过过滤，诸如“一夜暴富”“不读书也能成才”“读书无用论”等言论对大学生的思想造成冲击，造成少数大学生急功近利，对待学业的态度马马虎虎，对专

业学习的目标仅仅是找到一份赚钱多的“好”工作，而没有建立专业学习要为国家、为社会、为民族等更高层次地责任感和使命感，学习动力不稳定或学习兴趣缺乏。

（二）教育管理过程不够完善对大学生学风建设的影响

当前大学生学风建设主要依靠辅导员，没有形成辅导员、任课教师及行政人员等全员参与的学风建设体系，各部门在各自的职责内进行教育管理，相互之间缺乏默契配合。而辅导员要完成工作量，需要带 4 个班左右，大学生人数约 200 人，除此之外，还要承担一部分学工系统的行政事务，如此繁杂无序的事务使其根本无法抽出更多的精力进行系统的学风建设。另一方面，在科研任务硬性考核的压力下，任课教师往往更倾向把重心放在科研工作上，而忽视了教学方法的改进，也忽视了教学过程中“教书育人”的责任，进而对大学生的学习兴趣、学习态度、学习纪律和学习氛围等产生不利的影响。

（三）课堂教学方法陈旧，无法吸引大学生听课注意力

如今网络信息发达，网络上各种学习资源非常多，这对教师的课堂教学提出了非常大的挑战。大学生对于任课教师讲课的方法、形式等有了更高的要求。作为任课教师，如果还是停留在老一套的教学方法，不思改变，必然无法吸引大学生的听课注意力。尽管近年来，微课、慕课、翻转课堂等新形式的授课方法不断涌现，但在实际的课堂教学中被应用的程度还远远不够。

三、完善大学生学风建设的对策

（一）大学生应树立正确的学业观

作为新时代的大学生，应肩负起建设祖国的重任，不能把思想狭隘地建立在毕业寻找一份好工作即可，更不能受一些急功近利思想的影响，急于求成，而应主动承担起国家和民族的希望，学好专业知识，提高思想觉悟。作为高校教育工作者，应把大学生学风建设工作放在重中之重，各部门应通力合作，相互配合，形成合力，共同引导大学生树立正确的学业观。

（二）营造良好的校园文化氛围，搭建学风建设平台

学风建设是一项系统工程，需要从多方面着手建设。高校教育管理者应

通过开展丰富多彩的校园文化活动，使大学生在活动中提高组织能力、协调能力、人际交往及沟通能力等综合素质。在开展校园文化活动的类型中，一要注重活动所体现的文化内涵和精神品质，二应注意活动的新颖性，从而吸引高年级大学生积极参与，避免出现低年级大学生参与的活动过于密集，而高年级大学生极少参与校园文化活动的情况出现。

（三）引导教师采用新的教学形式，改变教学方法

面对新时代的大学生，作为任课教师，要与时俱进，顺应时代潮流，不断学习和适应新的授课形式，比如进行启发式教学、研究讨论式教学、自主和交互式教学等，采用多媒体等先进教学手段，多进行课堂互动，活跃课堂气氛，将学生课上回答问题、作业完成情况、出勤、迟到早退等均作为平时成绩的打分依据，以此来充分调动大学生的学习主动性和积极性。其次，上课前要求学生将手机统一放至指定位置，禁止大学生课上手机追剧、打游戏及手机聊天等，严肃课堂纪律。

（四）更新专业实习基地，不断完善实习制度

针对专业实习基地容量不够的问题，各专业应在维护老实习基地的基础上，不断联系建立新的专业实习基地。在大学生集中实习的过程中，建立教师督导队伍，将学生进行分组，每组指定教师进行实习督导，同时，聘请实习基地工作人员作为实习指导老师，在大学生实习过程中进行实习指导，并对大学生的实习情况做出评价，给出实习分数，使大学生更好地通过专业实习提高专业理论水平和实践能力。

参考文献

[1] 刘艳军. 新形势下大学生学风建设探析[J]. 高教研究, 2014（2）.

[2] 周辉. 当前大学生学风存在的问题及对策[J]. 中国石油大学学报(社会科学版), 2015（6）.

加强大学生就业法治意识培育的思考

陈 曦

大学毕业生在就业过程中缺乏法治意识、维权意识、诚信意识和法律责任意识的现象屡见不鲜，此问题应引起社会和高校的关注和重视。大学生是素质相对较高的社会群体，是国家未来的主人。大学生就业法治意识的缺失，不仅会侵害大学生的就业权益，对用人单位和高校就业工作造成一定影响，而且还会对我国法治化进程带来阻力和障碍。加强对大学生就业法治意识的培养、教育是提升大学生法治意识的重要组成部分，也是当前高校思想政治教育工作的一项重要内容。培育大学生的就业法治意识对于维护大学生合理的就业权益、构建和谐的劳动用工关系、规范就业市场行为、促进高校帮助学生积极就业具有重要的现实意义。

但大学生的就业法治意识培育工作，在当前大部分高校没有得到重视，就业法治教育的体系、内容、形式等还没有规范和有效建立，其教育教学效果不能满足大学生在当前就业环境下所应当具备的法治素养。

一、高校大学生就业法治教育存在的困境和问题

高校的就业指导工作对大学生就业法治教育有一定的涉及和体现，能为学生的就业提供一定的帮助和支持。但依托就业指导工作的高校就业法治教育还存在如下困境和问题。

1. 高校就业指导教育的培养定位存在偏差

当前，我国高校在就业指导教育、教学中对大学生的法律素养和法治意识的培养并没有引起足够的重视。高校的就业指导教育往往违背了法律素养和法治意识培育的初衷和途径，存在错误的定位认识。

（1）就业指导教育者的法律思想观念引导存在偏差。在许多高校的就业指导教育中，教育者往往给学生灌输预防大学生违法犯罪的问题，侧重于在就业指导课程中传授民事、刑事等实体法律规范，对增强学生国家意识和

基本权利与义务意识和依法行政观念为目的的宪法、行政法部分则一带而过。这种错误的教育让学生以为只要自己不触犯法律就没有必要学习法律，更有大学生认为学法与自己就业根本没有任何联系，这些存在于学生中的错误思想认识与高校就业指导教育的教育引导是分不开的。

（2）就业指导教育者的认知存在偏差。调查表明，目前相当一部分高校在就业指导课中对大多数学生传授的法律法规知识局限于就业法律某一领域，如诚实守信、遵纪守法、违约责任等。但事实上，大学生在就业过程中遇到的法律问题常常涉及到多个法律领域，且问题或纠纷会贯穿于整个就业过程中，不仅存在在就业前、就业中，也常常涉及到就业后，比如就业后的社会保险、劳动权利等等。大学生就业的这种特殊性决定了在高校的就业指导教育中针对大学生就业法律素养和法治意识培育的问题应定位全局，而不是某个阶段或部分。

2. 就业法治教育存在理论和实践脱节的现象

当前，高校在就业法治教育中，大多局限于传统的课堂理论教学，缺少用事实说话的实践性教学，存在理论教学与实践教学脱节的现象。依托就业指导课程开展的就业法治教育，在授课过程中，对于法律条款本身的枯燥和乏味，很多学生对此兴趣并不大，课上没有认真汲取，课后也缺乏兴趣去深入研究，久而久之教师和学生双方都对授课效果感到失望。当然，有的高校在就业指导教育中，针对法治教育也设计了实践环节，但现有的教学计划还难以满足大学生群体的实践需要，有的实践教学环节也只是固有地遵守教学大纲的安排设计，没有从学生就业的实际需求出发，没有考虑理论内容和实践内容无法匹配的现实，导致学生对就业法治教育无法从内心产生认同感。

3. 就业法治教育的师资队伍专业化程度较低，配置不合理

各高校现目前就业法治教育的主导力量大多以辅导员、就业指导中心工作人员、思想政治课教师等为主。授课教师大部分缺乏法学专业背景，对就业工作中涉及的法律法规了解不够深入，在授课中仅限于对法条的宣传，缺乏对法律的深入解读和分析。再者，高校讲授就业法治教育的教师普遍缺乏司法实践经验，导致课程内容缺乏实效指导性，不能为大学生提供专业的司法指导。

4. 就业法治教育重“知识灌输”轻“意识培养”

高校就业法治教育目前大多数仍停留在“知识灌输”的层面，一味向学生“灌输”、讲授枯燥的法律条文，而忽略了对大学生法治意识的培养。实践

中，仍有部分高校仅在大学生即将毕业、面临就业、临时需要时才对学生开展就业指导和提供就业相关的法律法规学习平台，高校缺乏对大学生进行就业法治教育的长远、整体规划。短时间法律条文的灌输无法让学生形成对就业相关法律法规的认同和重视，无法培养学生的就业法治意识。

5. 就业法治教育内容缺乏系统性、针对性和层次性

目前，大部分高校就业法治教育的主要课程载体为“思想道德修养与法律基础”和“大学生就业指导”两门课程。课程教学内容笼统、概括地涉及一些法律基本常识或知识，与就业相关的法治教育没有形成单独或独立的教学体系。同时，作为对大学生开展法治教育基础课程——“思想道德修养与法律基础》课，主要在大一阶段开展，大二至大四阶段的法治教育基本处于空白，更不要说专门针对就业开展的法治教育工作。高校的法治教育效果缺乏延续性、阶段性和层次性。

二、就业法治教育中应处理好的关系

1. 全程性与阶段性的关系

就业法治教育是以提升大学生的法律素质、引导大学生树立法治意识为目标的教育工作，这决定了它将是一个长期性的工作。因为素质、能力的提升和意识、信仰的树立必须经过长期的内化方能外显于行，因此就业法治教育必须坚持全程性。而学生的成长、发展具有阶段性的特点。每个年级、每个阶段都有自己的学习重点和教育重点，就业法治教育也应遵循学生的发展阶段，开展针对性和层次性较强的教学内容，循序渐进，以阶段进步促进整体目标的达成。所以，就业法治教育需要处理好全程性与阶段性的关系。

2. 知识传授和能力提升的关系

大学生的就业法治教育肯定离不开对法律知识的传授，这是大学生掌握法律知识、构建自我法律体系的前提。但是单凭对法律知识的死记硬背只能解决就业过程中的局部或者个别问题，不能有效应对复杂的风险、纠纷和困境。没有解决法律纠纷或困境的能力，便不能处理好未来可能在就业过程中出现的问题。知识和能力是大学生必须具备的“护身护”，就业法治教育也应当着眼于对大学生法律知识储备和能力提升这两个目标之上，只有将两者置于良性发展的互动过程中才能为大学生解决就业过程中的问题提供有效的保证和保障。

三、探索大学生就业法治教育改革的新途径

1. 明确就业法治教育目标，确保就业法治教育的导向性

高校在开展就业法治教育的过程中，首先要明确将“引导学生树立法治意识、提升学生法律素养”纳入教学目标中，以教学目标引导教师开展有效教学，明确教学的重点，拓宽教学的思路，丰富教学的形式，集有效资源服务于教学目标。大学生法律素质的提升和法治意识的形成从根本上说是对法律的一种认同、尊重和遵守，这需要大学生从内心真正地信服和接受。因此，就业法治教育是一种认同教育，需要从教育教学中注重对大学生的法律思维、法律习惯和用法能力的培养和教育。

2. 重构纵横相间的就业法治教育内容，保障就业法治教育的实效性

高校的法治教育工作、就业指导工作及就业法治教育，不应当是一个“扁平”的工作体系，它们均应当着眼于对大学生的素质和能力的培养，从根本上提升大学生适应社会、解决问题的能力和本领。

（1）以纵向体系为延伸，开展具有层次性、阶段性和针对性的就业法治教育。如前所述，目前大部分高校针对大学生开展的法治教育，主要依托大一阶段开设的“思想道德修养与法律基础”课程，其中涵盖的法治教育内容较为笼统，更谈不上专门针对就业阶段所涉及的专门法律知识进行讲解。针对就业阶段开设的与就业相关的法律法规课程仅限于“就业指导课”，且其中涉及的法律法规内容占比较少，除了相关法条外，没有涉及其他。然而，以培养大学生“法治意识”为目标的就业法治教育，应贯穿大学教育的始终，以重要性、基础性、专门性为出发点，从大一至大四，分年级、分层次、分专业地对高校学生开展阶段性的就业法治教育，构建层次分明、针对性强的纵向就业法治教育体系。

（2）以横向教育为导向，贯穿就业法治教育的始终。对大学生开展就业法治教育，其根本目的是要让大学生树立起就业法治意识，即让大学生在就业过程中具备有效的法律判断，能有效保护自己的合法权益，也能约束毕业生在就业过程中不损害用人单位的利益。大学生的就业法治意识应包括：权益意识、契约意识、诚信意识和证据意识等，在针对大学生的就业法治教育中，应持续引导大学生了解相关意识的内涵，培养大学生树立起上述意识。

3. 强化就业法治教育师资力量，提升就业法治教育水平

（1）建立教师培训机制。高校应专门针对参与大学生就业法治教育的思政课教师、辅导员、就业指导中心工作人员等制定相应的培养和训练计划，

并将其纳入教师发展工作的长远规划中。高校应为担任就业法治教育的老师提供参加法律知识培训、学习的平台，不断提升他们的法律素质和业务素质，激励教师相互学习和促进。有条件的高校还可以举办就业法治教育公开课程比赛，以赛促教，推广经验，提升任课教师的法律素养和能力。

（2）加大人才引进和社会资源利用的融合。高校除了要加大力度引进法律专业高学历、高素质人才加入教师队伍外，还应当积极拓展社会教育资源，吸收企业人力资源专家、政府相关部门负责人、律师、法官、法律服务工作者等作为大学生就业法治教育队伍的有力补充。高校可以根据实际情况让他们以兼职专家、教师、学者的身份为大学生提供实践性和针对性强的就业法治知识传授。

4. 创新就业法治教育的方式方法，提升就业法治教育的实际效果

（1）凸显学生主体地位，变被动学习为主动学习。教师的“一言堂”，教师辛苦、学生无趣。没有学生参与的课堂，学习氛围和教学质量可想而知。在就业法治教育教学的课堂上，教师要秉持培养大学生法律素质和法治意识的教学目标，积极引导学生交流、互动、质疑，提高学生学习的主动性和积极性，激发学生学习的兴趣。而要做到这一点，必须要抓住学生的学习需求，了解学生学习的期待，只有立足于学生的实际所需才能有针对性地开展教学，才能让学生想听、愿意听。因此，课前对学生进行实际需求的调研、分析，是每位授课教师不能忽略的环节。通过调研，了解学生的“痛点”“痒点”，系统性地开展备课、授课，有针对性地开展教学，而不是一味地“死板地”遵循教学大纲的进度安排，这才是就业法治教育有效开展的基础和保障。“投其所好”的教学模式，学生想不参与都难。

（2）多种教学方法并用，体现教学的体验性和参与性。除了在课程选题和设计上要结合学生的所需所想外，教师的教学方法是要让学生有参与感和体验感，能在课程中得到提升自我的能力和素养。教师可以采用的教学方法有以下几种：①案例教学法。在案例的选择上教师应注意案例一定要贴合学生就业过程中的实际情况，用贴近大学生就业实际经历的案例引起学生的共鸣和警惕，这样才能让学生感受知识的实用性和实效性。②网络教学法。有条件的高校除了为学生提供面对面的授课外，还可以采用网络教学的方式为学生开设就业法治教育课程。网络授课不仅时间灵活，可以满足学生多样的时间安排，而且还能激发学生的学习兴趣。③讨论教学法。在课堂上教师应多加入讨论环节，甚至用翻转课堂的方式，让学生通过自行查阅资料、整合信息等方式，在课堂上呈现自我学习成果并与同学分享，集团体的智慧提升学生的学习成果和效率，做到教学相长。

（3）充分利用各种校内资源，丰富就业法治教育的途径。高校就业指导部门可以有效利用就业专题网站、校报期刊、校园广播、主题班会、法制讲座和法律知识竞赛等方式，对学生开展就业法治教育。其教育宣传方式可以以主题式的方式开展，如就业协议专题、劳动合同专题、预防就业陷阱专题、抵制就业歧视专题等，以系列主题的宣讲推进学生对就业过程中所需要了解和掌握的法律知识的理解和巩固，潜移默化地引导学生增强就业法治观念和法律意识。

5. 创新就业法治教育的各种载体，提高就业法律知识的应用能力

（1）搭建就业法治教育的教学资源平台，提升教学的丰富性和系统性。各高校可借助现代化网络资源，建立大学生就业法治教育资源网络平台。此平台可以从教师教学角度出发，从教学内容、教案设计、资料推荐、方法指导及案例分析等方面，为教师开展就业法治教育提供辅助性资源。另外，从学生自学角度出发，为学生提供自学资源，成为课堂之外更具参考性、丰富性和指导性的教辅资料。

（2）建立高校就业法律援助中心，形成就业法治教育氛围。毕业生在就业过程中难免会遇到法律方面的困惑或麻烦，高校应综合学校的法律资源，在高校就业指导中心下设就业法律援助部门，以专业法律教师、就业指导教师等为主导，针对同学遇到的问题和困惑，为他们提供免费的法律咨询或法律帮扶，引导初入社会、职场的同学有效地维护自身合法权益。

（3）创新新媒体环境下就业法治教育，实现教育的网状覆盖。当今就业法治教育的开展，要更加重视新媒体的实践应用，特别是对于当下手机网络的关注和使用，更是重中之重。各高校可以微信公众号、微博或校园网等多媒体平台，构建就业法治教育网络平台，从简单的信息通知转向丰富多彩、图文并茂、音视齐驱的就业法治教育形式，使教育能贴近学生心理，符合学生所需，提高学生的学习能力，鼓励学生访问、参与、建设就业法治教育网络平台，变被动接受为主动吸收，成为就业法治教育的实际参与者。

科教融合理念的生成逻辑、政策进路及其实践价值*

顾　飞　王晨欢

一、引　言

科教融合是当代大学培养创新型人才的核心理念，也是各国高校深化教育教学改革，建设一流大学所应秉持的共同原则。在大学的人才培养过程中，通过科研与教学之间的有效互动，促成二者之间的深度耦合与协同转化，有助于学生创新意识、创新思维与创新能力等高阶思维与综合能力的培养，对于落实立德树人根本任务、全面提高大学人才培养能力、打造一流学科专业、办出“世界一流大学”具有不可或缺的重要意义。作为一种与时代发展相结合的高等教育人才培养新理念，科教融合并非是科研与教学在形式上的浅层结合抑或结构上的简单拼凑，而是将传统的科研与教学有机整合并全方位融会贯通于人才培养过程。本文基于现代大学教育教学改革发展及其实践演进，梳理了科教融合理念的生成逻辑及其在我国本土化实践的政策进路，并立足我国实施创新驱动发展战略与创新型人才培养的迫切需要，对科教融合理念的实践价值予以解析，以期对“十四五”时期提高我国高等教育质量，“建设一流大学和一流学科”“深入实施科教兴国战略、人才强国战略、创新驱动发展战略”[1]有所启迪和裨益。

二、历史演化与变革回溯：科教融合理念的生成逻辑

科教融合是“现代大学的基本形态”[2]，已经成为全球高等教育教学变革

* 本文系2017年重庆工商大学教育教学改革研究一般项目“基于科教融合理念的《财务管理案例》教学模式改革创新与实践”（项目编号：2017214）；重庆市教育科学“十三五”规划2018年度一般课题“创新生态视阈下科教融合特色专业课程教学范式研究：基于《财务管理案例》的微观实践”（项目编号：2018-GX-345）的阶段性成果。

与转型发展所普遍秉持的共同信念[3]，世界各国的大学尤其是处于一流梯队的大学无一例外地都会通过科研与教学的深度互动与协同发展来实现其培养创新型人才的目的。

作为一种伴随现代大学教育发展演进而在历史沿革中生成的全新教育教学理念，科教融合最早可以追溯到柏拉图的“雅典学派”，但将其确立为一所大学永久性原则的卓越人物则是深受新人文主义思潮影响的威廉·洪堡。洪堡认为，大学就其本质而言，应当是“生产并传播高深学问的学术机构”[4]。因而，在大学里不仅只是学习知识，更应该发现新知识。他强调，大学教师必须开展科学研究，唯有如此，教师方能将最新的科研成果运用于教育教学过程中；同时，学生也应该参与科学研究活动，唯有如此，才能算是有效的学习。据此，洪堡1810年在柏林大学创立了“教学与科研相结合”的办学新模式，将科研正式确立为现代大学的基本职能之一[5]，进而开创了科教融合型大学模式的历史先河。在当时的德国大学，最负盛名的便是“教学-科研实验室”与“教学-科研研讨班”这两种科教融合型的教学组织模式。在这种新型的教学组织模式框架下，教师在教学过程中不仅仅是传授给学生既有的知识，更重要的是培养学生如何发现并获取新知识。这一改革举措在培养出大量创新型人才的同时，也有力地提高了德国大学的研究能力与创新能力，一度使得德国成为世界科学研究活动与高等教育发展的中心[6]。洪堡提倡并秉持的“教、研相结合”的办学原则受到了当时普鲁士政府的支持，此后基于学术科研水平形成了大学任命教授的制度化标准，并一直沿袭至今。丹尼尔·吉尔曼在继承并发扬洪堡科教融合办学理念的基础上，将科研、学习与教学的连接体由本科教育层次上移至研究生教育培养之中，进而对大学的定义及其范围、培养目标与组织方式等领域予以了创新，并倡导和推动了高等教育机构“学术共同体”的构建，同时开创了大学访问讲座、建立奖学金等制度[7]，进一步推动了科学研究与高等教育二者之间在大学内部的有机融合。

美国的大学由于受到了德国柏林大学科教融合办学模式的影响，对于大学从事科学研究的重要性非常认同。19世纪末，一大批学者前往欧洲学习新的科学研究方法，希望能够改变美国落后的大学制度，以满足其当时工业发展对科技人才的需求。这些赴欧学习的美国学者回国之后，在借鉴柏林大学“教学与科研相结合”办学模式的基础上，结合实用主义的美国本土文化，形成了其独特的“现代研究型大学的办学理念”[8]。作为美国现代大学的奠基者，吉尔曼是将洪堡科教融合理念美国化的杰出代表。他建构了以研究生院与学系为双层结构的开展以科研为基础的大学教育，并将这一思想付诸实施，创立了约翰霍普金斯大学，进而带动了哈佛、耶鲁、哥伦比亚、普林斯顿等大学的结构性变革，推动了美国由“学院时代”迈入“大学时代”。这种基于科教融合理念的结构性变革与制度性创新，也为美国后发超越德国而成为新的世界科学活动和高等教育中心夯实了基础[9]。

在经验主义思潮主导的社会环境下，英国大学科教融合的体制化变革呈现出与其他国家不同的特点。由于受其经验主义保守性的影响与桎梏，英国大学科教融合的体制化变革演进是理智而缓慢的，直到 20 世纪中后期才得以较快发展。英国大学与科学产生交集的时间最早可以追溯到 17 世纪，但直到英国通过两次世界大战觉察到美国大学科研所产生的巨大科技效用时，才进一步刺激和推动了英国大学科研体制化变革的进程。如此一来，科学研究才逐步成为英国大学教师的职责内容。20 世纪中期以后，科研越发成为英国大学职能的重要组成部分，不仅基于本科教育层面的科教融合备受重视，研究生教育也在此后得以长足发展。1991 年，沃里克大学设立研究生院，以科教融合提高研究生培养质量，进一步强化了大学的科研基础。

法国的大学教育及其科学建制起步较早，但由于大学与教会关系密切而被废除，加之受国家主义的影响，大学教育与科研在法国的高等教育系统中一直处于较低的位势，科教融合缺乏体制性的支持。此后，在一系列改革措施推动下，法国的高等教育才以较快的发展速度实现了大众化，但其高校的科研能力与国家主义主导的、由政府财政大力支持的国家科研中心相比，在整个国家的科研体系中仍未摆脱弱势地位[10]。近几十年来，为了推动本国高等教育现代化进程，法国一直在积极致力于大学高等教育和科研建设，依托创建研究与高等教育集群等策略，将特定区域内的研究型大学与科研机构联结起来，为其合作共赢促进教育资源共享、科研项目合研进而实现科教融合的群体效用最大化[11]提供了空间邻近与网络链接优势。

通过上述对德、美、英、法四个西方发达国家大学科教融合历史演进与变革发展的梳理，由最初洪堡所推动的柏林大学“科研与教学相结合”的办学实践到吉尔曼所构建的美国研究型大学“科教共同体”，科研与高等教育之间的相关性在近现代大学的办学实践中逐步得以最终确立。同时，随着德、美两国高等教育系统因此所焕发出来的蓬勃生机与发展活力日益显现，也使得科教融合逐步成为现代化大学办学的普遍共识和核心理念，进而为构建大学的现代化治理架构奠定了办学的实践与认知基础。

三、本土实践与制度变迁：科教融合理念的政策进路

基于历史演进的比较，虽然德、美、英、法四个国家现代化大学办学变革及其演化的路径与形态并不完全相同，但蕴含在上述国家大学现代化改革发展模式异质性背后的趋势化逻辑却都无一例外地指向了科教融合。实践证明，科教融合已经成为一种在全球高校极具生命力与影响力的教育教学理念，并日益成为现代化大学办学所奉行秉持的基本核心信念，同样也是推动中国大学现代化发展的必然性选择[12]。

新中国成立后，我国高等教育步入了高速发展的轨道，党和国家相继颁布了一系列政策措施来推动我国高校教学科研事业的协同发展，试图探索一条与中国国情、高校校情、发展需要相适应的科教融合道路。1961 年 9 月，中共中央印发试行的“高教六十条”就从政策上明确了高校的科研属性，规定高等学校应当积极开展科学研究工作。次年，中央财经小组与科学小组批准向大学划拨部分款项作为其科研经费[13]，进而在经费投入上加大了对高校科研事业的扶持。但当时大学的科研工作仅限于少数重点大学，并未得以广泛推广。改革开放后，高校既是教学单位也是科研单位的定位进一步明确。1977 年 7 月，邓小平同志在对教育工作的一次谈话中指出，“重点大学既是办教育的中心，又是办科研的中心”[14]。同年 8 月，他又在“关于科学和教育工作的几点意见”中强调，“高等院校，特别是重点高等院校，应当是科研的一个重要方面军”，并指出“随着高等院校的整顿，学生质量的提高，学校的科研能力会逐步增强，科研的任务还要加重”[15]。1987 年，根据中共中央关于科学技术体制改革和教育体制改革的决定，当时的国家教委发布了《关于改革高等学校科学技术工作的意见》，其中明确了“高等学校肩负着培养高级专门人才和发展科学技术文化两项重大任务”，指出“教学和科学研究都是培养高级专门人才的重要途径”“高等学校进行科学研究既是培养人才的需要，也是促进科学技术文化发展的需要”。故此，教学和科学研究“两项重大任务必须紧密结合进行，相辅相成，相互促进，既出人才，又出成果，争取最大综合效益”[16]。这表明科研属性已由原来的重点高校进而推广到了各层次高校，科教融合已成为促使我国高等教育“逐步适应面向现代化，面向世界，面向未来”[17]要求的重要手段。为了全面落实科学技术是第一生产力的思想，

1995 年 5 月颁布的《中共中央、国务院关于加速科学技术进步的决定》提出了“实施科教兴国战略”，提出“坚持教育为本，把科技和教育摆在经济、社会发展的首要位置”“把经济建设转移到依靠科技进步和提高劳动者素质的轨道上来”。为此，国家先后启动了“211 工程”和“985 工程”，对高校科研活动予以政策扶持[18]，进而推动了高校科学研究的空前发展。为了将高校的科研优势更好地转化为人才培养优势，胡锦涛同志在 2012 年 6 月召开的两院院士大会上对“加强科学研究与高等教育有机结合”[19]予以了强调，对高校进一步推进科教融合提出了新要求。

随着我国经济社会的高速发展，创新作为第一动力、人才作为第一资源的关键地位和重要作用日趋突显。为了培养经济社会发展所急需的创新型人才，2016 年 5 月，习近平总书记在全国科技创新大会、两院院士大会、中国科协第九次全国代表大会上提出：“要完善创新人才培养模式，强化科学精神和创造性思维培养，加强科教融合、校企联合等模式”[20]。2016 年 12 月发布的《高等学校“十三五”科学和技术发展规划》又将科教融合视为现代高等教育的核心理念以及高质量高等教育的重要支撑，明确把支撑人才培养作为对高校科技工作的内在要求，提出“高校科技工作必须与人才培养更紧密地结合起来，推动创新链与人才培养链有机衔接”[21]。2018 年 9 月颁布的《教育部关于加快建设高水平本科教育全面提高人才培养能力的意见》提出：“强化科教协同育人”“建立科教融合、相互促进的协同培养机制”“将最新科研成果及时转化为教育教学内容，以高水平科学研究支撑高质量本科人才培养”[22]的工作要求。同时，为了发挥学科建设的龙头作用，以评促建、以评促改。2020 年 11 月，教育部公布的《第五轮学科评估工作方案》又明确了“科研育人成效”的评估导向，提出了以科研支撑教学的融通理念[23]。

无论是上述对科教融合理念在西方主要发达国家高校产生及其演化脉络的梳理，还是对我国高等教育科教融合理念本土化实践的政策进路勾勒，均清楚地反映了这样一个客观的事实，那就是科教融合引领了全球高等教育教学改革发展的时代潮流，是世界各国提升人才培养与科技创新竞争实力的大势所趋，同时也是推动我国加快建设高水平本科教育、全面提高人才培养能力的必然要求。科教融合理念在西方主要发达国家高校变革演进中的生成逻辑及其在我国高等教育本土化发展进程中的政策进路，均反映了传统大学向现代化大学转型发展的必然历史趋势，同时也是现代化大学结构性成长及其可持续发展的内生性要求。科教融合理念在我国高校的逐级落地实践，对于新时代我国进一步深化高等教育教学改革、激发高等教育内涵发展的蓬勃生机与活力具有举足轻重的关键性作用。

四、创新驱动与人才培养：科教融合理念的实践价值

建设现代化强国，科技是关键，教育是基础。当今世界经济发展与综合国力的竞争本质上是科技的竞争，而科技竞争的背后则是人才的竞争与教育的竞争。作为培养创新型人才和促进科技创新成果涌现的现代化教育教学理念，科教融合理念的落地实践，一方面对于促进高校将科研创新优势转化为人才培养新动能，全面提升高校人才培养能力，尤其是创新型人才的培养能力有着不可或缺的关键性作用；另一方面，也极大地有利于发挥高校的人才培养与智力集聚优势，深层次激发高校科学研究创新潜能，推动高校人才培养及其智力集聚优势转化为内生性的科研创新原动力，进而从创新型人才培养与高端科研创新成果涌现两个维度为我国加快实施创新驱动发展战略提供战略性支撑。这正是科教融合理念之所以为发达国家高校广泛认同并长期秉持的深层次价值逻辑。同时，这一价值逻辑也必将为新时代中国“科教兴国”战略赋能现代化强国建设提供具有全局性和战略性的改革路向。

1999 年 12 月，教育部颁布的《面向 21 世纪教育振兴行动计划》中指出：“在即将到来的 21 世纪，以高新技术为核心的知识经济将占主导地位，国家的综合国力和国际竞争能力将越来越取决于教育发展、科学技术和知识创新的水平”，强调“高等学校要跟踪国际学术发展前沿，成为知识创新和高层次创造性人才培养的基地”，并提出实施“高层次创造性人才工程”“高校高新技术产业化工程”以及继续并加快进行“211 工程”建设等重大举措以落实科教兴国战略，加强高校科学研究工作，切实提升高校知识创新能力，激发高校参与国家创新体系建设的积极性，并以此带动国家高新技术产业的发展，充分发挥高校在培育经济新增长点领域的创新引领作用[24]。

2010 年 7 月发布的《国家中长期教育改革和发展规划纲要（2010 – 2020 年)》强调：“实施科教兴国战略和人才强国战略”要优先发展教育，“高等教育承担着培养高级专门人才、发展科学技术文化、促进社会主义现代化建设的重大任务”，提出了“支持学生参与科学研究”“创立高校与科研院所、行

业、企业联合培养人才的新机制”，着力培养拔尖创新人才；促进高校、科研院所、企业科技教育资源共享，推动高校创新组织模式，培育跨学科、跨领域的科研与教学相结合的团队；“促进科研与教学互动、与创新人才培养相结合”[25]等推动科教融合的具体措施。

2016 年 11 月，教育部发布的《高等学校“十三五”科学和技术发展规划》又进一步明确将支撑人才培养作为对高校科技工作的内在要求，强调“高校作为科技第一生产力、人才第一资源和创新第一动力的结合点”，是国家科技创新的重要力量，并将“加快科技资源向教育教学转化”作为坚持科教融合、支撑高质量高等教育的重要举措，提出“用高水平的科技创新支撑高质量的人才培养”，通过科研计划引领创新人才培养，吸纳本科生参与各类科研项目研究；“将开展科研活动作为提升普通本科高校教师教学能力和学术水平的重要途径”，加快最新科研成果进教材、进课堂，打造“创新课堂”；把科技资源纳入教学活动、将创新思维与创造能力的培养贯穿于教育全过程等具体措施，以此更好地发挥高校对国家创新驱动发展的引领支撑作用，使其能够成为建设创新型国家和人才强国的战略支撑力量[26]。

为了全面提升高校的创新能力与高素质创新人才培养能力，更好地支撑国家创新驱动发展战略实施，服务创新型国家建设[27]。2017 年 9 月，中共中央办公厅、国务院办公厅颁布的《关于深化教育体制机制改革的意见》强调：“高等学校要把人才培养作为中心工作，全面提高人才培养能力”“着重培养适应社会需要的创新型、复合型、应用型人才”，并提出了“要深化科研体制改革，坚持以高水平的科研支撑高质量的人才培养”的科教融合要求，以此培养学生的创新能力，激发其好奇心、想象力和创新思维，帮助其养成创新人格[28]。

由此可见，科教融合在发挥高校人才聚集与智力优势、推动基础学科研究、促进高水平科研成果涌现的同时，又将科学研究过程、资源及其成果等有效转化为高质量和创新型人才培养优势，进而形成高校科学研究与人才培养内生性耦合与协同性发展的良性互动互促机制，这既是科教融合理念之所以生成并受到世界各国一致认同的价值根源，也是其在全球高校得以广泛运用的内生性价值逻辑。对于我国高校“牢牢抓住全面提高人才培养能力这个核心点”[29]，切实增强高等教育对经济社会高质量发展的服务支撑力与战略贡献度有着至关重要的作用。

五、结 语

科教融合作为当今世界各国高等教育教学改革与发展所普遍秉持的共同理念，其生成于大学教育的现代化转型与发展阶段，并随着各国经济社会发展对科技进步与创新型人才需求与依赖程度的日趋加剧，而愈发受到各国政府的高度重视，进而成为世界各国高校提升人才培养质量与核心竞争力的必然选择。新中国建立以来，我国高等教育步入了全新的发展轨道，党和国家相继颁布了一系列政策措施来推动科教融合理念在中国大学的本土化实践并取得了显著的成效。“十四五”时期，我国将开启全面建设社会主义现代化强国的新征程，要“坚持创新在我国现代化建设全局中的核心地位，把科技自立自强作为国家发展的战略支撑”[30]，培养高素质的创新型人才是关键，不断提高高等教育质量是保障。因此，唯有将科教融合理念及其政策性要求全方位、全过程地落实到高校教育教学改革的各个领域和各个环节，方才能够为“十四五”时期不断提高我国的高等教育质量，建设一流大学、一流学科和培养一流人才提供坚实的保障。

参考文献

[1] 中共中央关于制定国民经济和社会发展第十四个五年规划和二〇三五年远景目标的建议[N]. 人民日报, 2020-11-04(001).

[2] 刘柏岩，任增元，孙莉. 重构科教融合下的一流本科教育[J]. 中国高校科技, 2019(08): 50-53.

[3] 周光礼，姜嘉乐，王孙禺，陆国栋. 高校科研的教育性——科教融合困境与公共政策调整[J]. 高等工程教育研究, 2018(01): 88-94.

[4] [德]威廉. 冯. 洪堡. 论柏林高等学术机构的内部和外部组织[J]. 高等教育论坛, 1987: 93-95.

[5] 王汝钦. 洪堡. “教学与科研统一”的理念、实践与发展研究[D]. 湖南师范大学, 2019.

[6] 周光礼，马海泉. 科教融合与大学现代化——西方大学科研体制化的同质性和差异性[J]. 中国高教研究, 2013(01): 12-21.

[7] Daniel Coite Gilman. University Problems in the United States[M]. New York：the Country Co. ，1898：14-35.

[8] 张磊. 科教融合的结构化与研究型大学的起源——约翰·霍普金斯大学的制度创新[J]. 高等教育研究, 2016, 37(05): 79-86.

[9] 伯顿·克拉克. 探究的场所——现代大学的科研和研究生教育[M]. 王承绪, 等, 译. 杭州: 浙江教育出版社, 2001.

[10] 伯顿·克拉克. 探究的场所——现代大学的科研和研究生教育[M]. 王承绪, 等, 译. 杭州: 浙江教育出版社, 2001.

[11] 郑军, 陈景婷. 法国研究型大学拔尖创新人才培养的经验及启示[J]. 河北农业大学学报(社会科学版), 2019, 21(01): 26-33.

[12] 周光礼, 马海泉. 科教融合与大学现代化——西方大学科研体制化的同质性和差异性[J]. 中国高教研究, 2013(01): 12-21.

[13] 史秋衡, 季玟希. 中华人民共和国成立70年来大学职能的演变与使命的升华[J]. 江苏高教, 2019(06): 1-7.

[14] 邓小平文选 第二卷[M]. 人民出版社, 邓小平著, 1994 年 10 月第 2 版, 423.

[15] 邓小平文选 第二卷[M]. 人民出版社, 邓小平著, 1994 年 10 月第 2 版, 53.

[16] 国家教育委员会科技司. 高等学校科技工作文件汇［M］. 南京: 南京大学出版社, 1992, 71-72.

[17] 国家教育委员会科技司. 高等学校科技工作文件汇［M］. 南京: 南京大学出版社, 1992, 72.

[18] 国务院批转教育部面向 21 世纪教育振兴行动计划的通知[J]. 中华人民共和国国务院公报, 1999(02): 36-50.

[19] 胡锦涛. 在中国科学院第十六次院士大会、中国工程院第十一次院士大会上的讲话[N]. 人民日报, 2012-06-12(002).

[20] 习近平: 为建设世界科技强国而奋斗——在全国科技创新大会两院院士大会中国科协第九次全国代表大会上的讲话[J]. 学会, 2016(06): 5-11.

[21] 教育部印发《高等学校“十三五”科学和技术发展规划》[J]. 高校教育管理, 2017, 11(01): 13.

[22] 教育部关于加快建设高水平本科教育全面提高人才培养能力的意见[J]. 中华人民共和国教育部公报, 2018(09): 18-24.

[23] 杨卫, 龚旗煌, 杨斌, 金东寒, 林忠钦, 葛道凯, 周光礼, 阎光才, 别敦荣.《第五轮学科评估工作方案》专家解读[J]. 大学与学科, 2021, 2(01): 117-128.

[24] 国务院批转教育部面向 21 世纪教育振兴行动计划的通知[J]. 中华人民共和国国务院公报, 1999(02): 36-50.

[25] 中共中央 国务院印发 国家中长期教育改革和发展规划纲要(2010-2020 年)[J]. 人民教育, 2010(17): 2-15.

[26] 教育部印发《高等学校“十三五”科学和技术发展规划》[J]. 高校教育管理, 2017,

11(01): 13.

[27] 教育部印发《高等学校“十三五”科学和技术发展规划》[J]. 高校教育管理, 2017, 11(01): 13.

[28] 中共中央办公厅国务院办公厅印发《关于深化教育体制机制改革的意见》[J]. 中国民族教育, 2017(10): 4-7.

[29] 习近平谈治国理政（第二卷）[M]. 北京：外文出版社，2017：377.

[30] 中共中央关于制定国民经济和社会发展第十四个五年规划和二〇三五年远景目标的建议[N]. 人民日报, 2020-11-04(001).

课程建设与

课堂教学

财务共享服务课程体系开发与建设

李光凤

财务共享服务起源于 20 世纪 50 年代，美国福特公司建立了世界上第一个财务共享服务中心。在过去几十年里，共享服务中心和外包已为 90%的《财富》世界 500 强公司所广泛接受和使用。从严格的定义上讲，财务共享服务是一种将分散于各业务单位的重复性高、易于标准化的财务业务进行流程再造与标准化，并集中到财务共享服务中心统一进行处理，达到降低成本、提升客户满意度、改进服务质量、提升业务处理效率目的的作业管理模式。财务共享服务中心对所有成员单位采用相同的标准作业流程，废除冗余的步骤和流程，它是建立在信息技术及系统之上，有效支撑集团制度的标准化、流程的科学化和精简化，实现降低成本、提高效率、强化集团内部风险控制的目标。财务共享服务从孕育到诞生、从成熟到发展，伴随着财务管理模式的变革，经历了四个阶段：分散—集中—共享—外包，而在当今日新月异的大环境下，共享中心的未来是在上述四个阶段的基础上，将不断向更为广阔的方向发展。在未来，财务共享服务将成为企业数据中心，财务共享服务将不断向自动化、智能化发展，财务共享服务更加“云化”。

课程体系是指学校为了实现培养目标而构建的教育内容和进程的总和。高校的课程体系一般包括通识课程体系和专业课程体系两大类，通识课程体系是针对所有学生综合能力和素质的培养，而专业课程体系是针对不同专业学科学生的学习目标设计的，提供专业能力与素质培养，即培养适应特定工作岗位的职业能力。财务共享课程体系属于专业课程体系，其设定的目标就是培养学生能够适应财务工作岗位的能力。

在财务共享时代，作为一名优秀的财务人员，应构筑自身“T”型的知识结构。专业方面要有深度，包括财务管理、会计、审计、税务、投资融资等专业知识；业务方面要有广度，包括财经制度、企业管理、公司治理、企业并购、内部控制以及本企业生产技术和工艺等方面的基本知识均要涉猎；同时优秀的财务人员还需要加强数据分析能力。

一、财务共享促使财务人员转型

随着财务共享本身的作业与智能化结合得越发紧密，共享中心则将一个人力紧密型组织转变为了一个技术密集型组织。随着规则的不断梳理与完善，并在信息系统中形成可执行的规则后，财务共享中心的作业人员可被替换，并最终趋于人力的消减。从管理者角度来说，这对整个组织是有益的，但也会对财务共享中心现存员工的转型形成极大挑战。部分能力较高的员工将转至规则梳理的相关岗位，而大量的员工可能因为智能化而离开工作岗位。因此，财务人员只有适应时代发展，加速转型，才有可能避免在新财务时代被淘汰。

1. 财务人员应向“成本控制与内部控制人员”转型

财务共享大数据时代的到来与发展，使得企业管理会计逐渐彰显出其重要性。因此，在财务共享服务下，企业的财务人员应积极调整思路，逐渐向管理会计的方向转型，即向“成本控制与内部控制人员”转型。随着市场经济的不断发展与完善，在微利时代，成本的高低将成为企业获利的关键性因素。在财务共享大数据时代，专业的成本分析与控制人员不仅要具备丰富的、扎实的财务专业知识，还必须掌握企业的各项工艺流程、生产环节、企业的内部管理流程，并在成本控制系统的帮助下，充分挖掘相关成本数据，对成本数据进行合理分配、归集、构成分析等，从而为企业成本的有效控制奠定基础，为企业的决策提供帮助。

2. 财务人员应向“全面预算人员”转型

现代企业进行的管理基本都是事后管理，越来越多的企业采用 ERP 系统对企业数据进行整合，通过对数据穿透查询，结合企业的预测目标，将企业事后管理逐步变成事前控制。用信息化手段进行事前预测、控制对企业管理十分重要。在财务共享大数据时代，预算作为财务管理的领头羊、核心，要求企业实现全员参与预算，财务人员需要站在企业战略规划的高度对企业的战略规划目标进行层层分解，编制最终的预算分析报告，并进行预算绩效考核，分析预算对未来目标与战略的影响与规划，使预算真正发挥智能作用。因此，财务共享大数据时代需要企业的财务人员向“全面预算人员”转型。

3. 财务人员应向“专业财务分析人员”转型

企业的财务人员必须具备专业的分析技能，能够从海量的数据中挖掘出对企业有价值的信息；同时，还可以在数据分析的过程中更加全面了解企业的发展现状与存在的问题，及时对企业的财务状况、经营成果进行评价，为改善企业的经营管理效率提供更有价值的分析。因此，财务共享大数据时代的企业的财务人员应积极向“专业财务分析人员”转型。

4. 财务人员应向“风险管理人员”转型

风险管理主要是企业从战略制定到日常经营过程中对待风险的一系列信念与态度，目的是确定可能影响企业的潜在事件，并进行管理，为实现企业的目标提供合理的保证。实践证明，内部控制的有效实施有赖于风险管理，战略型财务人员需将企业的风险影响控制在可接受范围内，来促进企业的可持续发展。因此，财务共享大数据时代，企业的财务人员应向“风险管理人员”转型。

5. 财务人员应向“技术型财务人员、战略型财务人员”转型

大数据、大共享理念的延伸与拓展产生了财务共享，在未来必然成为主要的财务工作，并借此形成数据中心，为未来的决策与发展奠定基础。在财务共享中心中，有设计好的专业的标准与流程，如应收应付款项、费用报销、明细账的管理、总账及各种财务报销、资金的管理、税务的合理筹划等。这一职能对财务人员的要求并不高，只要具有一定的财务基础知识、英语基础知识、计算机基础知识并经过一定的培训即可以转型上岗。这对于那些处于初级阶段的财务人员是一个较好的选择。在经过一段时间的熟悉与熟练以后，可以向更高的技术型财务人员、战略型财务人员转型。

在财务共享管理模式下，业务转型定位将财务人员分为共享财务、业务财务、战略财务三类。其中高端财务岗位的需求将会增加，对从业人员的学历、经验、技能要求也更高更全面。相反，财务的一般岗位对财务人员的技能要求不高，一些工作完全可以用自动化技术或人工智能代替，导致基础财务人员将会大幅裁员，尤其是企业内部同质化的岗位将被“共享”掉，整体财务岗位缩编。

普通财务人员转型为共享财务人员，其人数低于缩编后财务人员总体比重的 40%。优秀的财务人员转型为业务财务人员，其人数约占缩编后财务人员总体比重近 50%。优秀的财务人员指学历教育层次较高、专业知识系统且实操经验丰富的人。他们应深入业务前端，针对企业研发、供应、生产和营销等各个环节，进行财务分析、预测、规划、控制、激励和考核等，加快财务与业务的融合，积极参与公司价值链各个环节的价值创造，即完成财务向

业务各个层级的渗透，把财务数据转化为信息，并以业务语言传递给各级领导，辅助领导决策，并且可以把业务部门遇到的困难及时反馈到财务部门。

卓越的财务人员应转型为战略财务人员，他们是真正的财务精英，将占缩编后财务人员总体的20%左右。卓越的财务人员（指学历层次很高，至少本科以上财经专业毕业）应具备管理知识储备深厚、既掌握财务会计实务又懂战略规划、对财务管理及其他经济领域业务也有深入研究，精于预算管理、绩效评价、风险管理、内部控制、资本运作、税务筹划等，可以将他们作为战略财务人员培养。战略财务不仅相当于企业总部的参谋，他们更是管理者进行战略决策时的重要伙伴，是全面预算与绩效管理的设计师，是制定和实施组织战略的专家。

财务共享中心所需人才呈现规模大、专业性强等特点，人才缺乏已经成为各企业发展财务共享中心的一大障碍。财务共享的发展推动了人才转型，高校应顺应变化，优化财务类课程体系，以满足企业对技术型和战略型财务人员的需求。

二、财务共享服务课程体系开发

高校财务共享服务课程规划应从课程标准开发和课程教学体系两个方面入手。

1. 财务共享服务课程标准开发

根据《会计行业中长期人才发展规划（2010—2020 年）》中对财会人才的要求，以及财务共享大数据时代背景下的财务人员转型趋势，财务人员的职能发生了变化，工作重心由核算向管理型→业务财务→财务管理决策转移，同时财务工作职能也面临着像工业 4. 0 一样的发展进程，出现财务领域的 4. 0，这是社会经济发展的必然趋势。财务共享服务课程的设计开发要与时俱进，人才培养定位从核算型转向管理型，以实现工作体系到课程化的转变，职业能力标准到课程标准的转变，以就业为导向，培养学生良好的职业道德和素养，使学生具有熟练的职业技能和可持续发展的关键能力。

财务共享服务课程标准由课程建设团队设计开发。课程建设团队采用以下具体开发步骤：第一，由项目负责人牵头，构建由专业带头人、骨干教师、企业技术人员组成的课程建设团队，共同分析职业岗位（岗位群）能力设计调研方案，同时面向会计岗位从业人员进行典型岗位调研和调查统计分析，形成调研报告；第二，根据岗位的任务、项目、能力、知识进行分析综合，形成职业岗位（岗位群）能力分析表，并由项目成员分解各岗位（岗位群）所需的能力、素质、知识的关联性，撰写课程标准初稿；第三，召开由课程研发专家、企业财务主管、CPA 及项目团队成员参加的现场研讨会或者评审会，审议通过课程标准。

从宏观角度看，高校会计专业应按照“厚基础、宽口径、强能力、高素质”的原则进行设置。

首先，高校的会计专业应适当缩减原有的大量的会计基础类核算课程。财务共享服务模式下，大量同质化标准化的工作将被自动化技术或人工智能代替。

其次，要正确认识和理解管理会计与财务会计的融合。在强调学生数学能力、统计能力和计算机能力的基础上，专业课程应尽量涉及企业管理的各个方面。核心专业课程的设置应向“管理会计”“财务管理”等课程倾斜，并针对财务共享下新的职能要求开发相应课程，如“风险管理”“数理统计”“财务共享系列课程”等课程。

最后，认清管理类会计人才知识的宽广性，高校要拓宽专业面并进行整体优化。在时间安排上，前两年的主要课程及实践环节都可以和同一领域的其他专业有共同的专业基础课，按管理学科进行宽口径培养，打好专业基础；同时又根据人才培养的方向设置一定数量的选修课程，后两年则分专业方向培养。

2. 财务共享服务具体课程设置

财务共享服务需要的是管理类的会计人才。要培养管理类会计人才，不能只围绕管理会计本身的内容，需要开设多元化的课程。高校财务共享服务课程体系框架包含三类课程：专业基础课程、专业核心课程、跨学科课程。

第一类专业基础课程。主要有：经济学原理、基础会计学、管理学原理、金融学、经济法、统计学、市场营销、高等数学、线性代数、概率论与数理统计。通过这些课程的学习，旨在让学生掌握本学科的基础理论、知识和技能。

第二类专业核心课程。一是专业必修课：中高级财务会计、财务报告分析、企业战略管理、财务管理、成本管理学、投资学、审计学、税法；二是专业选修课程：管理信息系统、专业英语、资产评估、商业银行经营管理、金融工程学、税务筹划。这些是集中体现本专业特点的核心课程。

第三类跨学科课程。主要有：证券投资理论与实务、会计信息化、国际金融、会计制度设计、租赁会计、环境会计专题、人力资源会计专题、财务共享类系列课程。财务共享类系列课程包括：财务共享服务建设系列课程、财务共享实施系列课程、财务共享管理运营系列课程及财务共享后台开发系列课程等。这些旨在扩展学生知识面。

同时，还应关注中国经济和企业发展中出现的新的财务问题。结合培养人才需要，应将这些问题体现在会计教材及具体教学过程中，如集团企业的财务体制、资本经营、集团企业母公司对子公司的财务激励与控制等；中国中小企业财务问题，如中小企业的融资环境、财务特征、改制及出售等；中国上市公司财务问题，如上市公司融资机制与融资结构、投资机制与投资行为等。

三、财务共享服务系列课程建设

1. 理论与实践相融合的课程教学内容和结构体系设计及建设

财务共享服务系列课程构建思路是“理实一体化”课程体系，涵盖理论及案例研究、财务共享中心建设沙盘模拟、财务共享服务软件实际操作、财务共享体验中心仿真模拟四块内容。这四块内容既相互联系构成一门完整的课程，又能独自开课单独教学。

2. 财务共享服务理论与案例学习

这部分学习主要帮助学生建立对财务共享服务理论的认知，掌握应用分析的理论框架。具体授课内容包括：财务共享服务发展应用现状；企业建设财务共享服务中心的必要性；什么样的企业适合建设财务共享服务中心；不同类型企业的财务共享服务中心的特点；如何建设财务共享服务中心；财务共享服务中心建设需要重点考虑的要素；财务共享服务中心的建设路径和实施方法；财务共享服务中心的运营管理；企业财务共享服务中心建设案例分析。

3. 财务共享服务中心建设沙盘模拟

财务共享沙盘模拟实验教学的目的是帮助学生更好地理解并应用财务共享服务理论，通过分工分组、角色扮演、沙盘推演等实际场景教学，应用所学理论知识共同讨论，设计给定案例环境下的财务共享服务中心的规划和建设方案。沙盘模拟是按照能充分调动学生的学习积极性、有助于学生主动思考和分析能力的提高而设置，这样更能培养学生的团队意识及沟通交流能力。

4. 财务共享服务专用教学软件

该软件可帮助学生重点学习财务共享服务的功能，并依据给定的部分数据进行实际操作。通过查看与分析财务共享软件展现的数据，一方面可以掌握财务共享中心的主要功能与作用；另一方面可以提升财务管理的水平，全面掌握财务共享服务中心运营的信息支撑系统。

5. 财务共享体验中心仿真模拟

高校可以按照企业财务共享服务中心的建设实际搭建仿真模拟环境，根据既定的角色设置及脚本设计，使学生分岗位地在较真实的办公环境中去体验财务共享服务中心的业务运营，真正了解实际的财务共享服务中心的工作模式，从而培养学生处理实际业务的能力。

在财务共享大数据时代，开设财务共享类实训课程无疑是培养适应市场需求人才最直接有效的手段之一。理想的财务共享实训课程模式是建立财务共享服务实验室，在实验室中开设一系列与财务共享相关的课程，这些课程能够更好地帮助学生学习和掌握财务共享的运作模式。

市场对人才的需求不是一成不变的，课程体系的建设也不可能一劳永逸，应随市场的变化而不断完善。

参考文献

[1] 唐勇. 财务共享服务下传统财务人员的转型[J]. 财会月刊, 2015, (19).

[2] 陈虎, 孙彦丛. 财务共享服务[M]. 北京: 中国财政经济出版社, 2018.

[3] 王兴山. 数字化转型中的财务共享经济[M]. 北京: 电子工业出版社, 2018.

[4] 彭颖, 钟男. 财务共享模式下高校财会类专业课程体系改革探索[J]. 财会学习, 2018 (16).

[5] 王慧. “互联网+”与大会计时代专业人才培养的路径探索[J]. 岳阳职业技术学院学报, 2015(5).

基于移动信息化教学的“会计信息化”教学实践研究*

石道元

一、基于移动信息化教学改革背景

2019 年 2 月，中共中央、国务院发布《中国教育现代化 2035》《加快推进教育现代化实施方案（2018～2022 年）》等系列文件，文件指出：加快信息化时代教育变革，促进信息技术与教育教学深度融合，支持学校充分利用信息技术开展人才培养模式和教学方法改革，逐步实现信息化教与学应用师生全覆盖。同时，教育部公布的《2019 年工作要点》显示，推进“信息技术与教育教学深度融合”、推动“互联网+教育”将是教育部 2019 年的重要工作要点。当前，随着移动互联网、云计算、大数据、人工智能与教学过程的深度融合，课堂教学模式正在发生根本变革，随之而来的将是教学管理模式、教学监督与评价模式的变革，这场变革是不以人的意志为转移的、划时代的、根本的、彻底的。由此可以看出，人才培养、课程教学要适应当今社会的发展变化。据 2019 年 2 月 28 日中国互联网络信息中心发布的《中国互联网络发展状况统计报告》显示，截至 2018 年 12 月，我国网民规模达 8.29 亿，手机网民规模达 8.17 亿，网民通过手机接入互联网的比例高达 98.6%。国内高校学生的智能手机普及率已经超过 99%。目前，智能手机的计算能力、存储能力和网络连接都已经具备了移动学习的基础。伴随着移动互联时代的来临，基于智能手机和平板电脑的移动自主学习已成为大学生学习的主流途径。如何利用移动技术实现教学方法、手段和模式的改革创新，已成为高等教育教学改革最新最前沿的课题之一。

移动环境下的教育教学在模式和理念上正在发生深刻的变革，移动学习

* 项目来源：本文系重庆市教育科学规划重点项目“基于移动云平台的混合式教学研究——以‘会计信息化’课程为例”（项目编号：2018-GX-024）、重庆市高等教育教学改革研究重大项目“基于移动信息化教学的会计信息化课程改革研究与实践”（项目编号：191022）的阶段性成果。

可解决传统教学时空受限问题，可实现教与学随时随地进行，如开展“Anyone”“Anytime”“Anywhere”“Anystyle”的 4A 学习模式。“移动互联网+”形势下，人人皆学、处处能学、时时可学，教育从以教师为中心彻底向以学生为中心转变，从以知识传授为主向能力、素质培养为主转变，从以课堂学习为主向多种学习方式转变。教师不再是学生获取知识的唯一途径，教师的角色逐步转变成帮助学生解决学习过程中所遇到的问题，开展翻转课堂教学、微课教学及 JiTT 教学，教师可实时监督和指导学生的学习过程。学生的学习也由被动受教变成主动学习，师生之间还可以在移动设备上快速、便捷地开展交流和沟通、分享信息、布置并批改作业和进行学习指导。

目前，市面上比较流行的移动信息化终端智慧教学工具主要有云班课、雨课堂、优慕课、超星学习通、北京优慕 UMU 等。这些年来，我们一直采用云班课开展“会计信息化”课程移动信息化教学改革实践，并取得了良好的教学效果。

二、基于云班课的“会计信息化”课程教学改革实践

（一）关于云班课

云班课是北京智启蓝墨信息技术有限公司推出的一款基于移动终端的即时反馈教学互动的智能教学工具。它基于移动互联环境，实现老师与学生之间的即时互动、资源推送和作业任务，完善的激励与评价体系激发学生在移动设备上自主学习，实时记录学生学习行为，实现对学生学习过程的考核，更能为老师提供高质量的教学研究大数据，并实现基于人工智能技术的个性化智能助学和智能助教功能。云班课提供的服务主要包括资源、讨论、作业及考评四个模块。

（1）资源。授课老师可以通过云班课平台上传资源，可以是教学课件、软件、视频资料等，内容形式不限，学生可以自行下载。上传到平台上的资源可以多次下载，保存的时间长，避免了学生找不到资料的麻烦。而且，只要有网络支持，平台上的资料可以随时随地下载，学生可以灵活安排学习时间。

（2）讨论。云班课平台设置了讨论区，同一个班课的学生可以随时通过平台进行讨论，而且不像传统的讨论形式，学生不必再面对面，通过班群就可以实现。这一功能类似于 QQ 群，但云班课的班课群是以学习为目的而专门开设的交流群。

（3）作业。通过云班课，授课老师可以随时布置作业，学生在线上完成、

线上提交，老师在线上批改作业，不受时间地点限制。目前几乎所有高校教学都在尝试推广这种移动教学模式。

（4）考评。考评包括考查学生出勤情况、学生线上学习情况、学生讨论区活跃度等，根据这些情况，学生可以获得经验值，为期末成绩提供依据。云班课的考评方式涵盖范围较广，对学生的经验值进行排名可以促进学生的学习积极性。

（二）云班课在“会计信息化”课程教学活动中的应用

1. 课前教学资源学习

老师推送学习资源至云平台，这些资源包括 PPT、Word、Excel、图片、链接等，云班课系统会及时推送消息提醒，并且每个资源都可设置经验值，学生只有下载并学习了该资料才可获得经验值，从而督促学生按照要求利用课上课下时间及时进行学习。如图 1 所示。

图 1　课程资源

2. 课堂实时考勤签到

传统课堂中，考查学生的出勤是一个难题，老师通过花名册进行点名要花费大量课堂时间。而云班课有效解决了这一难题，它的签到功能十分实用，老师可设置好签到时间，学生在限定时间内一键签到或手势签到，而每次签到手势不同。整个点名环节不到 1 分钟，甚至更短时间，简单便捷，可迅速调动起学生的积极性。这种形式保证了课堂出勤率，同时也能集中同学的注意力，增加课堂的趣味性。如图 2、图 3 所示。

图 2 课堂考勤

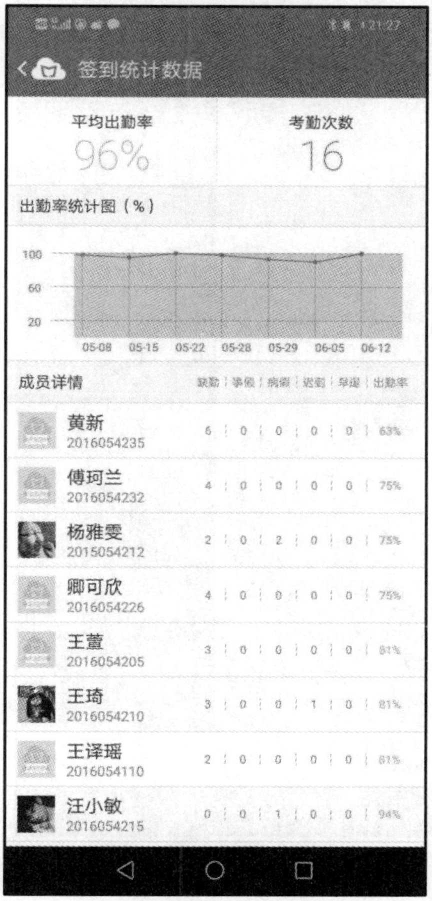

图 3 课堂考勤统计

3. 课堂教学活动实施

老师可以在课堂上利用云班课发起课堂作业、头脑风暴、课堂测试、讨论答疑、交流互评等教学活动。与传统教学活动不同，老师应以提高学生积极性和创造者为原则。

首先，老师可以对学生进行限时测试，通过测试了解学生的学习情况，然后精讲学生的短板知识点。老师可以由课堂实时发布一些头脑风暴题，学生相互讨论，积极发表自己的见解，老师也能看到学生的答复，实时了解学生情况，并给予点评和反馈。这种方式拓展了课堂知识，又能激发学生进一步思考。如图 4、图 5 所示。

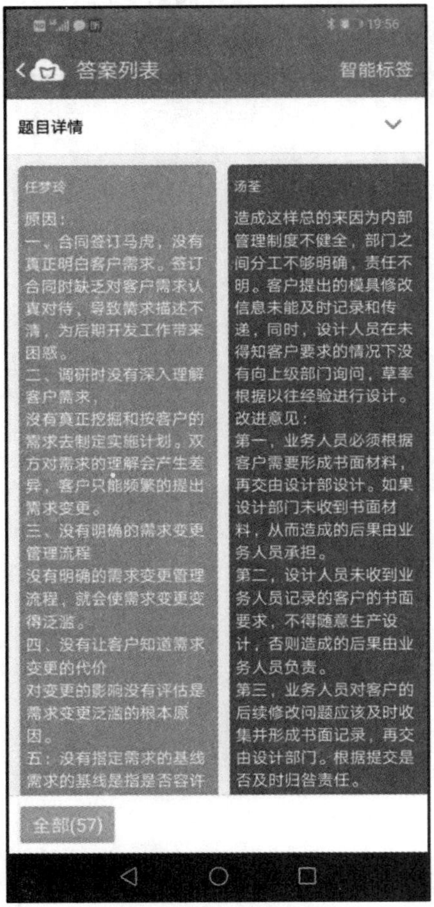

图 4　头脑风暴　　　　图 5　学生互评

其次，教师也可通过讨论答疑功能发起问题讨论，讨论形式可以分组也可以全班同学一起进行，学生自由发表自己的观点，同学之间可以看到对方发表的内容，并且通过点赞和互评方式获得相应的经验值，教师也要在答疑讨论区及时解答学生的疑问，提高学生的课堂参与度。这样，通过及时反馈的方式提高了学生与老师之间的互动，丰富了课堂教学模式，充分发挥了混合式教学的优势。另外，老师也可随时发起在线测试，要求学生在规定时间内完成布置的测试任务，学生亦可看到测试截止的倒计时时间，增强了学生的学习积极性。如图 6、图 7 所示。

#	姓名	学号	得分	用时
1	陈格	2015129440	96	58'16"
2	雷珠	2015134231	94	58'57"
3	杜静洁	2015282117	92	43'24"
4	邹雪莲	2015065137	92	58'44"
5	王雨晨	2015282223	92	59'6"
6	陈倩	2014042223	90	59'17"
7	石志远	2015054226	88	54'39"
8	杨敬	2015054109	88	59'15"
9	黎思贤	2015054201	88	59'29"
10	郭昭远	2015072140	86	56'49"
11	张鑫磊	2015054107	86	60'0"
12	王首旭	2015054202	84	56'7"
13	全耘	2015054217	84	56'14"
14	罗小媚	205054131	84	56'55"

图 6 在线测试

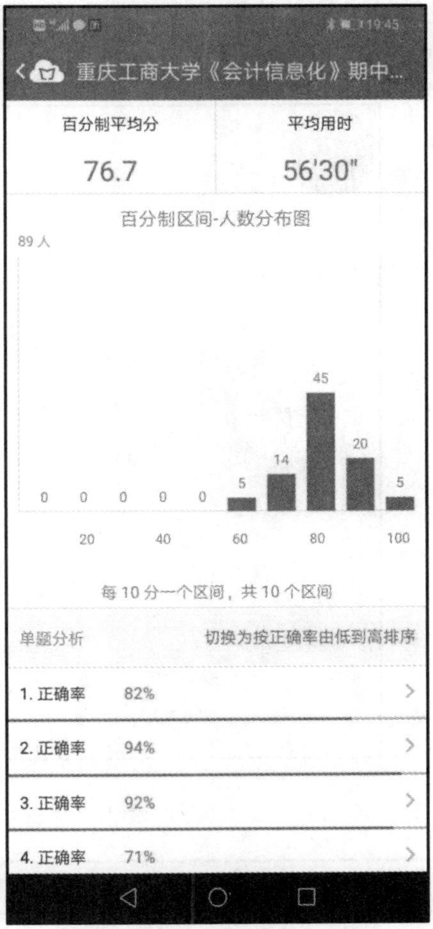

图 7 在线测试成绩分析

4. 过程化考核评价

学生上课的考核通常由两部分组成，一是平时成绩，二是期末成绩。期末成绩由考试分数确认，但平时成绩很难确认，因为班级人数多，往往缺少合适的量化考核标准，老师很难注意到每一位学生，也很难对每位同学做出合理客观的评价，但云班课为平时成绩考核提供了思路和方向。在班级成员中，详细列出了班级人数、成员名字、学习资料、经验值排名。在教师端，老师可以查询到各位同学的考勤签到情况、限时测试情况、案例讨论情况、作业完成情况，以及小组展示等；除此之外，还可查询各种明细项目，比如教材学习情况、学习进度和阅读时间等信息。这每一个环节都在云平台以“经验值”的方式记录，这种形式使平时成绩得以量化，这些量化的数据为平时成绩的考核做数据支撑，在此基础上老师可对学生做出合理客观的评价。如图 8、图 9 所示。

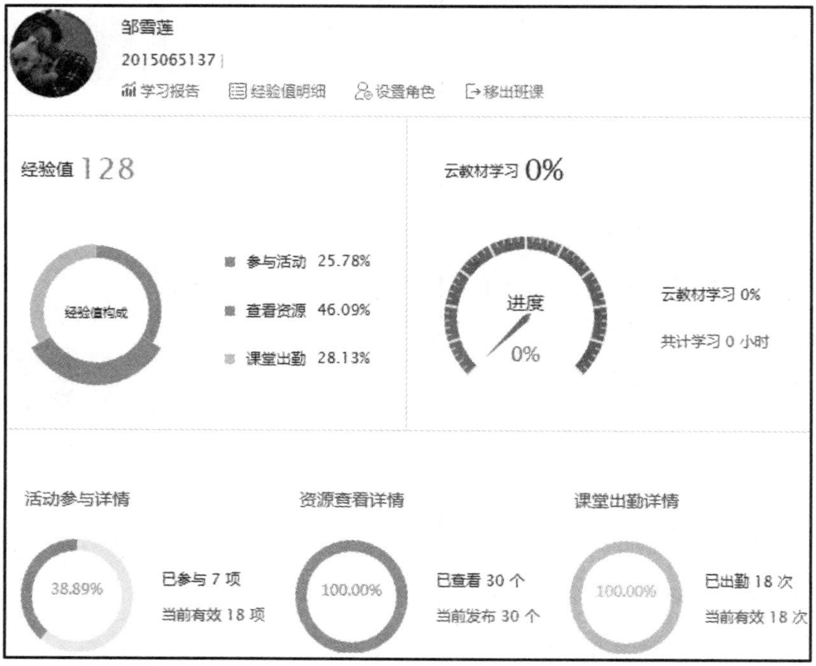

图 8　学生学习过程情况统计

学生信息		平时成绩							期末成绩	期终成绩
学号	姓名	①教学过程（数据源自云班课平台，占平时成绩60%）					②平时作业（数据源自云班课平台，占平时成绩40%）	③平时成绩（③=①*60%+②*40%；占总成绩30%）	④期末成绩（数据源自期末测试成绩，占总成绩70%）	⑤期终成绩（⑤=③*30%+④*70%）
		平时出勤（经验值）	活动参与（经验值）	教学资源（经验值）	小计	折算分值				
2015054121	俞博建	32	16	26	74	88	75	83	95	91
2015054130	蒋玉婷	31	16	26	73	87	72	81	91	88
2015054132	姜云香	32	17	26	75	89	76	84	88	87
2015054201	傅清润	32	13	12	57	68	76	71	91	85
2015054202	田佳景	31	17	22	70	83	74	80	86	84

图 9　学生成绩考评

三、结束语

移动互联网时代，信息化风暴席卷全球，遍及社会各个领域，学校的教育方式也在悄然革新。近年来，我们借助云班课移动信息化教学，建立了理论教学、案例教学、网络教学、实践教学、自测教学及自主学习“六位一体”的立体化会计信息化课程教学体系，对学生理论分析能力、动手能力及解决实际问题能力进行全方位训练，增强了学生的学习主动性和教学互动，真正使学生对所学知识融会贯通，学以致用。同时，借助云班课移动信息化平台教学，教师非常方便地为学生提供各种学习内容、资源，可无时空限制地与学生进行学习和思想交流、辅导；教师之间也可借助平台进行网上教研活动，协调教学过程。另外，借助移动信息化平台，学生可实现在线学习、在线练习和测试，还可以完全借助平台实现“自我导向、自我激励、自我监控”的自主式、探究式和合作式的学习。总之，移动信息化教学的介入，丰富了“会计信息化”课程教学形式，提高了学生的课堂参与度，大大提升了教学效果。

参考文献

[1] 郝利娜. 中基于蓝墨云班课平台的混合式教学模式在高职有机化学教学中的应用[J]. 职业, 2016(14): 149-150.

[2] 缪启军. “互联网+”背景下会计课程混合教学模式探索——基于蓝墨云班课平台的实践[J]. 财会月刊, 2017(33): 78-83.

[3] 汤勃, 孔建益, 曾良才, 蒋国璋, 侯宇. “互联网+”混合式教学研究[J]. 高教发展与评估, 2018, 34(03): 90-99+117-118.

"中级财务管理"课程实施案例教学的问题及对策分析*

崔 飚

20世纪初，哈佛大学创造了案例教学法。即围绕一定培训目的把实际中真实的情景加以典型化处理，形成供学生思考分析和决断的案例（通常为书面形式），通过独立研究和相互讨论的方式，来提高学生分析问题和解决问题的能力的一种方法。

一、案例教学的意义

现在案例教学法已被认为是教育领域最有效的教学手段之一，被广泛应用于各个国家和地区。案例教学的意义主要体现在以下几个方面。

（一）有效提高参与者的综合分析能力

在案例讨论前，参与者必须认真**阅读**案例、**理解**案例，然后**搜集和整理**广泛的证据资料，**判断**形成自己推荐的方案或结论；然后，在课堂讨论或交流环节，要充分**表达**自己的观点，**详述**支撑观点的理由或证据，并抵制住老师和其他参与者的挑战，坚持自己的分析和观点，这会有效提高参与者自己的**语言表达能力**、**认真思考和推理的能力**。通过分角色有选择地集中处理各方面问题，增加参与者在各个管理领域的知识，他们会逐渐地认识到，作为一个团队，要发挥团队优势，合理分工；作为一个组织的管理者，他或她所面对的问题可能非常多、非常复杂且有些还出人意料，唯一的办法就是要沉着自信、积极思考、由主到次逐一解决，才会慢慢形成一种更专业的管理感觉。案例教学的精髓不在于让学生去认同和理解某种既定的观点，更重要的

* 本文是重庆工商大学教改项目"中级财务管理"课程建设（编号：950717141）的阶段性成果。

是让学生用批判性的思维拓宽思路，创造性地寻找解决问题的切入点。案例教学可以让学生摄取大量的信息，使学生的分析、表达、团队合作等能力都能得到有效锻炼和提高。

（二）检验参与者的专业知识、经历、见识和实际经验

案例教学中，每个参与者都应能够识别案例的关键问题，分析它们并提出解决的建议。其认识和分析的深度，取决于自身的专业知识掌握情况、经历的丰富度、见识的渊博度和经验的积累度。案例课堂中的角色对决，尽管没有胜负，但一个角色要说服对手，除了一门课程的主要知识外，还需要拿出自身的全部看家本领，包括自己的经历、见识、经验，以及较强的语言表达能力和敏捷的应变能力，才能抵挡住那些做其他工作、有不同经历和观点的参与者的发问。

（三）有效调动学生的学习主动性

在案例学习中，参与者的角色可以是一名会计主管、财务经理、生产副总、销售副总等。当参与者选定一个角色，他的言行就要符合该角色的身份，在知识、政治和社交等方面都要达到角色要求。案例讨论就像演电影一样，会使参与者的乐趣和激情常新。通过角色扮演和角色对决，参与者慢慢会发现自己的知识欠缺、能力不及，然后会加强学习，提升自己的综合能力。

二、案例教学的实施条件

案例教学法如此之好，应该值得大力推广，甚至普及。但为何现实是我们的案例教学占比还很低。原因在于案例教学的实施需要一定的条件，否则会流于形式，达不到应有的效果。

（一）必须找到合适的案例

找案例不难，但是找到合适的案例就非常难。什么样的案例合适？这很难界定。但是一个合适的案例，首先要适合特定的课程和特定的学生，并具有时代特点，具有现实性和前瞻性。其实，满足这些要求的案例几乎不能直接找到，要靠自己根据真实案例提炼、编写。严格说来，案例教学法的第一

条件很难达到，大多数的案例教学不可能实现预期目标，或者说其真实效果不是那么的好。

（二）具备良好的案例教学师资

案例教学对老师来说是一种考验和挑战。案例教学不像大多数人认为的那样，随便指定一个案例，让学生自己去琢磨，然后集中起来交流展示分享自己观点就可以了，老师不需备课、不需讲课、不需布置和改作业。其实这样做，根本不是案例教学。真正的案例教学，老师会更加辛苦、工作量会成倍增加。进行案例教学的老师，应该有以下工作要做。

第一，选编案例。要根据教学内容的要求和目的，基于案例的针对性、实用性、时效性等原则，选择或设计符合教学要求的案例，所选择的案例应有助于学生将所学的理论知识应用其中，并完美地结合。

第二，课前自析案例。选中案例之后，教师应熟悉案例的宏观和行业背景以及相关的法律法规，分析其所涉及的所有知识点，并充分预见在案例讨论中学生可能提出的各种观点，以便提前查阅相关资料予以解答。

第三，设计引导问题，提前印制分发案例。教师一般应在讨论前两周将案例资料发给学生，让他们有充分的时间为案例讨论进行课前准备，并在资料上附上相关的思考题，要求学生搜集、整理与案例相关的资料，并对思考题进行分析，以备在课堂上进行讨论交流。

第四，课中营造良好的讨论气氛，让每个学生都参与其中。为了使学生畅所欲言，自由发挥，在讨论中教师不要轻易表明自己的观点；当讨论偏离主题或出现僵持的局面时，教师应进行点拨或提供暗示，以使讨论能够顺利进行下去；为了发散同学思维，教师可在讨论时将某些假设或已知条件去掉，让学生分析可能会出现的经济后果，锻炼学生的快速反应能力，教师也可以从中测试出学生知识面的大小。

第五，及时给予点评、归纳和总结。在总结时，一方面，教师可以对学生的表现给予评价，指出其优点和缺点，对于创新之处要予以表扬和鼓励，以激发学生参与讨论的积极性；同时为每个学生的课堂表现打分，作为总评成绩的一部分；另一方面，教师应表明自己的观点，但要尽量避免给出某个财务案例的绝对性观点。

第六，负责案例更新，为下一次课做准备。要使案例教学跟上时代的要求和反映当前的教育实际，教师必须不断地进行案例更新。如果案例不做更新，多年不变，那么学生也只能处理几年前的事情和得到几年前的知识。因此，案例更新是保持课堂活力的血液。

案例教学中，教师既是编剧，又是导演，还是演员，是多种任务、多种角色集于一身的重要人物，对其要求自然也就很高，不仅要知识渊博、专业知识娴熟，还要具有较强的综合分析问题能力、优秀的表达能力、较强的组织能力，不仅要理论知识广博，而且要实战经验丰富。

（三）要有一群智力够用、愿意吃苦、学习热情高涨的学生

在案例教学中，学生必须积极主动、不怕吃苦。

第一，课前必须仔细阅读教师指定的案例材料，了解案例发生的背景，在此过程中对于发现的疑惑之处和关键问题做好记录和初步分析，广泛收集相关资料，进行认真分析和思考，据以做出令人信服的决策，并得出现实而有用的结论，并撰写发言提纲或工作底稿，为案例讨论做好准备。

第二，在课堂上，学生应以积极的态度参与其中，大胆主动地表达自己的观点和见解。一方面，若是小组讨论形式，一般 4~6 人一组为宜，并推选或指定一名学生负责组织和记录；若是辩论形式，对于各个辩手应分工明确，各司其职，在讨论和争辩中提高随机应变能力、语言表达能力和团结合作精神。另一方面，对于在前期准备中发现的问题应积极提出来，以供大家讨论解决，同时要认真倾听其他同学的见解和教师提出的相关看法，吸收他们的新观点，并与自己的观点进行比较，最终总结出相对完善的结论。

第三，认真听取教师的点评，在讨论结束后应认真分析，必要时可与同学或教师进行交流讨论；对于教师指出的优点应积极发扬，对于缺点要改正，对于创新之处可以进行深入研究，以便在下次案例讨论中能有更好的表现。

第四，撰写案例分析报告。撰写案例分析报告是案例教学的最后程序，也是学生总结案例，将其所知由口头表达转为书面表达的重要阶段。在讨论结束后，学生应根据对案例讨论的思考、总结和所做的课堂记录，结合相关理论知识，独立撰写分析报告，掌握分析问题和解决问题的思路和方法。在分析报告中，应表明自己的观点，并引用数据予以证实。

三、我国高校在“中级财务管理”课程中实施案例教学存在的问题

尽管案例教学法预期效果很好，但在我国实际推行情况并不如愿。以国内高校“中级财务管理”课程实施案例教学为例，目前还存在以下问题。

（一）课程教学中采用案例教学的比例非常低

“中级财务管理”课程是一门实践性很强的课程，属于财务管理本科专业的专业核心课，也是财务管理专业的就业谋生课，该课程学得好坏，直接影响以后的工作。该课程是一门比较容易和应该实施案例教学法的课程，比如国外著名的哈佛商学院就是采用全案例教学。然而，国内大多高校的“中级财务管理”课程基本以传统的理论讲授为主，案例教学所占的比例还很少，有的学校甚至为零，远远不能满足财务管理实用型人才培养的需要。不过，也有些学校专门开设了“财务管理案例分析”课程。

（二）案例教学流于形式，效果不明显

即使用到案例教学或自称为案例教学，但所采用的案例要么是习题、要么是国外的案例，最终不能达到应有的效果。究其原因，案例教学的推行有三个不利因素：一是真正的案例教学相比传统理论教学既难又累，谁都不愿苦自己和学生。二是案例教学相对于有些形式可能是低效率或无效的。有许多知识通过讲授可以更高效率地学习，有些学生对案例讨论的最初反应是：“为什么你不直接告诉我们应该知道什么，并记住这些知识点。”有些知识是能够很好地整理编写的，但任何课程教学都不能仅采用案例教学就可完成，有时需要老师讲解某些材料并布置相关的阅读资料，才能有效地传授具体的理论和技术知识。同时，当所要学的知识是一种个性化的、不能被明确表达的时候，案例教学也可能失效。这时，老师不能告诉学生“正确”答案，学生不得不独自与自身洞察力的局限性做斗争，并尝试从自身的经验中找出有意义的东西。案例教学法有时会使一些学生望而生畏，很难思考并参与全班讨论，因而更喜欢恢复到传统的被动式的课堂教学方式。三是案例教学的三个条件不具备。案例无趣，不真实，老师和学生投入时间不够，案例讨论很难深入，甚至没有进行。

（三）课程的案例开发数量不足，质量较差

一方面，许多高校尽管重视案例教学的应用，也开发了一些财务管理方面的案例，但没有针对性强的案例，而且不全，不能覆盖中级财务管理的全部理论，并且更新不及时，实效性不强。另一方面，国内大部分案例的编写采用“拿来主义”，不符合我国的国情，适用性较差，并且落后于现代企业财务管理的潮流，比如新型融资模式、智能财务管理等方面的案例及教学都相当缺乏，不能适应新经济发展的要求。

四、提升“中级财务管理”课程案例教学质量的策略

案例教学是一种广为推崇的教学方法，是学习的过程而非最终的结果，学生应该把案例教学看作是自身知识与能力的不断考验。案例教学质量的高低取决于案例的质量和选用。在财务管理的案例教学中，学生们培养的不是“正确”和“非正确”的观点，而是从这些问题的讨论中获得一种发现问题、分析问题、解决问题的能力，这种能力会使学生终身受益。要提高“中级财务管理”课程案例教学质量，目前应该重点做好以下工作。

（一）注重优质案例库开发

案例库的开发状况直接影响案例教学质量，一套高水平的案例库的建立是需要经过长期积累，同时需要一定的经费投入，而且还需要按照课题一样的方式组织调研与编写。

目前，“中级财务管理”课程相关的案例素材还是比较多，但不全、不系统，没有现成的，需要授课教师精心选择和改编，才能变成符合需要的优质课程案例。在优质案例开发时，应注重以下几方面。

第一，所选案例应具有典型性、符合实际决策的要求。教学案例是在实地调查的基础上编写出来的实际案例，这种实际案例应具有典型性、代表性、非偶发性，这是案例的关键特征。案例设计中，其问题往往是若隐若现，提供的信息并非一目了然，有关数据需要进行一定的计算、加工、推导，才能直接用来进行分析。案例通过模拟真实企业财务管理中纷繁复杂的问题，目的是训练学生通过对信息的搜集、加工、整理，最终做出符合实际的决策。

第二，案例设计的问题应具有启发性，符合教学目标的要求。教学案例必须设计一定的问题，即思考题或讨论问题。其中有的问题比较外露，有的比较含蓄，而通常应该是显而不露，留待学生去挖掘。案例中设计的问题并不在多，关键是能启发学生的思考。案例提供的情况越是有虚有实，越能够诱人深入，从而给学生留下充分的思考空间，达到最佳的学习效果。案例是为教学服务的，案例的选择必须符合特定教学目标的需要。财务管理教学目标总的来说是要提高学生发现问题、分析问题和解决问题的能力。

第三，案例内容难度应符合学生学习的需求。不同阶段的学生学习的内容有不同的深度，因此案例编写的理论深度和实践要求要与不同阶段的学生学习的需求相适宜，适于相应层次的学生使用，案例篇幅的长短以及问题的设计也应配合协调。

第四，案例的设计应体现知识的系统性和整合性。案例库中的案例可分为专题案例和综合案例。专题案例内容应富有针对性，不同个案要突出不同的知识重点，且在编排上要体现出相关知识点相对集中的系列化特点；综合案例则应注重知识的横向和纵向联系，通过一个案例往往可涉及多个章节的知识。综合案例一般在总结复习阶段采用，因此这类案例应该编排在案例库的后面部分。就“中级财务管理”课程而言，课程案例既要覆盖筹资、投资、运营和分配四大活动，还要按这个逻辑顺序编排，系统才能完整。

（二）培养案例开发与教学优秀师资

案例教学推行的关键就是培养优秀的案例开发与教学师资。案例好不好用，只有使用过的教师最清楚，不过前提是教师能真正懂案例。一个真正好的案例，一定是授课老师自己开发并经过课堂实践反复打磨后逐渐形成的。要培养优秀案例开发的教学师资，应该重点做好以下工作：①加大对案例开发和教学师资的支持，包括案例开发经费支持、搭建企事业单位实践平台、团队建设等；②优选案例教学与开发的师资，鼓励有兴趣、有能力、愿意吃苦的教师开发案例和进行案例教学；③委派案例教学与开发师资到优秀学校学习，比如派老师到北航、西科大、大连理工等案例教学开发与教学做得较好的学校进行交流、观摩和听课，学习开发案例的经验和案例授课的技巧。

（三）甄选适合案例教学的学生

案例教学被广泛推崇，是因为它能较好地培养学生发现问题、分析问题、解决问题的能力，培养学生的实践能力、创新能力和科研能力。但我国的本科教学现状认为，这种方法不一定是最好的。因为，我国的授课班级人数众多、上课时间有限，不能让每个学生充分参与，不能达到应有的能力提升目的。同时，案例教学法传播知识的效率低，对学生的要求特别高，实际中很多学生会觉得是浪费时间。因此，要想在本科教学中真正实现案例教学，目前可行的办法是甄选适合课程和适合的学生进行。应该选择那些学习能力和自主性强的学生，对案例教学感兴趣、能吃苦的学生。根据目前的情况，理论课程上完后，就某几个专题进行案例教学是比较可行的。

（四）巧妙设计和处理案例教学与其他教学形式的关系

一方面，案例教学并不能完全取代传统讲授教学，教师对一门学科的重点和难点进行适当讲授，是教学中不能缺少的。案例教学讲解过程中应充分利用传统教学中诱导式、启发式提问，来激发学生的兴趣、引导思考和讨论路线。案例点评时，应该利用板书、敲黑板等方式，加深学生对知识点的记忆。撰写案例分析报告时，应给学生讲解一些范例，同时又要让学生有自由发挥的空间，包括方法创新、观点创新等，以突出自身的亮点。

综上所述，案例教学是一种非常好的教学模式，有着独特的优势，但就我国本科教学的现状而言，不能一呼而上，应该有选择地推行。也就是说，案例教学法的实施是有条件的，强行实施并不一定会取得满意的效果。

参考文献

[1] 张咏梅，王悦. 财务管理教学研究文献梳理及瓶颈突破[J]. 财会通讯，2018(10): 36-37.

[2] 杨瑞玲. 财务管理案例教学的组织实施及改进策略探究[J]. 中国管理信息化，2018, 21(4): 204-205.

[3] 张巍巍. 能力提升视角下独立学院财务管理教学模式研究[J]. 江苏商论，2017(7): 113-115.

[4] 代岑颖.《财务管理案例分析》课程教学问题研究[J]. 时代金融, 2017 (5): 289、294.

[5] 蒋亚朋.《财务报表分析》课程全案例教学模式改革及其效果[J]. 商业经济, 2017(5): 184-188.

[6] 刘秀琴，罗军. 基于问题导向的教学模式创新研究——以财务管理课程为例[J]. 教育教学论坛, 2017(5): 103-104.

[7] 李永梅. 从MBA案例教学谈本科财务管理专业教学方法改革[J]. 高教论坛, 2008(8): 153-155.

[8] 曾蔚. 财务管理案例教学探讨[J]. 中国高教研究, 2004(11): 93.

资产评估原理教学中实施翻转课堂教学模式的思考

徐 茜

2000 年，翻转课堂教学模式开始出现在美国，其英文翻译为：Flipped Classroom Model。翻转课堂教学模式是在科技信息革命带来教育变革的大背景下产生的新事物。从实质上看，翻转课堂新型教学模式构建了“先学后教，以学定教”的教学模式，打破了传统教学方式对学习时间和空间的限制，并且将老师直接传授知识给学生改变成了通过学生课前反馈来制定针对性教学内容的方式。在运用中最直接的认识就是改变了教学顺序，不是以教师讲授为先，而是学生自主学习为先。教师再根据学生对新知识的认知，通过各种丰富的课堂活动加强学生对新知识的理解和运用。正因为如此，被称之为翻转课堂教学模式。

一、翻转课堂教学模式的优势

1. 符合新课程改革的要求

新课改的一个重要要求是发挥学生的主动性和能动性。采用翻转课堂教学模式，在学习的过程中学生是主体，可以自主实现学习内容的迁移，可以根据自己的学习风格和能力来控制自己的学习进度，充分考虑每个学生不同的学习需求，既能充分发挥学生学习的自发性和自主性，又能提高学生自主学习能力和课堂教学效率。

2. 适合“资产评估原理”课程的特点

“资产评估原理”课程是资产评估专业的第一门专业课，主要内容包括：资产评估的基本理论；资产评估的技术思路与方法；资产评估的操作程序和评估报告。 通过这门课程的学习，需要帮助学生建立资产评估的概念框架、理论框架和评估方法体系，同时为后续的房地产评估、无效资产评估等具体实务学习提供坚实的理论和实践基础。作为一门入门的基础课程，其主要特点是专业概念和理论框架理解难并且枯燥，同时还有复杂的方法体系。如何在有限的时间里让学生理解、接受并在实践中加以应用，这是这门课程教学的难点。翻转课堂的教学模式是教师课前布置任务，要求学生先进行自主学习，并做好学习笔记，尤其需对不懂或不理解的地方进行重点标记，课堂上通过回答学生问题，并针对重点和难点来进行扩展讲述。显然，在众多教学模式中，翻转课堂非常适合该门课程的教学。

二、“资产评估原理”课程实施翻转课堂教学模式的可行性分析

1. 学生要具备较强的自学能力和自律性

课前自主学习阶段是翻转课堂顺利实施的必要条件。要完成有质量的自主学习，就要求学生要具备一定的自学能力和自律性，否则翻转课堂的教学质量是很难保证的。学习该门课程的学生应是资产评估专业的本科生，他们的自学能力和自律性在以前的学习阶段已经形成。

2. 具备合适的外部环境

信息技术促进了翻转课堂的实施，并提高了其实施效果。学校提供了先进的教学设备和优良的网络系统，为学生们提供了足够数量的计算机。老师们积极进行教学改革实践，收集制作了大量的参考资料和素材，形成了满足教学需要的资源库。

三、“资产评估原理”课程教学中实施翻转课堂的重要环节

1. 明确教学目标

在翻转课堂这个教学模式中，教学目标是非常重要的。因为在师生参与的每一个阶段都要以教学目标为指导，所以设计合理的教学目标是教师的一项重要工作，并且将这一教学目标明确地传达给学生。

2. 课前自主学习阶段

课前自主学习阶段需要教师和学生的共同努力。从教师角度，需要做好两项工作：一是提供有效的学习资料；二是明确给学生下达课前学习任务。第一项工作需要教师在充分熟悉教学大纲、授课计划和教学目标的前提下，以各种形式如 PPT、视频、案例等形式提供详细的学习内容资料；同时在了

解学生能力高低及知识结构和水平的情况下，根据学生需求提供课前学习资料。第二项工作需要教师将课前学习任务进行分解，便于学生逐项完成目标；从学生角度，也需要做好两项工作：一是完成教师指定的学习资料的收集；二是完成教师要求的课前学习任务并提交学习心得体会。当今社会是信息社会，如何从纷繁复杂的大环境中获取所需资料是必备能力，而且资产评估师的必备技能之一就是信息的收集、分析、归纳和演绎。作为课程要求的基础技能，教师应有意识地训练学生这方面的能力。同时学生在自主学习的同时，需逐项完成教师提出的学习任务，认真做好学习笔记，对不懂或不甚理解的内容要做好标注，以便于接下来和教师的互动。以资产评估报告为例，课前，采用布置任务单的形式，要求学生通过查找某公司评估报告的资料，完成对评估报告结构及内容的了解，然后阅读评估报告，勾画出不懂的内容。

3. 课堂教学阶段

在进行课堂教学前，教师需要充分了解学生前一阶段自主学习的情况，从而确定课堂教学的重点和难点以及讲授方式。在课堂教学阶段，教师需要做好以下工作：确定恰当的教学内容；完成课堂教学的组织规划；构建适当的学习环境；留出恰当的时间给学生解惑。这样，改变了过去课堂教学主要是教师输送知识而学生积极性不高的状况。在课堂教学阶段，教师需要思考用什么形式来展开教学更有利于翻转课堂，如以 PPT 形式、案例形式、讨论形式、问题导向形式等或者多种形式的结合；同时引导学生进行结构性思考，把握重难点进行学习。

4. 课后练习巩固阶段

课后阶段教师要根据教学目标的要求，布置作业及制定考核实施细节。对该节课实施效果进行教学反思，教学中存在哪些优点和不足，哪些需要完善教学设计。课后学生要及时复习，做好练习，加强实践，将课堂无限延伸，起到活学活用的目的。比如同学们学习了市场法，通过练习，能够达到掌握市场法的具体知识点；通过自己撰写实物市场法评估的小论文和到资产评估事务所实习市场法评估，更能理解该方法的使用条件、参数选择、评估程序及评估结论，可以进一步提高学习能力和知识运用能力。翻转课堂教学模式可以使资产评估原理教学达到事半功倍的效果。

5. 构建师生良性循环互动机制

翻转课堂教学模式实施效果离不开教师和学生之间的互动。师生之间要具有良性循环互动机制才能保证教学效果，更好地实现翻转课堂教学模式的优势。首先，这个循环机制体现在翻转课堂的每一个环节。在课前自主学习阶段，需要教师将自学任务清晰地下达给学生，学生需要正确理解其内容；同时学生需要将自学情况明确反馈给教师，以便于教师构思教学阶段的教学内容、教学方法和教学手段。在课堂教学阶段，师生直接在课堂上进行互动，双方需要相互理解和学习，可以通过提问、讨论、演讲等多种方式实现互动。在课后练习巩固阶段，教师可以给学生布置练习、小论文、社会实习等，通过作业及小论文质量、学生社会实习交流等了解学生学习及运用知识的程度，然后对学生进行指导，形成师生互动。

综上所述，资产评估原理课程内容枯燥且理论性强，教师讲授得辛苦但教学效果往往不太理想。我们可以利用“翻转课堂”这个在国际上流行又获得成功的教学模式，在教学中积极探索和实践，有效提高课堂教学效果。

参考文献

[1] 朱桂萍、于歆杰. 基于翻转课堂的主动学习促进策略[J]. 中国大学教育, 2018(05).

[2] 曾富艳. 翻转课堂模式在高中物理教学中的实践研究[D]. 贵州师范大学, 2015.

[3] 叶思雨. 基于新课改背景下的中学美术翻转课堂可行性研究[J]. 文化创新比较研究, 2018(08).

“互联网+”下“财务会计学”课程混合式教学模式探析

刘淑蓉

“财务会计学”课程主要介绍会计六大要素的核算，包括确认、计量、记录和报告，在内容多、课时有限的情况下，教师按照PPT流程讲课，教师是课堂的主导者，学生的行为和思维都受主讲教师引导，学生被强制性地接受知识，没有思考问题的过程，很少有小组讨论、学生提问的教学方式，造成学生思想僵化，使本来就很抽象的内容变得更加难以理解。这种教学方法不仅不能调动学生的学习积极性，教师讲课也变得枯燥无味，学生没有和教师互动的环节，教学效果差、效率低。随着“互联网+”时代的到来，这种传统的会计教学方法逐渐被淘汰，从而催生了会计教学方法的改革和创新。笔者结合多年从事“财务会计学”课程的教学经验，就该课程的混合式教学模式提出自己的一些看法。

一、总体思路

混合式教学是传统教学与网络化教学优势互补的一种教学模式，即将互联网技术与教学内容、教学方式、教学方法和教学评价紧密结合起来，互联网技术旨在重新表征教学内容，同时对教学方式、方法的改进提供有效支撑。教学内容不但需要以互联网技术为载体，而且需要用新颖的教学方式、方法表现出来，才会展现其魅力。教学方式、方法的改进是保障有效教学的关键，但这种改进必须借助互联网技术来实现，以适应现代化教学要求。教学效果如何，需通过教学评价进行检验。

二、课前准备

“财务会计学”课程的课前准备需要教师对教学流程进行重构，教师可以利用课件、图表、动画等演示工具为学生提供更加形象生动的音频和视频教学内容，以“任务”为导向，克服课前学生自学无保障的现象，具体应从以下两个方面入手。

1. 录制小视频

教师录制小视频一般时长应在10~15分钟左右，以解决一个问题为目标，以短小精悍为原则。比如，教师要给学生讲企业会计准则第 2 号“长期股权投资”中的“合并取得迟到长期股权投资”，难点有两处：一是同一控制下企业合并的处理；二是非同一控制下企业合并的核算。为帮助学生课前解决这些问题，教师可通过“录屏软件”等录制小视频，上传到互联网平台供学生预习观看，提高课前预习效果。

2. 设计课前思考题，让学生带着问题预习

教师可以利用网上论坛中的热点问题引出教学相关问题，组织学生利用互联网、网络资源库等工具进行答案搜索，并利用各种互动工具进行学生间以及师生间线上线下的讨论、互动、指导，最终探求正确答案并获得理论知识。比如，在我国，增值税实行“抵扣制”为什么不针对小规模纳税人，原因是什么？尽管这是““税法”课程的问题，但将该问题引入会计课堂来讨论更具实用性。再比如，如果“委托加工物资”是应税消费品时，委托加工物资的税费（增值税、消费税）是否计入成本？在什么情况下企业需要单独设置“应交税费—应交消费税”账户，什么情况下无须设置该账户等。针对所设计的问题，应让学生课前在网络平台上进行简单交流。

教师以“任务”驱动学生课前做好充分的准备，通过互联网平台，使学生的学习效果能及时反馈给教师。教师能及时反思，为课堂教学的“有的放矢”打下良好的基础。当然，为了监督和鼓励学生进行充分的课前准备，教师可以通过软件系统设置相应分值，对点击观看视频和参与讨论发言的学生进行加分，从而提高学生的积极性和参与度。

三、课堂教学

课堂教学是教学的核心。重构课堂教学就是要以“学生完成课前任务生成的问题”为导向，教师可以有针对性地授课，重点突出，详略得当。学生带着问题听课，力求通过教师的讲授来解决自己认为是重点、难点的问题，让这些问题在课堂上被“消化”，不留“盲点”与“死角”。

财务会计学课程虽然理论性强，但重在实践。教师可以在课堂教学环节

准备一些典型的案例，让学生通过课堂所掌握的知识进行师生、生生互动交流，参与讨论，提出自己解决问题的办法。当然，学生也可以针对教师所讲授的内容进行质疑。比如，在讲到收入部分，可以引入案例：“早在 20 世纪 80 年代，美国某航空公司为了吸引顾客，首先推出飞行常旅客计划。推出当年顾客增加很多，当年经营业绩很好。第二年，公司照常经营，顾客依然很多，但年末财务决算显示，第二年发生亏损。公司职工特别是一线职工都想不明白，认为他们看到的公司经营状态并没有发生改变，为什么公司却发生亏损，是否公司存在贪污行为？你认为是什么原因导致公司发生会计亏损？如何进行会计处理比较合适？你有什么启示？”可以展开课堂讨论。这样，让会计课堂变得丰富多彩、富有活力，充分体现课堂教学“以教师为主导，以学生为主体”的教学改革理念。

四、课后扩展巩固

课后扩展巩固是对教学内容进行重新梳理、消化的一个必要环节。传统的“财务会计学”课程教师习惯于让学生独立完成作业来巩固所学知识，不仅形式化严重，而且大部分学生是为了拿到“平时积分”而疲于应付，甚至通过抄袭的方式来应付。“互联网＋”下则可以利用练习、测试软件、实训平台等辅导工具让学生在练习和测验中巩固、熟悉所学的知识。因此，我们需要用全新的方法对课后学习环节进行重新定位。

1. 课后作业

在“互联网+”教学条件下，教师面临的最大对手就是“媒体”，只有善于运用新媒体，并将自己的教学思想通过媒体来体现，才能满足今后高校教学改革的需要。因此，教师所布置的作业亦可通过网络平台让学生来完成。这里需要注意两点：一是设定完成作业的时间；二是对于学生作业的完成情况进行电脑自动打分反馈。

2. 课后知识拓展

课后知识拓展的目的是培养学生搜集资料的能力和阅读能力，为今后独立研究问题打下坚实的基础。学生搜集资料、阅读文献都需要教师引导，尤其是财务会计学因其内容复杂初学者容易混淆。因此，课后拓展知识点要少，要具体问题具体研究。当然，我们鼓励学生分享学习成果，把好的学习资料上传到互联网平台与同学分享，还可以利用邮箱、QQ、论坛等交流工具进行互动、交流。

五、教学考评

1. 过程性考核

过程性考核教学是指在教学中强调利用反映学生学习过程的指标对学生的学习效果进行考核，引导学生注重学习过程和学习结果相结合的教学方法。这种教学方法可综合考核学生的学习效果，不仅关注学生学习的结果，更关注学生学习的过程，以培养道德素养高、理论基础扎实、业务能力强的会计人才为目的。“互联网+”时代为过程性考核教学提供了技术支撑。教师可以利用移动学习软件、测试软件、实训平台等资源，通过“精讲+讨论+作业+测验+小组任务+辩论+实践+……”等多种形式对学生学习成果进行多方面、分阶段的考核，从而改变传统单一的课程考核，最终改善学生的学习态度和学习方式，变被动式学习为自主式、探究式学习，提高学生的学习能力、实践能力和综合素质，促进学生全面发展。

2. 教学评价

教学评价是教学满足社会和学生发展需要的价值判断和评价，对教学活动进行反馈，以提高教学质量和教学水平。“互联网+”财务会计学课程的教学评价要克服传统教学评价耗时长、成本高、少量化等特点，超越时间、空间的限制，借助互联网技术，对教师教学进行及时、客观、真实的评价，从教学过程、教学效果两个方面进行评价。其中，教学过程评价侧重于从“教师”角度进行考核，涉及教学组织、教学内容、教学互动三个方面九个具体项目；教学效果评价侧重于从“学生”角度进行考核，涉及学习能力、考试两个方面六个具体项目。

参考文献

[1] 马国刚，熊文，张清学. 现代远程教育混合式教学模式的建构[J]. 中国成人教育，2011（13）.

[2] 薛静. 基于应用型人才培养的“中级财务会计”课程教学改革探索[J]. 财会通讯，2011（11）.

[3] 欧群. MOOC 环境下混合式信息素养教学模式研究[J]. 图书情报工作，2015（7）.

[4] 李惠恩，贾香萍. 财务会计教学中存在的问题及其改进[J]. 财会教育，2014（2）.

[5] 薛静. 基于应用型人才培养的“中级财务会计”课程教学改革探索[J]. 财会通讯，2011（11）.

[6] 王晓玲. 移动终端下语言类课程的混合式教学模式研究[J]. 河南社会科学，2015（11）.

[7] 陈瑞增. 信息化环境下高校混合式学习探索与实践[D]. 华中师范大学, 2014.

[8] 王晓亮，吴秋生. “慕课”背景下的中级财务会计课程资源构建[J]. 高等财经教育研究，2016（10）.

对重庆工商大学“会计学”课程教学改革的几点思考

余伦芳

“会计学”是我校经济管理类非会计专业的专业基础课，自 1984 年开设“会计学”课程以来，一直十分重视对该课程的建设。其发展大致经历了课程初始建设、校级重点课程建设、市级重点课程建设、校级精品课程建设、市级精品课程建设等几个阶段。2006 年，该课程被评为校级精品课程。经过 30 多年的建设，在教学内容、教学手段、教学模式、师资队伍建设等方面取得了长足的进步，但在信息化发展背景下依然存在一些问题。只有积极利用信息化发展下提供的新方法、新内容进行教学，才能提高教学效率，创造高效的会计学教学课堂。

一、“会计学”课程教学存在的问题

1. 教学目标缺乏针对性，教学内容不能结合专业施教

经管类非会计专业的学生学习“会计学”的目的是为了学会运用会计相关信息更好地为本专业工作服务，他们只需要“懂会计”，而非“做会计”。作为未来的经济管理工作者，非会计学专业的教学内容应当侧重于使其理解并能够运用会计信息以帮助管理当局分析、预测、决策，并不需要过多地关注会计核算，应当侧重于评价和预测会计信息的会计报表分析、成本会计与管理会计的内容。

对于非会计专业的学生而言，教学的内容应具有针对性、实用性。由于不同行业的会计业务侧重点不同，理应设计不同的教学内容。但我校“会计学”课程的内容主要注重整个会计信息生成流程，基本是以制造业企业主要业务为例，就如何进行复式记账、填制会计凭证、登记账簿、编制会计报表的循环过程进行讲解。很显然，这样的内容和各专业课程的知识需求是脱节的。此外，授课教师对各专业的培养目标、专业特色往往也了解不够，使得

在教学中不能结合各专业的特色及需求来合理安排授课内容，会计教学偏离了特定对象，以致学生学习后不能与自己的专业相联系，在毕业后从事专业工作时，所学的会计学知识也不能有效发挥其预设的作用。

2. 教学方法与教学手段单一，学生学习积极性不高

目前，“会计学”课程仍主要采用传统的教学模式，即教师一味讲、学生被动听的单一模式。在整个教学过程中，学生没有参与权，而教师也很少注重学生的反馈，以致师生在课堂上缺乏应有的互动，课堂气氛沉闷，影响教学效果。同时教师采取的教学手段也比较落后，虽说近年来普遍使用了多媒体教学，然而，大多数教师所使用的多媒体教学其实只是单一地运用了 PPT，由屏幕替代了板书，并没有将现代多媒体技术应用到教学中。调查发现，大多数学生对上述教学方式与手段并不完全认同，学生比较感兴趣的是启发式教学、案例教学、借助网络技术配合多媒体教学的演示教学法。而这些教学方式和手段在教学中却很少采用，这无疑降低了学生学习会计知识的兴趣。

再者，对于非会计专业学生而言，该课程只是公共基础课，并非其专业主干课程，没有引起足够重视，加上会计的专业术语较多，学习难度较大，在一定程度上打击了学生的学习积极性。

3. 现行教材内容陈旧，体现不出非专业与专业的区别

目前我校采用的《会计学》教材是我校自编教材，也是老师教学改革的成果之一。从内容上来看，与《基础会计学》的内容区别并不大，没有突出非会计专业学生在会计基础课程学习中的重点内容。会计基础的核算知识在此教材中占绝大部分篇幅，是经管类专业学生掌握基础的会计知识，也是展开后续学习的根基。但教材大部分以文字表述为主，缺乏相应的案例介绍。同时又由于非会计专业的学生没有后续课程的安排，教材内容缺乏财务管理和管理会计的主要精髓内容。

从会计业务处理工具看，随着信息技术在会计领域的广泛应用，会计技术由手工核算向计算机处理发展，目前 90%的企业已经开始不同程度地实施了会计电算化，因而会计软件核算操作能力需求日益增强。但随着电子信息的不断发展，各种会计软件出现，会计核算并不单单依靠人们手工核算，而是出现了电算化处理的方式。教材中并没有将会计电算化编入，教师在讲课过程中也会一概而过。

4. 课时安排过于紧张，学生对会计基础知识掌握不足

对于我校经管类非会计专业学生，“会计学”课程我校理论教学现为 40 课时，安排课时较少，尚不足以使学生学习掌握基础会计知识，更何况还要学习财务分析和管理会计等相关知识。这样的安排本意是让教师在授课过程中对非重点或次重点内容不讲或少讲，但现实情况往往是：教学时间不够，例如会计核算的知识点刚刚展开，学生仅对知识点有一个基本的认识，并没有充分掌握的时候就要学习下一个知识点；且由于课时安排过于紧张，讲授重点内容“财务报表”章节时，将本该为学生认真讲解的内容“一笔带过”。这种“填鸭式”的学习进度使学生不能真正地理解和运用知识点，让他们在后续自学会计知识时不能理解会计信息的生成流程、甚至会对财务指标所展示出的信息产生误解。学生在经历了填鸭式教学后，往往会失去对此门课程的学习兴趣，并对该课程学习的必要性产生怀疑，这与课程设置的本意相反。

5. 教师微课开发的意识和能力有待提高

要将微课在会计教学中进行充分应用，一方面是对教师专业能力的考验，教师需要构建完整的知识体系模型，要具有充分的知识储备；另一方面对教师的课件设计能力和信息化技术的应用能力也有很高的要求。设计微课时要从学生的实际学情出发，突破传统教学思想，选择适合学生学习需求和课程教学特点的内容，并且要逻辑连贯、结构合理，有创新性，言简意赅。但在实际微课设计和应用中，教师对微课认识不够深刻，在课件设计、视频录制和信息技术应用能力方面还有很大的提升空间。

二、对我校“会计学”课程教学改革的几点建议

1. 明确课程教学目标

经管类非会计专业的学生学习“会计学”课程的目的，在于使其成为会计信息的使用者，而非会计信息的生产者，学生们应当能够利用会计信息分析问题、解决问题，满足管理方面的需求。因此，教学目标的制定应当结合各专业的特点，制定有针对性的教学目标，以满足各专业培养不同管理人才的需求。对于非会计专业学生，学习的重点应放在财务报表分析，并不需要过多地关注会计核算。非会计专业学生学习“会计学”课程应站在经济管理的角度，注重会计知识和方法在经济管理中的应用，培养学生熟练地运用各项会计政策，学会阅读和使用会计报表信息，并加以分析和

判断，为决策做参考。

2. 结合专业特色，整合教学内容

经管类非会计专业的教学目标决定了会计教学的核心内容是“如何阅读、分析和运用会计报表”，这是学习的重点。但是，考虑到部分学生有从事会计工作的意愿，加之会计知识的系统性，让学生全面了解会计知识的完整体系也是必要的。这就要求教师在教学过程中必须做出策略性安排，对于重点内容，如会计报表的部分应增加课时进行重点讲授；对于基本核算方法和核算程序应进行一般性讲解；而对于会计学的一般理论和基本原理应当粗略讲解。这样既体现了非会计专业和会计专业学生培养目标的差异，又考虑到了部分学生对该课程的实际需求，做到两者兼顾。事实上，非会计专业学生有重点的系统学习会计知识，对将来从事的经济管理工作会更加有利。教师应当结合其专业特色，整合教学内容。同时，教师应当吸收国外会计教材的优点，多引入案例特别是上市公司的案例进行介绍，以及会计职业道德、内部控制、成本会计与管理会计等相关知识，完善教学内容。

3. 改变教学方法，采用多种教学模式教学

（1）采用线上教育与线下教育相结合的教学模式。

以课程教学改革为出发点，以传统教育为基础，利用 O2O 的“互联网+”思维，结合学生的学情状况，将在线教育碎片化学习、随时学习、循环式学习等优点融入传统教育，构建线上基础知识、理论学习和基本技能培训与线下答疑解惑、综合素质培养相结合的教学新模式，延伸学生的学习时间，拓展学生的学习面，夯实学生的专业基础和专业技能，提高学生的职业技能及职业综合素养。

引进“会计学”课程的优质慕课、精品课件和学习网站，与研究团队开发的“会计学”微课结合，并以移动终端为媒介给学生提供线上学习的任务和材料；根据教学设计，结合给学生布置的线上学习任务开展课堂教学，通过课堂实践和课堂辅导以及知识点、技能点解惑等方式深化学生对知识点及项目任务的理解与应用。线上线下结合，提升学生的主体地位，激发学生的学习积极性和主动性，进而提升教学效果。

（2）采用多种教学模式进行教学。

在会计教学中，教师不仅要充分利用电子信息技术进行教学，还要改变传统“喂养”式教学方法。教师要采用多种教学模式进行教学，如微课教学

模式、小组合作教学模式等。上课前，教师可以让学生利用网络、微课视频对知识进行自我预习和学习，在课上教师可以为学生设计相关的问题让学生自我解决和研究。当然，教师也不要忽略了实践教学的意义，教师要利用各种如企业管理沙盘实验软件、用友 U8 等软件给学生实践的机会，让学生将所学应用到实际环境中。

4. 修改教材并增加财务管理和管理会计的相关内容

由于会计信息化的发展，手工记账的企业数量越来越少，如果现在还给学生介绍手工方式下的会计信息生成流程，与社会难免脱节。应将这部分内容进行修改，改为介绍信息化背景下会计核算流程，如何创建账套，进行初始设置，填制和审核凭证、记账和结账、报表的编制等流程。

为了体现经管类非会计专业学生的教学目标，为决策提供支持，教材和授课的内容应增大财务管理和管理会计的相关内容。首先，应加大财务报表分析的内容，主要是利用四张报表进行分析的内容；其次，应增加管理会计的内容，尤其是变动成本法和本量利分析的基本原理和运用。

5. 提升教师微课开发能力

会计学教师对微课在课程教学中的应用不够熟练，在微课的展现形式和录制上也缺乏灵活和多样性。首先，应当通过专业的培训提升教师对多媒体教学与微课应用的了解；同时，教师要突破自身的传统观念，积极尝试使用新的教学方法，敢于创新与接受挑战，在实践中不断提高微课开发能力；另外，教师也应当充分了解学生的学情与兴趣，根据学生个性化学习的需求，制定专属微课或主题系列微课，提高学生利用微课视频进行专业学习的积极性，以此来提高学生的学习效率。

参考文献

[1] 颜转运. 浅析非会计专业“会计学”课程教学中存在的问题及对策[J]. 新经济，2016(05): 124.

[2] 郭素芳. 高校财经类非会计专业“会计学”课程教学改革与优化[J]. 高教学刊，2018(05): 127-129.

[3] 张佳虹. 关于非会计专业会计基础教学改革的几点思考[J]. 中国乡镇企业会计，2016(03): 253.

非会计本科专业会计学实验课程建设探讨

从 巍

“会计学实验”是与“会计学”课程配套衔接的会计技能训练课程，针对本科层次非会计专业，通过该门课程教学，一方面可以验证学生所学“会计学”的理论与方法是否掌握；另一方面能使学生更加系统地熟悉会计核算的基本程序和具体方法，加深对“会计学”基本理论、基本方法和基本技能的理解、掌握和运用，了解企业经济业务发生后，从审核原始凭证、填制记账凭证、登记会计账簿，最后到编制会计报表的账务处理基本程序。掌握会计信息生存过程及提供会计信息的形式，掌握会计报表的阅读和分析方法，便于学生今后能熟练地运用会计信息为经营管理提供决策服务。“会计学实验”课程建设主要包括：实验目标、实验教材、实验过程的组织实施，以及控制、实验教学师资、考核验收标准等方面。

一、强化以培养实践能力作为会计实验教学目标

非会计本科专业的“会计学实验”教学目标被定位为账务处理能力的培养，即会计信息生成流程实验，要求学生完成从填制会计凭证、登记账簿、成本计算直到编制会计报表的一套业务处理流程。这样固然能培养学生的账务处理能力，但可能忽视了培养学生对会计信息的检查、分析、评价和利用能力。会计实验的教学目标，是使学生能够综合运用会计基本理论、基本技能、基本知识，模拟进行各类企业主要经济业务的会计核算、财务分析、审计等，实现学生对会计核算的理性认识到感性认识的过渡，进而加深对会计理论、财务分析、审计的更深入和更全面的理解。学生只有在实验操作过程中才能发现模拟经济活动中存在的问题，并分析问题和解决问题。教师也只有通过对实验操作过程科学、规范地控制与分析，才能了解学生对会计核算的系统结构、会计技术处理流程、面对复杂经济业务做出的职业判断，以及根据会计信息所做的分析、建议等的掌握程度。

二、重视实验教材建设

从会计实验教学现有的教材来看，其涉及的会计主体基本都是制造业企业。以制造业企业为模型进行会计实验，可使学生对供、产、销过程的核算、对生产成本的计算有一个完整的感性认识，但如果仅仅局限于制造业企业的业务，已不能满足现代经济社会对会计人才的需求了。在现代经济社会中，企业的经营范围不再单一，一个企业不仅从事制造业，往往还涉及外贸、物资流通、房地产等其他行业。为此，会计实验内容不宜长期局限于制造业企业，还应进一步拓宽到其他类型企业，如商业、外贸、房地产、银行等其他会计主体，使学生能适应综合性企业处理复杂经济业务的需求。

三、突出对会计实验过程的组织实施与控制建设

由于会计实验内容的全面、系统、复杂性以及实验资料利用的一次性，在以往的实验过程中经常会出现由于分阶段的过程控制缺少指导、总结、验收而影响实验质量的问题。随着实验工作的进行，操作中的知识点不断出现，会计实务工作系统中业务关系的错综复杂性也充分表现出来。例如，有的教材在会计业务处理基础上，增加了财务分析和审计的内容，这是对学生的会计理论与相关知识多层次、多角度的综合检验。而面临这种复杂局面时，很多学生都表现出对系统驾驭能力的不足，一旦在某个环节上出了问题，就会影响到整个业务处理程序。学生在操作过程中出现的类似错误如果没有得到教师的及时指点和纠正，就可能会影响实验数据的准确性。如果每次实验课结束前不对本节实验内容进行全面讲评、总结，就无法准确地判断学生是否可以进入下一实验环节。

1. 细分实验内容，检查知识要点

将具体实验内容细分成不同单元，如建账、生产准备、采购供应、生产、销售、利润及分配、纳税申报及其他等。要求学生课前对每个单元业务涉及的知识要点进行梳理，课上以提问方式检查掌握情况并记入学生平时成绩。

2. 针对不同单元内容进行指导，鼓励学生主动思考

建账对会计人员来说是一项需要全面考虑企业类型、生产经营特点、主要经济业务种类、涉及的税种等情况的工作，需要指导学生主动思考如何选择账簿，如何设置总账、明细账等。而纳税申报是会计核算工作的延续。为了帮助学生理解这部分内容，在可能的情况下，教师可以通过演示国税增值

税电子报税系统（练习版）、国税或地税所得税电子申报系统（练习版）、地税综合征管软件网上办税系统（练习版）等，促使学生思考纳税申报与会计实验的联系，了解各种申报软件功能。

3. 肯定正确做法，纠正错误，进行个别指导

根据学生掌握情况，教师需要及时肯定学生的正确做法、纠正其错误，并进行个别指导。每次实验课结束时，教师需要根据该阶段实验的具体内容和特点，从业务处理程序、具体使用方法以及与前后实验阶段有机联系等方面进行总结，并进行检查，例如对每单元业务检查方法可以提交科目汇总表等方式作为小结报告。

四、细化对实验结果考核、验收标准建设

大多数高校实验教学考核指标较为粗放，对实验报告和学生上交的实验资料的检查和验收没有科学、合理的标准，例如没有针对整个综合实验的各个阶段的不同实验内容和特点制定不同的验收标准，无法准确考核每个学生综合实验能力上的差异，不利于调动学生的积极性和创造性。

1. 实验报告的考核、验收标准

在实验教学考核中既要重视对学生实验成绩的考核，又要重视学生对实验教学组织、实验教学指导、实验教学内容的意见和建议，做到实验考核的多元化。改变实验结果的评定方式，重点考核学生对综合实验的掌控能力。

教师应该审核由学生撰写的实验报告内容是否完整、真实。实验报告内容包括两方面：基本资料和实例说明。基本资料是实验企业的基本情况介绍；生产活动的组织及工艺流程；会计工作的组织与核算程序、特点；会计业务处理的技术过程，专业实验资料种类介绍等。实例说明是以实验材料某一具体业务环节为例，说明其所涉及的核算基础资料、各种资料的作用和对实验资料的整体评价、各种资料之间的关系，选择会计处理方法的依据及处理结果、实验过程中存在问题的原因分析和解决办法、对实验组织指导工作方面的建议、个人实验体会等。

2. 实验结果的考核、验收标准

首先，教师对实验资料的完整性进行认定，对学生操作的规范性、资料之间钩稽联系的可核查性进行印证。

其次，在验收了实验报告和实验资料后，教师可以通过类似答辩的方式

进一步检查学生对实验的综合掌握程度。教师应该针对学生的具体情况设置不同问题，如某一具体会计业务处理方法的运用、适用的专业理论、有哪些可供选择的方式，某一会计资料、数据的形成方式，所用会计专业资料之间技术上的相互印证关系等。

五、重视实验教学教师自身会计实务操作能力建设

1. 教师应该充分重视自身会计实务操作能力的提高

部分从事实验教学的教师自身缺乏实践经验和丰富的教学组织经验，或者因为教学工作繁重参与社会实践的机会较少，使得他们在会计实验教学中不能按会计的职业规范进行教学，不能及时地进行知识、技能的更新和提高。其次，部分实验教学的教师自身对会计实际工作程序不太了解，操作能力不强。在回答学生对实际工作中的做法是否正确等问题时，往往根据自己的理解做出解释，有时难免与实际情况有偏差，例如对如何建账、人员分工、增值税发票联和抵扣联的作用、实际工作中有效的资金筹集方式、年终结账后所得税汇算、报税等会计教材中介绍较少或不介绍的内容不甚了解，能给予学生的帮助有限。此外，会计专业教师对财务管理、审计知识、会计及相关软件了解不够，这些都直接影响了实验教学的开展和学生技能的培养。

教师只有通过会计专业理论和方法的熟练掌握及运用，才能有更强的实践和创新能力，才能更有效地指导学生实验。通过亲自动手操作，才能及时发现问题，解决问题。

2. 学校应该有计划安排教师到大中型企业或注册会计师事务所见习

学校应该有计划安排教师到大中型企业或注册会计师事务所见习（连续见习时间不宜少于 3 个月），参与会计实际工作，通过不断地实践感悟进行归纳总结，提高自身从事会计实际工作的能力，并且把典型个案归纳提炼并运用于综合实验教学中，给予学生最新的知识与信息，使学生更快适应实际工作需要。

参考文献

[1] 杨瑞平，吴秋生，王晓亮. “慕课”背景下财务会计实验教学改革研究[J]. 财会月刊，2016(36).

[2] 张伟，王新红，王媛. 卓越会计师素能结构及培养路径[J]. 财会月刊, 2015 (6).
[3] 李霞. 会计实验教学评价体系研究[J]. 财会月刊, 2015 (6).
[4] 张雪芬，顾诚浩. 会计实践教学改革方法探索[J]. 财会月刊, 2013 (6).
[5] 张永雄. 基于就业视角的会计本科实践教学创新[J]. 财会通讯, 2013 (4).
[6] 黄芳. 会计手工模拟实验课程的优化设计[J]. 财会月刊, 2012 (3).

基于云学习的成本会计教学模式探讨

秦冬梅

随着科技的迅速发展，移动互联网、云技术和云平台为现代教育教学提供了技术支持，云学习应运而生。教师在上课时利用云平台进行教学不仅能有效节约资源，还能提高学生的综合能力。因此，在云平台的基础上建设高校教学资源已经迫在眉睫。成本会计作为高校财会专业主干课程，推行基于云学习的成本会计教学模式是大势所趋。

一、基于云学习的成本会计教学模式的理论分析

“云学习”系统是在云计算（Cloud computing）环境中，围绕学习服务，以心理学、教育学和系统工程理论为指导，建立云知识、云任务、云资源、云组件、云网站和学习者认知结构等关键模型，利用软件架构和 Web 互动技术开发的个性化、分布式学习系统。云学习以学习者为中心，以协作为形式，以资源为核心，在构建的个性化学习环境下，实现教师的有效教学和学生的自主学习，使得学生高阶思维能力得以发展，塑造终身学习和营造学习型社会。

1. 理论依据是构建主义学习理论

构建主义学习理论（Constructivist Learning Theory）认为，知识并非是静止的，而是学习者通过对客观世界的认知、解释和理解来逐渐构建自己的知识。构建主义学习理论突出强调了学生在学习过程中的主体和中心作用，学生由知识的灌输对象和外部刺激的被动接受者转变为信息加工的主体和知识意义的主动构建者，教师由知识的灌输和传授者转化为学生主动构建知识的领路人和帮助者。学生在教师的引导下主动思考，在情境中寻找问题的解决途径，在解决问题的过程中形成对知识的构建。一方面，学生通过云学习主动掌握成本会计基础知识，在自主学习中培养探索问题和解决问题的能力；另一方面，又通过老师的引导得以解惑，教师的言传身教会使学生充分领略成本会计知识的魅力，激发学生独立探索、勇于创新的能力，这也正体现了

构建主义学习理论中以学生为主的思想。

2. 教学理念从以“教”为中心转到以“学”为中心

基于云学习的成本会计教学以优质教育资源和信息化学习环境为基础，以理念创新为先导，在教学中通过传统课堂面授和云学习相结合的方式把教师的讲授和学生在线自主学习有机结合起来，突出学生学习的自主性。在线上学习环节，学生们围绕具体的学习任务，自主学习教学资源，在讨论区参与讨论，完成作业；在线下教师面授环节，教师勾画框架，讲解成本会计学的重点难点，辅助学生自主学习。教师不再是教学的主体和知识的“灌输者”，而是教学活动的组织者、引导者、辅助者。云平台把线上和线下课堂教学有机整合，聚焦成本会计主要问题，学生们以学习小组为单元分工合作，进行线上和线下学习，在面授课堂上展示学习成果，实现教学从“教”到“学”的转变。

3. 教学内容突出问题导向

在把教材体系转化为教学体系、教学体系转化为知识体系时注重突出问题导向，提炼教学内容，进行专题教学。在认真研读教材、遵循教学大纲、分析学情的基础上，注重巩固知识点，把握重点，突破理论难点，结合当前会计准则改革，把教材体系转换成与信息化学习环境相匹配、突出以“学”为中心的教学体系。学生课前预习时每个专题以问题作为切入点，在线学习教学资源，在自主学习中提高发现问题和解决问题的能力。在线下教师授课中，教师讲思路，讲重点、难点和理论热点，学生参与讨论，使线下讲授的问题与学生线上学习急需解惑的问题对接。

二、基于“云学习”的成本会计教学模式构建

基于云学习的成本会计教学模式包括课前、课中、课后三个阶段，以实现学习的个性化、定制化，并充分打通线上、线下学习路径，真正形成三位一体的完整学习闭环。如下图所示。

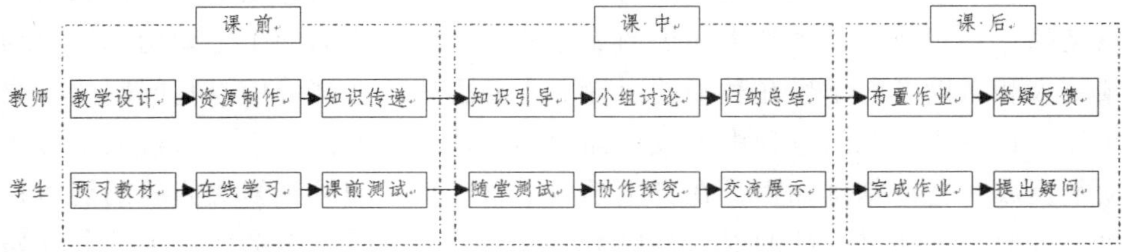

基于云学习的教学和学习过程

1. 课前阶段

在课前阶段，教师主要负责教学设计、制作资源和知识传递，教学资源包括课件、视频、音频以及一些网页链接等资料，教师整合后通过云平台共享给学生。学生在自主学习任务单的引导下，自定步调地观看教学视频、预习教材、在线学习，并完成课前测试。老师根据课前测试的情况可以利用平台的社交功能与学生进行交流。这几个任务层层递进，逐步为下一环节做准备。

2. 课中阶段

课堂教学过程中，教师要根据课前测试的情况对学生进行知识引导，将重点、难点进行梳理，随时进行随堂测，随堂测主要为客观题，对于案例题和计算题最好进行小组讨论。老师可以将学生适当分组，学生在教师的引导下围绕深层次的问题进行协作探究，在小组讨论中互相分享自己的见解，通过思想的碰撞形成各自对知识的深度学习，最后要以小组的形式对学习结果进行汇总，以交流展示的形式再次总结回顾本轮学习的要点。整个课堂教学中，教师要对同学们之间的交流有一个整体性把控，引导学生往正确结果的方向讨论，并对最终的学习进行总结概括。

3. 课后阶段

云学习中的课后阶段同样丰富多彩。学生在课后首先要进行在线复习，然后要完成课后练习，课后练习其难度是大于课前测和随堂测的，除主观题要传给老师检查外，其他客观题提交后便可知道分数，系统根据学生的错误情况从题库中抽取同类型题目再次推送给学生，以巩固该知识点。对于本章疑难问题，学生也可以在线提问。此外，学生还要对下次课的内容进行在线预习。教师通过云学习平台可以随时关注学生上线情况，观察学生是否进行了复习及复习时长，批改主观题，通过平台获知学生的课后测试情况，记录易错知识点，结合学生提问情况，收集整理问题，对于个别性错误可以在线给予解答，对于共性问题，可以在平台中统一答疑，也可以在下次课堂上重点讲授。

以“成本会计学”中的章节“制造费用的归集和分配”为例，云学习背景下的具体教学内容如下表所示。

由此不难发现云学习的几大优势：

一是可以记录学习轨迹，实时掌握学习情况。学生在云学习上所有做答的题目、参与的讨论均有数据记录，反馈学生本讲学习状况和知识点掌握情况，老师（甚至家长）能实时掌握学生的学习时长和学习质量。教师端口既有班级整体数据，又有每个学生的数据，了解学生的作业情况，还能提醒学生及时完成作业。学生在学生端口可以看到自己的成绩单，见证自己的学习成果。

“制造费用的归集和分配”教学内容设计

教学过程	老师	学生
课前	1. 布置在线作业； 2. 制作包括课件、视频等资料并在线发布； 3. 在规定时间内关注学生线上大体情况，解答学生提出的问题； 4. 准备课前测试题目，课前测知识点范围： （1）制造费用的含义 （2）辅助车间制造费用的核算（与上一章衔接） （3）制造费用的归集 （4）制造费用的分配（有哪几种方法） 5. 总结分析课前测试结果； 6. 解答学生疑问	1. 自学老师发布的课程资料： （1）课件 （2）视频 2. 完成课前测试，老师批改后系统重现错题，再做一次； 3. 线上提问
课中	1. 结合预习情况讲解本章内容，重点是年度计划分配率法； 2. 随堂测试： （1）制造费用的内容 （2）制造费用的分配 （3）“制造费用”账户期末有余额吗？ 3. 在线统计学生作答情况并讲解； 4. 老师发布案例题：年度计划分配率分配法，根据学生讨论引导、点评和总结； 5. 老师总结本次课内容并发布作业	1. 学生作答随堂测并提交结果； 2. 学生分小组讨论，学期内每位学生轮流当小组长主持讨论，并代表本组上台交流，交流可以深入进行，包括各种方法的利弊和适用范围，以及对制造费用分配的其他先进方法如ABC法的讨论
课后	1. 关注学生上线率； 2. 在线批改作业； 3. 在线答疑； 4. 准备下次上课内容	1. 在线复习； 2. 在规定时间完成在线作业； 3. 在线预习； 4. 在线提问

二是便于学生高效掌握知识点。学生的所有在线错题云学习平台会自动收集到错题本并进行错题整理，节约了整理错题时间，并向学生推送同类型错题，让学生反复练习，不断提升能力，高效掌握成本会计知识点。

三是可以对学生进行个性化辅导。教师能够看到每个学生的数据，因此云学习能够针对每个学生诊断其知识情况，为每一位学生个性化推送相应题目，老师也能够根据学生学习轨迹有针对性地对学生的薄弱知识频数进行个性化辅导。

四是有助于培养学生良好的学习习惯。云学习有预习、课前测、随堂测、课后作业等多个关卡，每个关卡都有丰富的练习，让学生能养成预习和复习的好习惯，提高学习效率。

三、基于云学习的成本会计教学模式反思

成本会计云学习模式的得与失需要以后的教学实践来评价和检验，与传统教学相比，云学习有其独特之处，需要对该模式进行一定的反思，进而在教学反思中逐步完善该教学模式，提高教学的实效性。

1. 高效利用手机进行云学习

现在大学生都有手机，但是学生上课玩手机的现象却深深困扰着每个老师。而在云学习下，学生和老师都离不开手机这种移动学习媒介，云学习把教师的手机和班上每个同学的手机连在一起。课前，老师通过自己的手机把在线资源中需要同学们预习的内容和课前测试、思考题发布在云学习平台中，学生可以通过手机在线预习并完成测试，把各自的答案提交给老师，不懂的问题可以在线提问，老师实时答复学生。课中，教师通过手机及多媒体用各种方式组织、讨论知识点，学生直接用手机作答随堂测。课后，老师用手机给学生布置作业与练习，学生用手机给老师提交答案。所以，在云学习模式下，学生课前、课中、课后都离不开手机，学生要用手机学习、做测试题、忙着小组讨论，每个学生只要登录课程云平台，学生的各种表现在后台都有记录。基于云学习的成本会计教学模式可以真正实现从“以知识导向为主的教学”转变为“以培养学生能力为导向的教学”。

2. 明确学生的主体作用和教师的引导作用

基于云学习的成本会计教学模式充分尊重学生的主体地位，鼓励学生的个性发展，支持学生对教学活动多样化、个性化的参与，激发学生的创新意

识和探求能力。这其中教师的引导作用是相当关键的，教师要把方法交给学生，引导学生参与教学，并根据学生的反馈调整教学。但是如果教师对学生的自主学习管理“缺位”的话，云学习就达不到应有的效果，比如有的教师对学生的发言缺乏适当的引导和点评，有的教师面授课与云学习平台相脱节，不能充分发挥学生学习的主体作用，教师教学“越位”致使教学效果难以保证。以学生为中心的学习，强调的是学生的主体作用，但教师的组织、引导作用不能“缺位”“越位”和“不到位”。必须正确处理学生主体作用和教师引导作用的关系，教师正确的引导作用是学生主体作用发挥的保障，实行网络教学后，教师的主导性不仅不能放弃，而且要加强。教学相长，互相交互，共同参与知识、能力和价值观的构建。

3. 学生线上自主学习与线下教师授课结合

目前来讲，高校教学模式主要包括“传统课堂”、基于云学习的“混合式教学”课堂、全程在线学习的“网络课堂”，有的高校如华中师范大学经过实践发现，基于云学习的“混合式教学”模式最受学生欢迎，教学实效最明显。如果全程实施线上教学，学生的自律意识不强，知识积累和自学能力有限，教学实效不强；以教师为中心的传统课堂教学模式也难有新意和创意，学生学习动机、兴趣的激发和主体作用发挥受限，教学效果有限。将线上学生自主学习与线下教师辅导授课结合起来的云学习模式，学生的主体作用与教师的引导作用都得到了发挥，教学相长，相互借力，和谐共融，教学实效明显。

当然，基于云学习的成本会计教学模式不只是把教学资源简单地搬到了云平台，而是以信息化推动了传统的以教师为中心的成本会计教学模式的创新和变革。但是该教学模式对信息技术环境、教师素质和能力、学生的能力和水平、教学信息化管理等都有一定的要求。各高校办学条件以及师生素质和能力不一样，教学模式的选择也必然会有所差异，线上教学与线下教学到底各占多少比重，还需要教师积极探索，认真选择合适的教学模式。

4. 教学评价要着重过程性评价

教学评价是对成本会计课程教学的效果进行价值判断的活动，它检验教学效果，引导学生学习的方向。通常来讲，学生的综合成绩由平时成绩和期末成绩构成，在云学习中，也是如此。但是，要加大平时学习过程评价的比重，比如平时过程性学习在学生成绩综合评价中占比 80%，期末考试在学生成绩综合评价中占比 20%。学习过程评价成绩由云学习在线学习时长、讨论参与度、课前测、随堂测、课后作业完成情况、期中测验成绩、线下教学考勤、线下课堂参与讨论情况等多种因素构成。强调过程性评价扭转了学生考前突击、一考定乾坤的现象，既考查学生对基本知识的掌握，也考查学生的学习态度、学习过程和学生在教学中的参与度，同时也考查学生自主学习、独立分析和理解问题的能力。在这种评价模式下，学生参与课前、课中、课后教学的积极性被充分调动起来，真正实现以学生为主的教学理念。

《教育信息“十三五”规划》的出台，可以看出国家鼓励教育向信息化、科技化发展的重要趋势，高校应当顺应这种趋势，推动教育方式和教学手段的不断升级。随着移动互联时代课堂教学个性化、资源化、互动化、社群化的发展，先进技术与会计课程改革相结合的云学习系统，在推进现代高校会计专业教学中一定会发挥越来越重要的作用。

参考文献

[1] 郭金华，蔡德饶. 基于云平台的混合式教学情境构建研究[J]. 科学大众，2018(8).

[2] 杨芳. 高校“会计综合实训”课程教学模式研究——基于 App 移动应用平台[J]. 教育现代化，2016(4).

[3] 王竹立，李小玉，林津. 智能手机与“互联网+”课堂：信息技术与教学整合的新思维、新路径[J]. 远程教育杂志，2015(4).

创新生态视阈下科教融合特色专业课程“财务管理案例”教学范式的研究设计与价值解析*

顾 飞

“财务管理案例”课程是重庆工商大学会计学院为贴近财务管理实践，着力培养学生专业胜任力与专业创造力而开设的一门专业拓展课程。相对于传统的教学范式而言，本课程更强调在教学过程中贯穿渗透实践导向、能力本位、教学互动、情境体验等创新型教学理念，并试图基于前人的相关研究与实践经验，通过一系列的研究设计与创新探索，逐渐构建起以教师导学、学生为主，线下讲授、线上讨论，以点带面、知识融通，师生互动、团队协作，自主学习、教师点评，过程习得、多元评价，科教融合、创新引领为主要特征的创新教学生态，为培养应用型、复合型、创新型、国际化和智能化的“三型两化”高素质财务管理人才打造“金课”龙头，更好地发挥其在财务管理专业课程体系中“知行合一、融会贯通”的枢纽作用。

一、创新生态视阈下科教融合特色专业课程教学范式的相关研究及评述

（一）国内外相关研究概述

1. 教育教学生态的相关研究

国外研究始于“课堂生态学”（Walter，1932）、“高等教育生态学”（Ashby，1966）、“创业生态系统”（Dunn K，2005）等概念的提出，主要集中在区域教

* 本文系重庆市教育科学“十三五”规划 2018 年度项目“创新生态视阈下科教融合特色专业课程教学范式研究：基于《财务管理案例》的微观实践”（项目编号：2018-GX-345）；重庆工商大学教育教学改革研究项目“基于科教融合理念的《财务管理案例》教学模式改革创新与实践”（项目编号：2017214）；重庆市高等教育教学改革研究项目“基于互联网思维的《财务管理案例》课程教学范式改革创新与实践”（项目编号：153084）；重庆工商大学会计学院财务管理系 2017 年教学改革重点项目的研究成果。

育生态（Boxer，2006）、学校生态（McKown，2005）、课堂教学生态（Jason，1985；Nystrand，2001）等研究领域，以及对斯坦福等世界一流名校创新生态的研究。国内除教育生态（黄岚等，2017；王昀等，2017）研究外，重点是教学生态，含括一般性（张红，2008）、课堂性（盛阳荣等，2009）、课程性（孟亚茹，2009）三大领域。其中，诸如英语（宋铁花，2013）、思政（徐蓉，2014）、体育（仇有望，2008）和实验课（潘力等，2009）等课程性尤受关注。此外，在涉及网络技术（陈仕品，2016）、翻转课堂和慕课（曹颖，2016；贾巍巍，2017）、高校创业（周勇等，2013；刘海滨，2018）、创客（米银俊，2016）、“双创”（徐志怀，2018）教育生态等领域的研究也愈来愈受到重视。

2. 科教融合的相关研究

科教融合是通过建立“科研—教学—学习”的联结体，发掘人的“创造本性”（周光礼等，2012），以科研与教学间的协同互动（钟秉林，2012），实现二者完美结合与互促发展。自洪堡（1810）开创科教融合先河以来，Boyer（1990）、Burton Clark（1997）、Bruner（2012）等学者推进了其研究。国内研究主要集中于教育理念（周光礼等，2012）、融合互动机制（王子晨等，2015；）、师资团队（邹友生，2017）、专业人才培养（刘静平，2017；余修武等，2018）、专业课程教学（涂自力，2012；葛明，2017）、实验教学体系（明仲等，2016）、研究型教学模式（李茂国等，2017）等领域。尤其在创新人才（钟秉林，2012；杨青，2018）、创新能力（马龙海等，2012；仇付国，2017）、理工农科等技能性人才培养（王朱云，2015；余修武等，2018）和课程教学（曾祥炎，2015；葛明，2017；刘士荣等，2017）等领域备受关注，其关注点逐步由人才、专业、课程进而到课程教学模块（谢家泉，2016）、教学模式（宫钦第，2015）、过程化考核（乔雯等，2017）等细分领域。特别是在教学生态和创新生态与科教融合问题（李菊琪，2001；齐宁，2016）上尤其值得研究关注。

3. 教学范式的相关研究

教学范式是指对教育领域教学这一特殊现象和复杂活动的最基本理解或看法（陈晓端，2004），其本质属性是由教学过程结构所体现的（马启民，2003）。基于 Burns（1995）的教学范式概念，Koch Johnnes（2003）等国外学者继而从课程实现即为教学的意义上推动了其研究与实践，其中尤以美国“Seminar”教学范式影响为大。国内研究主要涉及其理论思辨（陈晓端，2004；钟启泉，2017）、创新创业（钟华等，2012；叶柏森，2017）、信息网络技术（李永强等，2015；杨现民等，2017）、学习类型（钟启泉，2017；付亦宁，2017）、转型变革（李杰，2014；王鉴等，2016；刘海燕等，2017）、实践探索（胡加祥，2010；毛洪涛等，2013）等领域。近年来，在课程教学范式（张杰等，2010；杨兴坤等，2012；罗先云，2015）领域其研究不断涌现，并逐步延伸至财务管理专业课程（傅颀，2011；于涛，2011；戴娟萍，2013；董丽英，2014；李宗彦等，2016）。

（二）研究现状评述

创新生态是将创新视为一种自组织协同整合机制（Adner et al，2010），通过各子系统的互动循环（Moore，1996）、共生进化，形成有利的创新氛围，催化和促进系统性创新增长（Russel，2011）。从上述研究趋势来看，教育、教学生态尤其是创新生态和科教融合研究日益成为教育科学研究的热点，且愈来愈呈现聚焦于专业课程的落地细分化研究发展态势；而将科教融合理念与教学范式嵌合于创新生态视阈则充分体现了这种“认识论+方法论”范式在产学研深度融合背景下，适应加快创新驱动发展和教学高质量发展的教育科学研究新趋势。在目前的既有研究中，基于创新生态的非“双创”教育教学特别是专业课程教学研究涉猎偏少，不利于科教融合理念向专业课程教学实践转化并实现有效理论对接，势必影响发挥专业课程教学对专业性创新人才培养以及专业性创新成果产出的重要作用。因此，上述研究视阈的缺憾和研究要素整合的理论短板成为本课题立论的初衷与价值所在。

二、创新生态视阈下科教融合特色专业课程教学范式的研究目标及内容设计

（一）研究目标及假设

1. 研究目标

以“财务管理案例”特色专业课程为例，在明晰科教融合特色课程教学范式与大学创新生态间的互动机理基础之上，明确其功能价值取向及其目标重构优化和改革要求，进而探索多维路径予以构建、设计保障机制促其实践，为重庆市“三特”专业——财务管理专业的现代课程体系理论与实践探索提供先行课程的认识论与方法论研究成果，切实增强授课学生的教学获得感、任课教师的教学成就感、教育科学研究的针对性和有效性。

2. 研究假设

本研究的构建基于以下四个基本研究假设：一是科教融合理念的课程性嵌入推动课程教学范式改革创新；二是科教融合理念的课程性嵌入提升专业

课程创新教学产出；三是科教融合特色专业课程设置促进教学创新生态形成发展；四是教学创新生态的形成发展推进产学研深度融合的实现。

（二）研究的主要内容

1. 导论

本部分将基于课题研究的背景和主题及价值意义、选择“财务管理案例”研究样本的理由、研究思路及技术方法、研究内容结构安排等四个方面对课题研究的整体内容框架与技术路线予以提纲挈领式的概述。

2. 基于创新生态与科教融合的传统课程教学问题理论性反思

本部分将基于传统课程教学中影响科教融合与创新人才培养的突出问题，主要围绕教学理念与教学范式的融合性、教材等教学资源相对于实践发展的滞后性、教师角色定位与素质能力的胜任性、学生角色定位和学习心智的适应性、教学方法与教学目标内容的匹配性、教学质量评价与课程定位的适当性、课堂教学文化与教学活力激发的适配性等七个性度方面予以理性反思和深度分析。

3. 科教融合特色课程教学范式与大学创新生态形成的互动机理

本部分将基于协同发展、知识转移、能力生成、创新生态等理论，从教学与科研、教师与学生、知识与能力、时间与空间、心智模式与组织文化、学研机构与产业机构、创新人才与创新成果七个视角探究其互动协同的内在机理。

4. 创新生态视阈下科教融合特色课程教学范式的功能价值取向

本部分将基于科教融合理念的课程化和教学性融入，着眼于课堂教学创新生态的形成，从促进师生创新性深度协同互动、促进教学过程和科学研究有效对接转化、促进专业知识的关联性构建、促进知识向创新实践能力转化、促进自主性和创造性学习的内生性动力激发、促进课程质量考核过程化转向、促进课堂内外创新教学生态环境的形成优化等七个向度予以探讨。

5. 创新生态视阈下科教融合特色课程教学目标的重构优化及改革要求

本部分将基于教学创新生态的形成发展和科教融合理念的实践转化，以其教学范式的功能价值取向为基准，重构优化“财务管理案例”课程的教学目标定位和创新能力指向定位，并从课程教学文化、教学设计、教学环境、教学团队、教学资源、教学模式、教学过程、教学保障、教学监控等九个角度明确其教学范式改革创新的基本要求，以促进其更好地承接创新生态视阈下科教融合的课程教学理论建构和实践引领的要求。

6. 研究结论及其教学范式构建的多维路径与实践保障机制

本部分将基于上述对“财务管理案例”微观实践的实践观察和数理分析，拟呈现以专业课程体系为实践单位，合理选择科教融合特色课程，深化教学范式改革可以优化教学创新生态、提升创新人才和创新成果产出的研究结论；进而从科教融合动态优化教学内容；探索四位一体课程教学体系；集成优配教学方法手段；重构教学双边角色心智；搭建师为导、生为体的双向协作平台；强化创新导向的教学质量监控与评价机制；促进课赛课研课创结合；形成跨课程教学科研资源库共享交流等八个维度构建其实践路径；从体制机制、师资队伍、教学资源、技术平台、文化制度等五个维度探索其实践保障机制。

三、创新生态视阈下科教融合特色专业课程教学范式的研究思路及方法设计

（一）研究思路

本课题立足创新生态视阈下科教融合特色专业课程的教学范式构建，以“财务管理案例”课程的微观实践为切入，基于对传统专业课程突出问题的系统把脉和理性反思，揭示其阻碍创新生态形成和阻断科教融合的本质特征和内在机理；据实论证和理性推演科教融合特色课程教学范式与大学创新生态形成互动机理的基础上，明确其功能价值取向及其目标重构优化和改革要求，并通过对“财务管理案例”课程微观运行的实践观察和数理分析，得出相关结论并就其构建路径和保障机制予以研究。

（二）研究方法

本课题研究中除了采用归纳与演绎、历史与逻辑、文献与案例、定性与定量等相统一的主流研究方法外，重点还采用了以下三种方法：一是比较研究法，即通过与传统专业课程教学模式、与国外科教融合课程教学范式、与本土不同学校“财务管理案例”教学范式的比较找准问题、发现差异、探寻机理；二是调查研究法，即综合运用包括问卷调查、深度访谈、扎根理论等在内的多种研究方法和手段，针对“财务管理案例”微观实践的运行过程、学生获得感、实施效果、互动机理等，予以客观描述、定量分析、质性分析，以便做出客观理性的判断；三是行动研究法，即实现“财务管理案例”微观

教学实践与教育科学研究的良性循环和协同升华，通过扎根理论式的回归教学实践、不断归纳提炼，从中发现其内在互动机理与创新生态形成机制。

四、创新生态视阈下科教融合特色专业课程教学范式的研究价值

（一）实践价值

适应了产学研深度融合，培养创新人才，促进创新成果产出，建设创新型国家和科教强国的迫切现实需要；将创新发展理念与科教融合理念有机嵌合于专业课程教学范式研究范畴，有助于深化教学范式改革，实现科研与教学良性互动转化，将《国家教育发展“十三五”规划》强调的“促进科研与教学互动、与创新人才培养相结合”的要求升华为理论、落地到课程、转化为实际；推动“财务管理案例”课程更好地适应新常态下经济发展提质增效对高素质创新性、应用型财务管理人才的迫切需要。

（二）理论价值

适应产学研创新理论发展要求，从创新生态视阈推动了专业课程教学范式和科教融合领域课程教学理论创新研究，为专业课程教学范式理论添注了“创新生态”的学术基因；深化和丰富了产学研协同创新、科教融合理论在微观课程教学理论领域的创见性与构建性学术内涵；以科教融合理念升华了案例教学认识论和方法论的理论研究，促进了其教学范式的创新生态构建。

（三）创新价值

本研究的创新价值主要体现在三个方面：一是将创新生态的概念及其学理性创造性地嵌入到高校教育教学生态以及教学范式研究领域，可能会拓展专业课等非“双创”课程教学创新生态的理论研究，促进教育教学生态研究向创新生态层级的跃升；二是将科教融合理念首次融入“财务管理案例”此类综合性、应用型的商科专业课程教学范式改革框架，并置于创新生态的视阈予以考察研究，可能会拓宽创新导向教学范式研究的理论视角和实践进路；三是对创新生态、科教融合与课程教学范式的整合性研究弥补了既有理论研究的缺憾，可能会从创新生态形成以及创新人才、创新成果产出的角度增强创新型课程教学对产学研深度融合支持效力的理论说服性和实践可行性。

参考文献

[1] 付永刚, 王淑娟. 管理教育中的案例教学法[M]. 大连: 大连理工大学出版社, 2014.
[2] 王志强, 卓泽林. “创新驱动”战略下高等教育与社会互动机制研究: 基于大学变革的视角[M]. 北京: 中国社会科学出版社, 2016.
[3] 陈劲, 高建. 创新与创业管理(第 16 辑): 创新与创业生态系统[M]. 北京: 清华大学出版社, 2018.
[4] 王牧华, 张家军, 李森. 课堂生态论: 和谐与创造[M]. 北京: 人民教育出版社, 2011.
[5] 孙芙蓉. 课堂生态研究[M]. 杭州: 浙江大学出版社, 2013.
[6] 周光礼. 大学变革与院校研究[M]. 北京: 北京大学出版社, 2017.
[7] 周光礼, 马海泉. 科教融合: 高等教育理念的变革与创新[J]. 中国高教研究, 2012(08).
[8] 洪世梅. 教育生态学与大学教育生态化的思考[J]. 高等教育研究, 2007(06).
[9] 袁维新. 从授受到建构——论知识观的转变与科学教学范式的重建[J]. 全球教育展望, 2005, 34(02).
[10] 陈晓端. 当代教学范式研究[J]. 陕西师范大学学报(哲学社会科学版), 2004(05).

关于“财务分析与模型设计”课程教学的思考

吴娅玲

一、“财务分析与模型设计”课程简介

“财务分析与模型设计”课程是重庆工商大学会计学院财务管理本科专业三年级第一学期的必修课。该课程的教学目标是立足于财务管理专业学生的现实需要，以财务管理理论为主线，采用项目驱动模式，将计算机软件工具与财务管理方法相结合，结合具体的项目环境，全面、系统地阐述了在计算机环境中建立财务分析、投资决策、筹资决策、日常营运管理、财务预测、财务计划等模型的解决方案和实现技术，实现理论、方法和技能的三统一。本课程共 48 学时，其中 16 学时侧重于理论层面的探讨，主要以教师讲授为主；32 学时侧重于实验层面的探讨，主要以学生实践为主。

重庆工商大学财务管理本科专业学生在一年级下学期开设的“财务管理原理”、二年级下学期开设的“中级财务管理”以及二年级上学期开设的“成本管理会计”等课程的学习为本课程奠定了理论基础，同时在二年级上学期开设的“成本管理会计实验”和二年级下学期开设的“公司理财模拟实验”为本课程的学习奠定了实验基础。以上课程的设置，一方面为“财务分析与模型设计”课程的教学奠定了良好的前期基础；另一方面也为该课程的教学带来了一定难度，难度主要在于课程的教学内容会存在一些重复。由于财务管理专业特点的限制，“财务分析与模型设计”的教学内容难免与前行课程有些重合，但侧重点有所不同，难度也有差异。

为了避免与前面所学课程内容的重合，突出本课程的重点与难点，本课程主要结合 Excel 软件进行教学，将 Excel 软件强大的数据处理和分析能力运用于本课程的教学中，以期提高课程的教学效果，增强学生的学习兴趣。

二、“财务分析与模型设计”课程的教学内容

企业的财务管理就是围绕企业的财务活动、处理财务关系而展开的，简单地说就是企业的财务活动主要是企业生产经营过程中所涉及的筹资活动、投资活动、经营活动以及利润分配活动，其财务关系主要是企业与所有者、债权（务）人、员工、国家、客户等利益相关者之间的关系。“财务分析与模型设计”课程的教学内容也将围绕企业的财务活动而展开。

Excel 软件具有强大的数据处理和分析能力，会计人员可以进行账务处理，财务人员可以进行财务分析，证券管理人员可以进行证券数据分析，办公人员可以进行工资计算与日常绩效考核等。本课程涉及的 Excel 的数据处理能力主要集中在数据录入、数据管理以及数据分析等方面。数据录入具体体现在如何利用快捷键、自定义格式、数据验证等功能提高数据的录入效率；数据管理具体体现在数据的自定义排序、高级筛选、分类与汇总以及数据透视表运用等；数据分析具体体现在各种类型函数的运用、模拟运算、单变量求解、统计分析、相关分析等。本课程将 Excel 数据处理的知识融入不同企业财务活动的教学过程。

1. 筹资决策

筹资是企业资金运动的起点，筹资决策也是企业财务管理的三大决策之一，包括计算不同筹资方式的资本成本，从而进行最佳资本结构的决策。筹资决策中运用的 Excel 函数有财务函数，主要包括：FV（终值）、PV（现值）、PMT（年金）、PPMT（本金）、IPMT（利息）等，以及非财务函数，如 IF（逻辑函数）、INDEX（查找函数）、SUMPRODUCT（乘积）、ROUND（整数）、MAX（最大值）、MIN（最小值）等。

2. 投资决策

投资决策是企业财务管理的一项重要内容，主要涉及的内容有不同投资项目决策分析、固定资产更新决策和投资风险分析等。在固定资产决策中主要运用的财务函数有 SLN（直线折旧法）、DB（余额递减法）、DDB（双倍余额递减法）以及 SYD（年数总和法）等；长期投资项目决策中主要运用的财务函数有 NPV（净现值）、NPER（期数）、RATE（利率）、IRR（内含报酬率）、MIRR（修正内含报酬率）等以及非财务函数 VLOOKUP（查找函数）、COUNTIF（计数函数）、MATCH、INDEX 等。

3. 流动资金管理

流动资产管理是企业财务管理的重要组成部分，包括最佳现金持有量决策、应收账款管理和最优订货批量等。本章节内容不仅运用到 Excel 的公式与函数，而且涉及 Excel 中一些数据管理与分析功能，例如，最佳现金持有量决策中运用到规划求解的知识点；应收账款管理中运用到数据的关键字或者自定义排序、自动筛选或者高级条件筛选、分类与汇总等；存货管理中运用到数据的有效性等。

4. 销售与利润管理

销售和利润管理是企业财务管理的重要内容之一，主要进行企业的销售分析、销售预测以及利润预测与决策等。本章节内容不仅应用到 Excel 提供的 LINES、FORCAST、SLOPE、INTERCEPT、TREND 等预测函数、还要运用数据透视表的强大技术和单变量求解工具等。

5. 财务分析

财务分析主要以“资产负债表”“利润表”“现金流量表”的数据为基础，利用 Excel 软件创建财务报表分析模型，主要涉及比率分析、趋势分析、综合分析以及杜邦分析等方面内容。本章节内容主要应用到 Excel 提供的基本公式外，还要运用名称定义等功能。

三、“财务分析与模型设计”课程的教学设计

“财务分析与模型设计”课程的教学主要以建构主义学习理论为指导，以学生自学为主，教师授课为辅，师生互动，生生互动的“探究式”课堂教学模式。教学内容以财务管理理论为主线，将 Excel 软件工具与财务管理方法相结合，针对主要教学内容分别进行专题化教学设计。在课程教学中，教师根据筹资管理、投资管理、利润管理、财务分析以及财务预测等不同教学内容来设计某个具体的财务管理专题。根据不同的财务管理专题，教师进行情境的创设，并提出问题，给学生布置相应的任务。学生在接受任务之后，运用财务软件以及在线数据库，可以分组讨论、分工协作，运用相应的财务管理理论知识以及 Excel 的数据处理与分析功能来完成具体任务。

针对某个财务管理专题的整个教学过程，具体如下图所示。

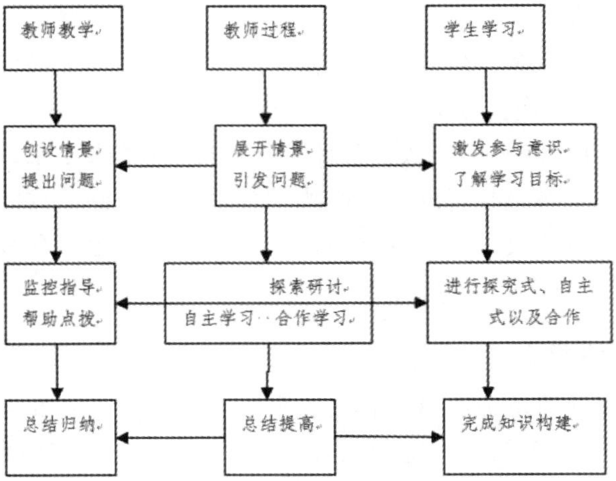

“财务分析与模型设计”课程的教学过程

四、“财务分析与模型设计”课程的教学考核

考试在教学过程中作为衡量教学效果的方法具有不可替代的作用，科学的考试方法能够有效地促进学生创新能力的发展，使老师发现教学中存在的问题。“财务分析与模型设计”课程是一门实践性很强的课程，考试主要检验学生动手能力与综合知识应用能力。在考试内容上，本课程主要考查学生在利用 Excel 软件进行财务管理各知识点的建模与分析决策能力。

本课程学生的总成绩分为两部分，一部分为期末成绩，另一部分为平时成绩。期末成绩按百分制计分，占课程总成绩的 70%，考试形式为闭卷上机考试。平时成绩按百分制计分，包括课堂考勤（占 15%）、课堂表现（占 15%）、期中考试（30%）和实验报告（占 40%）四部分组成，占课程总成绩的 30%。课堂考勤部分主要考核学生上课出勤情况，教师不定期进行点名，按教师实际点名次数，平均计算每次得分；课堂表现部分主要考查学生上课的专注度，是否能够认真听讲且独立完成相关实验，及时提交相关作业；期中考试是百分制，在第 9 周进行；实验报告部分主要考核学生课程实验的完成情况。本课程的教学主要分为八个章节。对于每个章节，教师讲授 2 学时，学生上机操作 4 学时。上机过程中，学生不仅要熟练操作老师下发的课件，还要完成每章的作业以及实验报告。

参考文献

[1] 梅斯，肖申克. 财务分析：以 Excel 为工具(第五版)[M]. 北京：机械工业出版社，2011.

[2] 格莱葛 W. 霍顿. 财务管理：以 Excel 为分析工具(第三版)[M]. 北京：机械工业出版社, 2010.

[3] 韩良智. Excel 在财务管理中的应用(第二版)[M]. 北京：清华大学出版社，2015.

[4] 王冬平. 基于大数据与云计算的财务管理教学改革探究[J]. 财会学习，2017(11): 219-220.

[5] 朱盈盈. 翻转课堂在 Excel 与财务管理教学中的实践与探索[J]. 知识经济，2018(15): 157-158.

关于“财务管理”课程教育教学的思考
——基于重庆工商大学

李传彪　李盈盈

财务会计与财务管理共同构成现代企业会计完整的系统，二者缺一不可。但在实践中，财务会计作为一种商业语言，在政府的主导下，企业财务会计工作受到企业高度重视，得到日益完善。相反，由于我国财务管理应用的内外部条件均不完善，致使我国企业财务管理的应用不尽如人意，造成我国企业重财务会计轻财务管理。事实上，财务会计是为财务管理服务的，随着我国经济转型，以做账、算账、报账为主要工作的财务会计，将逐渐向以预测、决策、预算、控制、考核及评价为主要职能的财务管理转变，因为通过利用财务会计信息改善企业经营并制定战略决策，这才是企业财务管理的终极目标。那么，如何让我国企业的财务管理也“硬”起来，这是一个系统工程，需要多方面的努力。为此，本文通过对重庆工商大学“财务管理”课程教育教学实践中存在的问题进行分析，提出了教育教学改革的思路及对策，以期提高财务管理的教学质量和学生的整体素质。

一、财务管理教育教学存在的问题

1. 部分理论教学偏难

财务管理这一学科和普通的英语、数学相比较而言，可能平时不易接触，或者接触较少，在内容上有很多晦涩难懂的概念性东西，抽象、理论性强是财务管理内容的最大特点。但有些知识点还是要结合高等数学进行解析，而有的同学在高等数学方面知识点掌握不牢固，导致在财务管理上应用不灵活，甚至不会运用，这直接导致学生失去了学习的积极性。

2. 课程理论与管理会计重复

在“财务管理”课程设置时，其理论内容的学习少不了与“管理会计学”

的结合，但由于相关的内容设置不科学，造成教材之间知识点重复，从而导致学习时间浪费，如《财务管理》中的资金时间价值及风险价值、全面预算、存货决策、长期投资决策与《管理会计》教材中的相关内容重复。

3. 重理论教学轻实务能力培养

我校“财务管理”课程课内实践课时很少，不能满足教学的需要。另外，由于受实验室等实践场所的限制，课外实践几乎没有。实践课也只是教师出一些习题，让学生自己做题目，通过题目做出相关决策，这种做法不利于学生综合素质的培养和实践能力的提高。尽管目前我校会计及财务管理专业对本文课程附带开设有 16 个课时的实验课，但从实验内容看，基本上是实验案例或一些综合性较强的练习题，而且基本上无须在实验中心操作，学生在教室或课后均可完成，实践性不强。此外，有很多会计专业的学生，对待本专业的学习态度是为了考一个初级从业资格证或者考研而学习，而且只学习考试中的重点内容，忽略了实务操作中的一些重要问题。这种学习态度的直接后果就是步入职场后，本来就没有经验的会计专业学生，因为实务操作不过关而在职业生涯中碰壁。

4. 教学内容不符合中国国情

我校“财务管理”课程理论教学所用教材每年基本上用的是人大版王化成主编的教材，总体结构还是不错，教材中的理论与方法的阐释、例题、案例、习题等均是以西方企业或我国上市公司素材资料为背景的。很多地方并不符合我国企业的实际情况，例如，西方将直接人工成本作为变动成本，但在我国工业企业并非实行完全的计件工资制，因而直接人工成本有相当部分是固定的而不是变动的，但在讲变动成本法时我们仍然沿用西方教材的说法；再如，我国企业的期间成本包括产品销售费用、财务费用和管理费用，但很多教材仍沿用西方的做法把期间成本区分为产品销售费用和管理费用两项。当然，这些可能是细节问题。

5. 考核方式单一

目前，我校“财务管理”课程的考核标准采用平时成绩和期末成绩相结合的方式，平时成绩占 30%，主要取决于学生课堂表现、作业完成情况；期末成绩占 70%，主要取决于期末考试成绩。这种考核方式只能测试出学生的应试能力，不能反映出学生对知识的掌握情况和分析问题、解决问题的能力。

二、财务管理教育教学改革思路

1. 教学方法案例化

案例教学不仅可以使学生全面地了解和掌握财务管理学中的知识，还能加强学生对学科之间相互联系的认识，有助于学生在学习时做到融会贯通。只有理论知识的教学不是一个完整的教学过程，甚至可以说是不具备良好教学效果的教学过程。案例教学可以很好地改善这一弊端，那何为案例教学？顾名思义，即结合理论知识点，找到相关的实际案例，运用所学理论知识解决实际问题。案例教学法就是将理论与实践相结合，围绕一定的教学目的把实际中真实的情景加以典型化处理，形成供学生思考分析和决断的案例，通过独立研究和相互讨论的方式来提高学生分析问题和解决问题的能力。“财务管理”课程的教学案例可以有四种：教学引导性案例、方法应用性案例、效果证明性案例、问题分析性案例。四种案例在教学中的作用不同。教学引导性案例是在每一章节前安排的一个意在提出本章节将主要研究的内容或解决的问题的案例。此种案例，能够以来自实际的生动情景资料，在学习之前向学生提出问题，使学生能够带着问题开始本章节的学习，从而提高学生学习的主动性和目的性。方法应用性案例是说明财务管理方法在某个企业中实际应用情况的案例，它可以揭示在具体企业中如何结合本企业实际情况应用财务管理方法。效果证明性案例是根据来自企业内外媒体的资料整理的客观介绍财务管理方法在某个企业应用取得实际效果的案例，此种案例一般作为阅读材料插入教材章节之中，可以增强教材的生动性和学生对财务管理学习重要性的认识。问题分析性案例是一种主要供学生课下分析讨论的案例，这种案例一般在案例中要介绍相关公司的基本情况与有关的生产经营和财务成本数据，然后要求学生进行计算分析并回答案例提出的问题。通过教学方法的案例化就是将上述几种类型的案例有机地运用到财务管理教学之中，发挥案例教学在学生实践能力和综合素质培养中的独特作用。

2. 教学内容现代化

财务管理教学内容的现代化就是在继承传统财务管理内容的基础上，根据企业管理新的需求和财务管理的新发展，重新设计整合财务管理课程的教学内容体系，使财务管理课程的教学内容跟上时代发展的步伐。另外，财务管理在服务业中的应用也受到高度重视。但客观地讲，我国“财务管理”课程教学内容基本上仍仅涵盖传统财务管理的内容，并主要以工业企业为应用对象。因此，我国财务管理教学内容急需现代化。

3. 教学手段电子化

在会计教学中，对于财务会计电算化知识和技能的培养，有单独的课程如会计电算化或会计信息系统来进行。但财务管理电算化知识和技能的培养则基本没有列入财务管理课程的教学之中，这不利于学生应用计算机从事财务管理工作能力的培养。而实际财务管理工作的开展离开计算机技术是不可想象的。

“财务管理”课程教学手段的电子化，不仅可以利用计算机或多媒体技术来进行财务管理知识的传授，而且可以将利用计算机软件处理财务管理问题的方法传授给学生。例如，在课堂上教师可以用 EXCEL 等电子表格进行长期投资决策分析，可以利用 SPSS 统计软件的回归分析、相关性分析进行资金需求量的预测等。

4. 设计并开展财务管理模拟实验

会计专业的同学所学的知识点虽然在日常生活中不经常接触，但是对于从事会计工作的人员来讲，其理论知识还是相当重要的，然而最重要的是在理论知识的指导下进行实际的会计实务工作。因此，动手能力如何成为评价一名会计人员的必备指标。建立会计专业模拟实验室，把财务管理的内容真正融入其中，让学生不再只是停留在讲理论的课堂上，而是在实验中自己动手操作，在实验中体会财务报表分析、投资与筹资决策分析的全过程。

5. 改进现有财务管理学考核方法

学校的考核方式决定了学生的学习方式，学习方式又决定了学生的学习效果。所以，学生是否能真正学到重要知识，考核方式起到决定性的重要作用。改变现有的以理论考核为主的方式，变理论考核为“理论+实践”的考核，以便督促学生练就实务本领。实践教学法是一个全新的教学手段，但不是一蹴而就的，需要学校、教师、学生的共同参与和共同努力。

参考文献

[1] 徐晓燕．“财务管理”课程教学改革探索[J]. 教育界, 2011(15).

[2] 孙艳春．案例教学法应用于财务管理课程中的核心因素分析[J]. 对外经贸, 2013(11): 151-152.

[3] 吴伟强．案例教学法在财务管理中应用浅探[J]. 课程教育研究, 2013（24）: 170.

大数据、人工智能时代背景下的“审计学”教学改革

蒋秋菊

现阶段，我国财经类高等院校都设置有审计学、计算机相关课程，往往这两个学科被分类在不同的学院当中。例如，大部分院校把审计学分类到会计学院，而计算机归类到计算机学院，这样的学科划分较大程度上抑制了两个学科的交叉学习。

一、审计与计算机交叉学习的重要性

1. 计算机是对审计学理论与技术学习的重要补充

任何审计都是围绕一定的主题来展开的，通常将这个主题称为审计主题。事实上，审计主题也就是审计人员所要发表审计意见的直接对象，审计过程就是围绕审计主题收集证据并发表审计意见的系统过程。一般来说，审计主题可以分为两类，一是信息，也就是通常所说的认定；二是行为，也就是审计客体的作为或过程。与上述两类主题相对应，审计也可区分为信息审计和行为审计，信息审计的审计主题是信息，而行为审计的审计主题是行为。

信息审计包括财务信息审计和非财务信息审计。以财务报表为代表的财务信息审计是审计工作的主体，这方面已有大量的研究，这些研究文献大多数都是站在注册会计师审计的角度。但是，对于财务信息的处理离不开计算机系统，因此对财务信息的审计不仅是对财务数据本身进行审计，也要对数据产生的流程进行审计，并公布对这些流程的审计结果。

信息技术的发展和广泛应用催生了信息系统审计概念和技术的出现。信息审计是指为保证信息系统的安全、可靠与有效，由独立于审计对象的 IT 审计师以第三方的客观立场对以计算机为核心的信息系统进行综合检查与评价，向 IT 审计对象的最高领导提出问题和建议的一系列活动。然而，在传统的教

学模式下，审计学专业的学生往往对计算机领域的内容知之甚少，甚至不能完成一个完整的审计工作。但本质上，很多财务数据背后都离不开会计、审计理论与计算机技术的支持。总之，从学科本身的角度以及学科关系的角度，计算机是审计学专业非常重要的补充。

2. 学习计算机知识是审计学专业学生适应竞争环境的须

随着科技的不断发展，审计领域的科技创新和业务创新日益增多，例如各类审计软件的开发与应用给审计人员提供了多样、便捷的工作途径。这些创新不仅对审计学的学生来说是个挑战，对审计师来讲也是需要扎实的计算机专业知识和创新能力，而且这些创新更加证实了学科交叉的重要性。在科技日益变幻和创新的社会环境下，仅拥有审计知识对学生而言只是掌握了一种工作技巧，但不足以应对变化发展的审计领域的工作要求，面对更加复杂和竞争激烈的就业环境，审计学专业的学生更应该主动丰富自己的计算机知识。

3. 审计与计算机交叉学习是高校培养复合型人才的需要

复合型人才是指在具备本专业基本知识和能力之外，还具备其他学科较高相关技能的人才。例如，随着大数据、人工智能的发展，IT技术已经完全融入审计业务之中，复合型人才将在未来几年内十分紧缺。因此，对于高校来说，培养复合型人才、进行学科交叉学习必不可少。并且，从发展趋势来看，我国的审计领域将不断吸收国外先进经验，从国外引入高端人才，这会加剧高校毕业生就业的竞争程度，没有复合技能的学生将很难脱颖而出。

二、当前课程设置的局限性

1. 高校及教师对学科设置的固化思维

当前，许多高校在课程设置时往往缺少创新，排斥变革，习惯沿袭传统的学科设置，使得教学模式固化，不能培养学生的创新精神以及全方位发展。其次，高校教师对于学科交叉学习不够重视，很少在课堂上进行有意义的拓展，从而也导致学生对于跨学科的知识不够重视。从学生调查问卷显示：在经过专业方向选择后，学生往往只对感兴趣的课程认真学习，而对陌生和不感兴趣的课程则消极对待，例如选择会计师事务所方向的学生消极对待国际贸易、金融证券等课程，选择证券方向的学生又会消极对待会计、审计等课程。这种情况造成培养复合型人才难上加难。

2. 课程设置与实际脱节

在实际的社会实践中，审计与会计、财务、计算机往往是密不可分的，审计领域的人不懂计算机，无法根据财务报表信息做出正确的判断和决策，也无法适应日益创新的计算机技术给审计人员做出审计决策带来的挑战。而在大部分财经类高校的课程设置中，审计学与计算机的学科交叉较少，基本上只学习了对方学科的基础知识，而不能有效拓展，最终导致审计专业毕业生不懂“审计”，要在就业之后进行专业知识的恶补。相比较国外的教学，审计与计算机都得到了很好的融合，要求学生在进行全面学习审计知识的基础上，掌握计算机审计的基本技能，这是非常值得国内各高校借鉴的。

3. 教学方式单一

我国高校对教学采取的基本模式是：先学习理论知识，然后学习专业知识，较少涉及实验课程。这使得很多学生对大量的授课式课程感到厌倦，无法调动其积极性。在很多高校中，并没有根据各学科配置适当、适量的实验课程，如沙盘模拟或应用各类实务软件等。这更使得学生的学习与实际想脱离，学生无法通过单一的授课式教学培养兴趣以及创新能力。反之，有些课程单独设置某些实验课，加大课时量，变成单独的实训课程，也会造成学生的抵触情绪，起到事倍功半的效果。此外，因为文科类实验课程固有的缺陷，学生的实验结果很难用一个好的方式来评价，教学方式的创新也就无法实现。

三、构建交叉学习课程体系的建议

大数据、人工智能技术的产生和发展，不断影响着审计技术和方法的发展。审计组织和审计人员在大数据、云计算技术的冲击下将发生重大的技术和方法的变革，审计技术和方法朝着数据化、及时性、智能化和预见性方向转变和发展。为了应对大数据、人工智能技术的发展对审计技术和方法产生的影响，审计理论界、实务界和行业组织应未雨绸缪，采取各种措施积极应对。对于财经类高校，特别是审计专业的教师而言，建议从以下几方面进行改革。

1. 提高高校以及高校教师对学科创新设置的重视

培养复合型、创新性人才是各大高校的责任所在，不能把这些号召仅当作口号，应当切实履行高校培养高精尖人才的责任，深入调研，创新课程设置，使得课程设置能够结合社会实际，例如加强与会计师事务所的合作，围绕企业对人才需求的目标，设计出更加合理有效的课程体系。针对本文提出的审计与计算机学科的交叉学习模式，国内高校应积极吸取国外的教学经验，例如实施选课制，使学生有充分的自由和时间在各个学科之间学习深造。

大数据、云计算技术的产生和发展，正在逐渐影响审计技术和方法的发展。大数据主要着眼于“数据”，是提供数据采集、挖掘、分析的技术和方法；人工智能技术主要关注“计算”，提供 IT 解决方案。大数据、人工智能技术给现代审计提供了新的技术和方法，这也要求学校在学科建设方面把握大数据、人工智能技术的内容与特征，促进学生掌握现代审计技术和方法，以更好地适应时代的发展。

2. 改进实验教学模式

高等院校要充分利用产、学、研相结合的优势，带领学生走出课堂，进入会计师事务所参观或是组织部分学生进入企业实习，让学生对所学理论知识有更加感性的认识，这是加强学科交叉课程体系建设的重要步骤，目的是使学生切身体会到社会对复合型人才的需求，激励他们跨学科学习。具体的设计可以是“理论学习—实验课程—企业实训—假期实习”的方式。高校要积极与会计师事务所联系，设计出实训课程内容。

3. 加强高校教师素质的培养

课程设置的改革离不开教师的认同和应用，仅有创新的课程设置，没有教师的努力，也是不能达到教学目的的。所以，高校应制定各类政策激励教师主动学习跨专业知识，让他们在课堂上引导学生、培养学生的学习兴趣。高校也可以选送教师到会计师事务所学习，以便积累实践经验，并将其贯穿到课堂教学中去。

参考文献

[1] 郑石桥，宋夏云. 行为审计和信息审计的比较——兼论审计学的发展[J]. 当代财经，

2014(12): 109-117.

[2] 幸莉仙. 基于局域网的计算机辅助信息审计技术[J]. 中国管理信息化(综合版), 2005(12): 80-82.

[3] 秦荣生. 大数据、云计算技术对审计的影响研究[J]. 审计研究, 2014(06): 23-28.

案例教学法在金融资产评估教学中的思考

温　蓓

我国资产评估行业起源于改革开放初期，随着中外合资合作企业的产生而产生，国有企业改革和银行信贷业务的发展而发展。三十多年来，我国资产评估行业执业范围和服务领域日益拓展，资产评估机构和从业人员队伍不断发展壮大。2016 年 7 月 2 日，由第十二届全国人民代表大会常务委员会第二十一次会议通过的《中华人民共和国资产评估法》，从立法层面规范了我国资产评估的人员和行为。

以全国具有证券、期货相关业务评估资格的资产评估机构为例，截至 2017 年年底，共计 69 家，仅占全行业资产评估机构数量的 2%；证券评估机构的资产评估师共计 5309 人，仅占全行业资产评估师总数的 16%。2017 年度证券评估机构收入总额 54.90 亿元，较 2016 年增长 18%，占全行业总收入比例的 44%。对于资产评估行业未来的发展，资产评估专业人才建设是行业发展的根本。高校肩负着为资产评估行业提供现代化专业技术人才的重任，这决定了资产评估专业人才培养需要与行业需求紧密结合，资产评估专业人才培养目标也决定了资产评估专业实践性和应用性的特点。

针对金融资产的评估，财政部部长在国务院关于 2017 年度金融企业国有资产的专项报告中提到："截至 2017 年末，全国金融企业国有资产总量总额 241 万亿元，负债总额 217.3 万亿元，形成国有资产 16.2 万亿元。"他强调金融企业国有资产作为推进国家现代化、维护国家金融安全的重要保障，是党和国家事业发展的重要物质基础和政治基础，是服务实体经济、防控金融风险、深化金融改革的重要支柱。党中央、国务院高度重视金融企业国有资产管理工作。习近平总书记在党的十九大报告中明确指出：要完善各类国有资产管理体制，改革国有资本授权经营体制，促进国有资产保值增值，有效防止国有资产流失。在第五次全国金融工作会议上，习近平总书记强调：要优化金融机构体系，完善现代金融企业制度，完善国有金融资本管理。为规范金融资产评估执业行为，保证金融资产评估执业质量，保护资产评估当事人合法权益和公共利益，根据《资产评估法》，2017 年下半年资产评估师协会在财政部的指导下对《金融不良资产评估指导意见（试行）》进行了修订，制定了《金融不良资产评估指导意见》。

案例教学法是哈佛大学在 19 世纪 80 年代开发，是通过实务中发生的案例，模拟或重现案例当时的情形。通过模拟或者重现现实生活中的一些场景，让学生把自己纳入案例场景，而教师在教学中扮演着设计者和激励者的角色，鼓励学生积极参与，让学生在案例现场进行充分的讨论、比较、分享各种可能出现的情况，并在此基础上提炼出一些具有共性的结论或者原理，让学生从中深入思考、分析情景和问题来获得体验，增强对问题的分析能力和解决能力。但现阶段本科教学中，针对金融资产评估的案例教学，目前主要存在教师过多地进行讲授，而学生参与讨论、比较、相互分享的时间和机会较少的问题，相关案例的选取离学生的认知较远，学生的参与意愿不高，这使得案例教学的效果大打折扣，甚至有时反而还达不到传统教学的效果。

针对这些情况，金融资产评估教学中，可采取以下措施。

第一：转换角色。在案例教学过程中，杜绝老师方方面面都讲的情况，完全采用师生互动的模式。老师仅作为引导者，以学生为主体。首先，根据金融资产评估各章节知识点，拟出与教学目的相关联的思考题，这些题目要着重强调提示的性质，而且这些思考题要刻意设计成让每位学生都能参与其中。在案例教学中，根据学生平时的学习情况和课堂表现，将学生进行分组，通常每个小组 4~6 人为宜。提前一周左右将案例发放给小组，让学生对案例的内容进行预习，做好讨论和发言的准备工作。正式开始案例教学时，通常由老师对案例进行引导，邀请小组长或者指定某位学生对案例中的情景进行讲述，老师再结合学生复述时陈述的完整性进行补充，并结合提示性思考题对案例涉及的相关知识点以探讨问题的方式帮助学生理解案例的内容，引导学生对提示性思考题的思考。其次，让学生进行讨论，在引导学生进行讨论时，教师应注意观察小组讨论情况，要让每一位学生都积极投入到讨论当中。通常老师会适当地引导学生按小组把注意力集中在案例中某个观点或者知识点的看法上进行讨论，这样会起到较好的效果，而后让小组来确定自己的观点。然后按组进行分享，在分享各组观点的同时，适当激发同学的想象，引导不同观点的辩论，使知识点在辩论的过程中更加清晰并且越变越明，学生的记忆更加深刻。最后，是教师归纳总结不同观点的意见，进一步阐述案例中采用正确观点的原因。

第二：为达到金融资产评估的教学目的，提高学生的学习兴趣，金融资产评估案例资料的选取可从以下几个方面考虑。

（1）案例的实用性。搜集整理的案例资料要与金融资产评估的对应章节知识点有直接的关系，比如成本法评估金融资产、市场法评估金融资产、期权定价模型评估金融资产等，要能够通过案例的学习、讨论、分享，使学生能更好地掌握对应知识点。同时，要注意选择案例应以国内的案例为主，国外的案例虽然在评估的基本方法的使用上没有太大的差异，但评估准则和相关行业规范准则存在一定的差异，如果使用国外的评估案例，会使学生对案例的某些理解存在一定的偏差。

（2）案例的适用性。案例的难度与深度要适度，最好能达到覆盖基本的知识点的要求，尽量使案例起到连续举例的作用，把金融资产评估涉及的知识点、重难点等内容以选取的案例呈现出来，同时考虑案例教学对学生金融资产评估技能的提升。

（3）案例的趣味性。老师可适当增加学生在案例收集、选取设计过程中的参与度，在选题、取舍等环节及时给予必要引导和指导，既兼顾学生兴趣又可在过程参与中注重提高学生案例分析的专业能力。案例教学所选案例应当与当下热点事件相联系，紧跟学生聚焦的热点并引领学生关注相关的正向热点，用具有新鲜感的热点案例来激发学生的学习兴趣。

（4）案例的时效性。从金融资产评估的实践来看，很多案例比较陈旧过时，如修订后的《金融不良资产评估指导意见》中的案例往往还是《金融不良资产评估指导意见（试行）》中使用的案例，资产评估准则修改以后，有些案例还是在使用准则修改之前的案例，这对学生可能会产生误导，降低了教学效果，因此对案例的选择和整理应注重时效性。

参考文献

[1] 方媛. 资产评估案例教学模式探讨[J]. 财会月刊, 2013（02）: 107.

[2] 中国注册资产评估师协会. 国务院关于 2017 年度金融企业国有资产的专项报告[R]. 2017.

[3] 余炳文，张君来，何淼. 基于创新能力培养的资产评估案例教学研究[J]. 现代商贸工业，2018（26）: 162.

[4] 许晶. 案例教学法在资产评估专业的实施与探讨——以“企业价值评估”课程为例[J]. 工作研究, 2017（11）: 29.

[5] 霍宗杰，孙红杰. 基于网络信息技术的资产评估学课程案例教学模式探究[J]. 财会教育, 2015（03）: 119.

讲好一堂课要注意的三个问题

喻建红

随着互联网的发展，各种各样新颖的教学方式层出不穷，但课堂教学是大学教育的主渠道，也是影响教学效果的关键环节，我在教学过程中最主要的精力也是投入这个环节，或者是在为这个环节做准备（备课），或者就是处于这个环节中（上课）。根据我自己的体会，要讲好一堂课，以下三个问题必须重视。

首先，教学的功利性问题。一个事物有用当然是非常重要的，但是把这种有用过于狭隘地理解，那就会起反作用。目前，大学课堂的主流教学有些具有很强的功利性，教育者和受教育者以实利性的眼光来看待教育、从事教学，将接受高等教育的过程纯粹视为“就业准备的过程”。这种摆脱不了经济学视野的教学理念，使他们普遍染上了实用唯学、急功近利的通病，即他们都是为了学生未来的需要而唯独不关心学生现在的需要。不少教师总是从学生的“应然”（即根据成人世界的价值判断）的需要出发，而不是从“实然”的需要出发。大学课堂教学的意蕴几乎演变为一种“授人谋生技艺的作坊”。这使得即使像我们这样的专业课教师，有的时候也会遇到大学生问这样的问题。这显然不利于大学全面实现培养合格人才的目标。所以每次遇到学生提这样的问题，我就耐心告诉他们，大学不仅仅要进行专业方面的教育，为今后的就业做准备，大学更重要的目标是培养全面发展的人。

其次，课堂教学适时把控的问题。课堂情景是极为复杂的，从不同的角度看待、透视课堂，课堂实际上呈现的是不同的场景。课堂还是动态存在、变动不居的，即使教师准备再充分，也难以设想在课堂上会出现形形色色的情况和事件。课堂总是处于一种变化的状态，正如古希腊的哲学家所讲的“一个人两次不能踏进同一条河流”一样，一个教师两次也不可能踏进同一个课堂，教师与学生的心态在变化，知识经验的积累状况在变化，课堂的物理空间也在变化，所有这一切都时刻挑战着教师的智慧，要求教师必须根据变化了的情形不断地调整自己的行为，根据自己对课堂各种各样信息的综合把握，即时做出正确的判断，采取得当的措施。

许多教师在课堂上习惯于设计精细提问，预定标准答案，分派不同环节的时间等典型传统教学风格。事实上大学学习所需要的教学环境似乎线条要粗得多，它要求教师在教学方案设计中就为学生的主动参与留出时间与空间，综合设计弹性化的教学方案，为教学过程的动态生存创设条件。在对教学内容和学生状态分析、对可能的期望发展分析的基础上，教学设计要留有“弹性区间”，这既是为了顾及学生之间的差异，也考虑到期望目标与实际结果之间可能出现的差异。教学过程的设计重在由何开始、如何推进、如何转折等全程关联式策划。至于终点并不是绝对的，重要的是水到渠成，不是硬性规定步子大小与全班齐步进行。过程的设计可以通过不同的作业、练习、活动来体现“弹性区间”。这些不确定性和可变因素的引入，使课堂教学有可能更贴近每个学生的实际状态，有可能让学生思绪飞扬、兴趣盎然，有可能使师生积极互动，碰撞出创造的火花。

第三，大学生非智力因素的发展问题。充分地尊重与理解大学生的主体价值、主体情绪感受，这在大力提倡素质教育与创新教育的今天具有非常重要的意义。联合国教科文组织《21 世纪的高等教育：展望与行动世界宣言》明确指出，为方便毕业生就业，培养创业技能与主动精神，应成为高等教育主要关心的问题；毕业生将愈来愈不仅仅是求职者，而首先将成为工作岗位上的创造者。正因为如此，教师在日常教学过程中，不仅要关心大学生掌握了哪些知识、技能、方法，会解决哪些问题等认知情况，还要关心大学生在学习过程中的兴趣爱好、情绪感受、学习态度等非智力因素，创设既有利于知识学习又有利于大学生情感发展的教学环境，使大学生能以积极主动的状态参与学习活动，能自然放松地、真实流畅地表达情感，从而逐步养成自我负责、积极进取和开拓创新的个性。显然，这种个性无疑会对创新精神的培养起着积极的推动作用。